L'Intelligence spirituelle au cœur du leadership

Préface de Frédéric Lenoir
Romain Cristofini

L'Intelligence spirituelle au cœur du leadership

La voie des leaders éclairés et engagés

interéditions

Couverture : Studio Dunod - Elizabeth Riba

NOUS NOUS ENGAGEONS EN FAVEUR DE L'ENVIRONNEMENT :

Nos livres sont imprimés sur des papiers certifiés pour réduire notre impact sur l'environnement.

Le format de nos ouvrages est pensé afin d'optimiser l'utilisation du papier.

Depuis plus de 30 ans, nous imprimons 70 % de nos livres en France et 25 % en Europe et nous mettons tout en œuvre pour augmenter cet engagement auprès des imprimeurs français.

Nous limitons l'utilisation du plastique sur nos ouvrages (film sur les couvertures et les livres).

interéditions est une marque de
Dunod Éditeur, 11 rue Paul Bert, 92240 Malakoff
ISBN : 978-2-7296-2462-0

Sommaire

Si vous voulez découvrir tout de suite ce qu'ils m'ont partagé VII

Préface de Frédéric Lenoir XI

Introduction – Vous avez ouvert ce livre… 1

Préambule – Faut-il parler de spirituel dans l'entreprise ? 9

1. Un chemin vers soi, un pas pour le monde 11

Première partie

Un chemin de libération intérieure

Oser revenir à soi

2. Se confronter à soi-même 23
3. L'ego et le leader 41
4. Déjouer les pièges de l'ego 59

Deuxième partie

Un chemin d'accompagnement et de rayonnement

Oser sa grandeur

5. S'aligner sur sa mission de vie 79
6. Notre finitude, notre alliée pour oser 109

Troisième partie
Un chemin d'engagement au service d'une entreprise vivante et porteuse d'idéal
Passer du « je » au « nous »

7. Puiser en soi pour initier la transformation collective 123
8. Endosser la dimension spirituelle du leadership 155
9. Vers une entreprise augmentée et pleinement vivante 191

Quatrième partie
Un chemin de discipline et de sagesse

10. Garder son cap 235

Conclusion – La plus belle des responsabilités 249
Bibliographie 253
Remerciements 255
Table des matières 257

Si vous voulez découvrir tout de suite ce qu'ils m'ont partagé

Mon témoignage : comme un grand vide... 24

Témoignage de Jean-Bernard Rivaton, président du conseil de surveillance d'Exhibit Group 42

Témoignage de Laurent Ledoux, fondateur et associé de Phusis 60

Témoignage de Matthieu Dardaillon, co-fondateur de Ticket for Change 81

Témoignage de Nicolas Hennon, leader de Kiabi Monde 110

Témoignage de Bertrand Cunaud, co-fondateur de Kbane 124

Témoignage d'Alexandre Gérard, co-animateur d'Inov-on 131

Témoignage de Thierry Perrier, ex-président de Guichon Valves 144

Témoignage de Pierre-Yves Antras, directeur général de Haute-Savoie Habitat 163

Témoignage de Séverine Perron, fondatrice de AsWeAre 179

Témoignage de Gilles Poirieux, ex-directeur de l'institut du management de Sodexo 197

Témoignage d'Antoine Lemarchand, président de Nature & Découvertes 209

Témoignage de Florent Amion, directeur général de Vygon Espagne 214

Témoignage de Benoit Greindl, co-fondateur de Montagne Alternative 225

À Isi, ma mère, qui sème avec amour
des graines de conscience sur mon chemin
depuis si longtemps.

Préface

FRÉDÉRIC LENOIR

À PREMIÈRE VUE, LE MONDE de la spiritualité et celui de l'entreprise semblent parfaitement hétérogènes, voire antagonistes. D'un côté une quête intime de sens, de l'autre une quête de profit. Monde de l'être qui se distingue, ou s'oppose, au monde de l'avoir. Et pourtant, depuis une vingtaine d'années, on observe des rapprochements de plus en plus nombreux entre ces deux univers : des patrons pratiquent la méditation et encouragent leurs salariés à en faire autant ; les aspects environnementaux et sociétaux sont davantage pris en compte par les entreprises au nom d'une préoccupation pour le bien commun, comme en témoigne l'essor de l'économie sociale et solidaire fondée sur des valeurs humanistes ; la notion du bonheur et d'épanouissement des salariés émerge un peu partout ; les séminaires réunissant patrons et philosophes se multiplient…

C'est d'ailleurs dans ce cadre que j'ai été invité par Romain Cristofini à rencontrer une vingtaine de dirigeants d'entreprise venus se ressourcer dans le bocage normand. J'ai depuis renouvelé plusieurs fois l'expérience, notamment dans le cadre inspirant de Montagne Alternative, dans le petit village suisse de Commeire. J'ai été frappé à chaque fois de rencontrer des patrons (autant de PME que des dirigeants de grandes entreprises internationales) assoiffés de spiritualité : des êtres humains, avant d'être des leaders, qui se demandent quel sens donner à leur existence, comment mener une vie bonne et heureuse, comment grandir en humanité et contribuer à améliorer le sort du monde.

Comme le montre fort bien Romain Cristofini dans ce livre, ils sont les pionniers d'une nouvelle manière de concevoir le management : non pas un leadership fondé sur le pouvoir absolu, la puissance de l'ego et le contrôle, mais au contraire sur la bienveillance, l'intelligence collective et l'intuition. Or, comme en témoignent de manière passionnante dans ces pages les nombreux dirigeants rencontrés par l'auteur, cette nouvelle attitude, fondée sur l'intelligence spirituelle, enrichit l'entreprise dans tous les sens du terme. Elle favorise sa croissance en favorisant l'humain et en libérant sa créativité et son intuition.

Comme l'écrit l'auteur : « désireuses de sortir de la logique exclusive et mortifère du profit, ces entreprises revendiquent publiquement leur volonté d'impacter positivement la société et de contribuer au bien commun. Et en faisant cela, elles en sont souvent plus performantes. À l'origine de ces aventures humaines surprenantes, on trouve des décideurs, hommes ou femmes engagés, animés de valeurs humanistes fortes et mus par des moteurs personnels autres que les critères classiques de réussite financière ou sociale. »

Et c'est bien là l'objectif principal de ce livre : montrer comment la transformation des entreprises passe le plus souvent par la transformation personnelle de leurs leaders. C'est parce qu'ils apprennent à se transformer eux-mêmes et à être à l'écoute de leur être profond qu'ils parviennent à impulser une vision et des pratiques innovantes et vertueuses à leurs entreprises, entend montrer ici Romain Cristofini. Partant de sa propre expérience et sachant fort bien transmettre celle des autres, il livre ici un vibrant et chaleureux plaidoyer en faveur d'une réconciliation entre l'univers spirituel et le monde de l'entreprise.

Frédéric Lenoir

Introduction

VOUS AVEZ OUVERT CE LIVRE…

« Tu veux un monde meilleur, plus fraternel,
plus juste ? Et bien commence à le faire.
Fais-le en toi et autour de toi.
Fais-le en petit, et il grandira. »

Carl Gustav Jung

Si vous avez ouvert ce livre, c'est que souffle en vous un désir de changement.

Partout dans le monde comme en France, les consciences s'éveillent. C'est visible au sein de la société civile et même si c'est encore récent, c'est également vrai dans le monde des entreprises. Celles-ci sont de plus en plus nombreuses à vouloir « changer les choses » pour devenir des espaces d'épanouissement de chacun et se mettre au service d'un changement sociétal qui s'impose désormais comme une nécessité.

Si le stress, le mal-être ou la désillusion ressentis par les salariés témoignent chaque jour des dysfonctionnements du monde du travail, des alternatives managériales radicales et inimaginables il y a quelques années voient le jour et proposent de renverser les fondements même des organisations classiques : certaines entreprises pionnières se libèrent du poids du modèle hiérarchique, redistribuent la gouvernance avec les salariés, prônent une égalité intrinsèque entre les personnes qui fait fi des statuts et des diplômes, osent parler d'amour, de paix économique ou de bonheur au travail. Désireuses de sortir de la logique exclusive et mortifère du profit, elles revendiquent publiquement leur volonté d'impacter positivement la société et de contribuer au bien commun. Et en faisant cela, elles en sont souvent plus performantes.

À l'origine de ces aventures humaines surprenantes, on trouve des décideurs, hommes ou femmes engagés, animés de valeurs humanistes fortes et mus par des moteurs personnels autres que les critères classiques de réussite financière ou sociale. Ces pionniers ont souvent réalisé un véritable travail sur eux-mêmes et semblent capables de mobiliser une autre forme d'intelligence, de se repérer dans la nuit grâce à d'autres étoiles, moins clinquantes mais plus fiables. Et sur leur chemin, ils découvrent une énergie, une passion et un enthousiasme puissants qu'ils communiquent autour d'eux pour déplacer, ensemble, des montagnes.

Au cours des trois dernières années, ma propre quête m'a amené à rencontrer ces décideurs atypiques de petites et grandes entreprises : des personnes alignées, authentiques et audacieuses qui vivent pleinement leurs émotions et assument leurs vulnérabilités. J'ai découvert leur parcours intérieur, riche d'aspirations, de rêves, de prises de conscience, de doutes, de basculements existentiels et de joies. Leurs récits étaient souvent surprenants, vibrants et hautement inspirants.

Je leur posais souvent les mêmes questions : qu'est-ce qui les avait conduits à sortir des sentiers battus ? Où trouvaient-ils la force pour remettre en cause les modèles établis et tenir leur cap ? À quelles sources puisaient-ils leurs idées et le courage de les mettre en œuvre envers et contre tout ? Cela les rendait-il plus heureux ?

Leurs réponses m'ont donné l'envie et la force d'étudier une facette méconnue du leadership d'entreprise : celle de l'intériorité ou plus exactement celle de la transformation intérieure qu'opèrent aujourd'hui de plus en plus de cadres, entrepreneurs et dirigeants et qui les amène à changer radicalement leur engagement professionnel et par là leur vie toute entière. De quoi est faite cette sorte de « révolution silencieuse » que vivent ces leaders pionniers ? En quoi peut-elle apporter une réponse aux besoins du monde ?

Et si les crises économiques, sociales et écologiques qui secouent notre époque avaient avant tout pour origine une crise spirituelle ? *Ne sommes-nous pas en présence d'un vieux monde qui cherche à mourir et d'un nouveau monde qui cherche à naître ?*

À qui s'adresse ce livre ?

Ce livre s'adresse à toutes celles et ceux qui œuvrent quotidiennement dans l'entreprise, qui décident, animent et encadrent avec énergie et conviction. Et qui, cependant, se questionnent…

Il se destine à ceux qui, au fond d'eux-mêmes, ressentent l'envie et le besoin de réinventer leur organisation et de ré-enchanter leur entreprise et leur travail.

Ce livre s'adresse aux chefs d'entreprise qui, chaque jour, s'investissent sans compter dans leur société. Il n'est pas rare d'entretenir une relation ambiguë avec son entreprise : aux satisfactions et aux fiertés peuvent se mêler une responsabilité parfois très lourde, une solitude marquée et des sacrifices en termes de vie personnelle ou familiale. Parfois, aussi, le sentiment d'être piégé dans un rôle de « chef » qui isole et une fonction que l'on ne peut quitter sans risquer de tout perdre. Ces lignes sont pour ces patrons en quête d'équilibre, d'accomplissement et de liberté.

Cet ouvrage s'adresse aux cadres des ETI, des PME, des grands groupes, des ministères et des collectivités territoriales qui ressentent en eux le désir de porter des projets de changements conformes à leurs valeurs. Les grandes organisations sont puissantes mais également lourdes à réformer. Or, à l'image de cette génération naissante d'« intrapreneurs », il semble là aussi possible de faire bouger les lignes de l'intérieur, de ramener le *sens* au cœur des missions de chacun et de rassembler les énergies autour d'un rêve collectif.

En me lançant dans ce livre, j'ai aussi pensé aux nouvelles générations qui seront les leaders de demain, à ces jeunes désireux de changer un monde de l'entreprise qu'ils rejettent parfois (et qui les rejette parfois aussi). Pour leur donner quelques clés d'une sagesse individuelle que l'on découvre souvent plus tard dans sa vie et les inviter à découvrir en eux la source d'un « combustible intérieur » spirituel qui permet d'aller au bout de ses rêves.

Ce livre s'adresse enfin à toutes celles et ceux qui, malgré cette conscience parfois aigüe de ce qui se joue à notre époque, ne savent pas comment s'engager ou hésitent à le faire. Il s'adresse à tous les décideurs qui ont peur de sauter dans l'inconnu, de franchir le pas d'un « travail sur soi » alors même que la nécessité d'un changement profond s'impose à eux comme incontournable s'ils ne veulent pas limiter leur entreprise ou sans cesse reproduire les schémas du passé.

Ces femmes et ces hommes qui témoigneront tout au long de ce livre, joignant leur voix à la mienne, ont tous fait un chemin vers leur intériorité. Tous, ils ont eu peur de le faire, pour reconnaître ensuite que « le dragon était en eux et qu'il n'était qu'une chimère ».

Alors, si vous vous sentez déjà débordé par des journées trop courtes ou en prise avec l'incertitude et l'adversité, vous vous demandez sans doute si le moment est vraiment opportun pour vous de vous interroger sur vos aspirations profondes ou de questionner en profondeur le leader que vous pourriez être… Et si c'était au contraire, plus que jamais, le bon moment ? Pour vos équipes, votre organisation, pour la société ? Et si vous le faisiez aussi pour vous ?

Pourquoi j'ai écrit ce livre

Ressentez-vous cette soif de sens ?

Chef d'entreprise depuis plus de quinze ans, mon métier m'a amené à me passionner sur la place que le travail a pris dans nos vies. J'écoute et j'accompagne les hommes et des femmes de l'entreprise, j'essaie de comprendre comment ils vivent leur travail, ce qu'ils en attendent, comment il peut être source d'épanouissement ou, au contraire, de souffrance. Au fil de ces années, une conviction s'est forgée : il existe aujourd'hui une soif immense dans l'entreprise, une soif d'*être*.

Si je me suis lancé dans cette aventure d'écriture, c'est parce que je crois que, derrière l'apparente banalité du quotidien, la vie possède une dimension magique, une sorte de mystère fantastique qu'il nous est possible de tutoyer au fil de notre existence : elle nous invite à découvrir qui nous sommes réellement, pour vivre pleinement, pour contribuer au monde à la mesure de nos possibilités et partir en paix quand l'heure sera venue.

Une autre conviction me soutient: malgré ses imperfections, le champ professionnel constitue un formidable espace pour découvrir et exprimer l'être que nous sommes vraiment. Pour caricaturer mon propos: je crois que notre vie professionnelle a infiniment plus à offrir que *«je fais des études, je fais une belle carrière qui me permet de subvenir aux besoins matériels des miens, d'élever mes enfants, de faire des choses intéressantes et de contribuer à la performance de mon entreprise... sans (trop) me poser de questions.»*

Les traditions de sagesse ancienne rencontrent aujourd'hui les courants de pensée de la spiritualité et de la psychologie modernes pour nous adresser un magnifique message: c'est en assumant nos qualités, nos talents et nos fragilités que nous apportons quelque chose d'unique au monde. Et c'est en écoutant nos rêves, nos aspirations et nos désirs les plus profonds – ceux de notre âme et non ceux de notre ego – que nous contribuons à une société plus juste, plus fraternelle et plus joyeuse.

J'ai écrit ce livre avec cette intention: partager avec vous quelques clés utiles et précieuses parce que, pour l'avoir vécu et pour continuer de le vivre, ce chemin vers soi est exaltant et merveilleux.

Et je l'ai écrit *maintenant* parce je ressens une forme d'urgence qui ne me quitte pas: notre humanité vit une époque cruciale de son histoire qui appelle de notre part un véritable sursaut de conscience. En nous changeant nous-mêmes, nous pourrons changer l'entreprise et transformer le monde.

Ce que vous allez trouver dans ce livre

Ce livre a été écrit comme un ensemble de chemins que je vous invite à parcourir *pour vous-même.*

Au fil des pages, vous découvrirez les caractéristiques d'une nouvelle forme de leadership – *le leadership éclairé* – ainsi que les facettes de *l'intelligence spirituelle* appliquée au monde de l'entreprise.

Le chapitre 1 – Un chemin vers soi, un pas pour le monde – est introductif et essentiel; il décrit en quoi cette transformation du leadership est nécessaire à votre entreprise et à la société dans son ensemble.

Les parties I, II et III vous proposent ensuite d'emprunter trois chemins successifs :

- Partie I – Un chemin de libération intérieure. Pour la plupart des leaders, la transformation personnelle débute par-là : c'est en regardant en face nos incohérences et en démasquant les pièges de l'ego que l'on peut renouer avec un puissant désir d'accomplissement existentiel au travail.
- Partie II – Un chemin d'accomplissement et de rayonnement. Le leader éclairé est invité à inscrire son désir d'accomplissement dans quelque chose de « plus grand que lui ». En identifiant sa mission de vie et en cherchant à la vivre, il donne du souffle à son action et un axe exaltant à sa vie.
- Partie III – Un chemin d'engagement au service d'une entreprise vivante et porteuse d'idéal. En assumant la dimension spirituelle de son rôle, le leader éclairé accède à de nouvelles aptitudes qui lui permettent d'initier la transformation profonde de son organisation vers le nouveau stade de son développement.

Enfin, la partie IV – Un chemin de discipline et de sagesse – partage des conseils et des pratiques que le leader éclairé peut installer dans sa vie pour continuer à guider son organisation malgré ses doutes et les obstacles.

Au fil des chapitres apparaitront ce qui me semble constituer 7 aptitudes spirituelles du leader d'entreprise éclairé :

1. Cultiver un fort désir d'accomplissement existentiel au travail
2. Apprendre à se libérer des pièges de l'ego
3. S'aligner sur sa mission de vie et la vivre pleinement
4. Aider l'autre à se découvrir et à s'accomplir par son travail
5. Savoir se relier à « plus grand que soi » pour s'affranchir de la peur et décider selon les élans de son âme
6. Être attentif aux signes et à ses élans intérieurs pour les traduire en pistes nouvelles pour son organisation
7. Adopter une discipline de vie pour protéger et cultiver son intériorité

Le livre sera ponctué d'une douzaine de longs témoignages de leaders afin que vous puissiez y puiser des expériences vécues et des idées concrètes. Pour vous approprier certaines notions et nourrir votre propre réflexion, des exercices d'introspection vous seront proposés. Enfin, ces pages seront également nourries par mon propre cheminement intérieur : celui que j'ai débuté le jour où, tiraillé par le manque de sens, j'ai vendu une entreprise florissante et abandonné une situation confortable pour trouver ma véritable voie.

Pour moi, cet ouvrage ne représente pas un livre supplémentaire qui viserait à définir un nouveau modèle de leader prêt à l'emploi pour le XXIe siècle. La promesse est plutôt inverse : *celle de vous aider à trouver le leader unique, singulier que vous voulez être, dans votre vie, pour vos équipes, pour votre entreprise et pour la société.*

J'espère que vous y trouverez des idées surprenantes, des sources d'inspiration et des pistes d'action pour éclairer le début de votre propre chemin et, surtout, le courage et l'enthousiasme de vous y engager.

Vous êtes tenté par l'aventure ? Alors en route ! Le monde a besoin de vous.

Préambule

FAUT-IL PARLER DE SPIRITUEL DANS L'ENTREPRISE ?

Ce questionnement m'a longtemps habité et alimente toujours chez moi une saine vigilance.

Écartons d'abord la confusion (très française) entre spiritualité et religion (qui peuvent tout à fait cohabiter chez une même personne). La religion renvoie à un système de dogmes et de croyances fondé sur la foi et le plus souvent tourné vers une puissance supérieure. La spiritualité, telle que je l'entends dans ce livre, renvoie à cette dimension de l'être humain qui l'amène à s'interroger sur le sens de son existence et sur son rapport à la Vie en général. Elle peut s'imaginer selon deux dimensions : l'une, « horizontale », qui se manifeste dans la matière et dans le lien particulier que nous pouvons tisser sur cette terre avec les autres et avec la Nature ; l'autre, « verticale », se manifeste dans notre besoin de trouver un sens à notre existence et questionne notre relation à une transcendance qui nous dépasse.

En choisissant de parler de spiritualité en entreprise, je suis parfaitement conscient des questions que cela peut susciter – peut-être même pour vous qui tenez ce livre. N'y-a-t-il pas des risques à cela ?

En écrivant cet ouvrage, j'ai été particulièrement attentif à ne pas produire un nouveau concept managérial prêt-à-l'emploi destiné à formater à sa façon de nouveaux comportements ou de nouvelles stratégies.

C'est pour cela que vous ne trouverez ni définition, ni modèle structuré sur l'intelligence spirituelle. Vous y découvrirez simplement certaines des aptitudes dont semblent dotés ces leaders éclairés qui émergent.

Le spirituel doit rester du domaine de l'intime, ce qu'il est par essence. S'il peut être balisé par des repères comme le font les philosophes et les sages depuis des milliers d'années, le spirituel relève non pas du savoir mais de l'expérience personnelle que nous faisons de notre propre existence. Les témoignages et les réflexions que contient ce livre ne sont que des partages d'expériences. Sentez-vous libre d'y puiser ce qui fait sens pour vous actuellement et laissez le reste de côté pour l'instant. Rien n'est à prendre d'un bloc. Tout est à filtrer au tamis de vos ressentis et de votre cœur.

En réalité, à l'instar des émotions qui ont longtemps été refoulées car jugées inappropriées, le spirituel est présent dans l'entreprise, depuis toujours. Je suis convaincu qu'il représente l'une des architectures invisibles fondamentales qu'il nous faut désormais appréhender si nous voulons relever les défis de notre temps. Je crois qu'il ne faut plus avoir peur d'utiliser ce terme, avec parcimonie mais avec toute sa puissance porteuse de vie.

1

UN CHEMIN VERS SOI, UN PAS POUR LE MONDE

Vers un leadership éclairé et exaltant à la hauteur des enjeux de notre époque

« Notre monde a besoin de sages contemporains aussi doués pour l'abandon au silence que pour des innovations à couper le souffle. »

Robert Rabbin

La nécessité d'un nouveau leadership en entreprise ne correspond pas à une nouvelle doctrine managériale dont la finalité plus ou moins avouée serait d'améliorer l'efficacité de l'organisation.

Ce qui est en jeu est aujourd'hui bien plus important : notre modèle actuel de civilisation épuise autant les hommes que la planète.

En tant que manager ou dirigeant, il y a trois raisons essentielles qui doivent vous inciter à vous remettre en question :

- La première, c'est que l'avenir de votre entreprise l'exige. Car le modèle de performance actuel est à bout de souffle et votre organisation doit entamer une mutation profonde pour survivre.
- La seconde, c'est que la société en a besoin : elle appelle une nouvelle génération de leaders qui auront l'audace et la force de

réformer le système dominant pour faire de l'entreprise l'acteur majeur d'un avenir plus équitable et plus durable. Je les appelle les *leaders éclairés*.

– La troisième, enfin, c'est que cette remise en cause personnelle, si elle est authentique, ouvrira, *pour vous-même*, un chemin de plénitude, de sagesse et de rayonnement que vous ne soupçonnez pas.

Car, bien que tourmentée et incertaine, notre époque offre une opportunité inédite aux hommes et aux femmes de l'entreprise : celle de renaître à eux-mêmes et de contribuer, à leur échelle, à changer le monde.

★★★★★★

OUVREZ LES YEUX : L'ENTREPRISE EST À RÉINVENTER

Prenons un instant pour décrypter sur ce qui se joue aujourd'hui pour la plupart des entreprises : deux réalités s'entrechoquent et s'additionnent.

Première réalité : la fin d'un modèle de performance

Les paradigmes hérités du XXe siècle ont volé en éclat : au sein de l'entreprise, beaucoup est à réinventer. Nous sommes au bout des logiques sur lesquelles ont reposé tous les choix organisationnels et managériaux de ces dernières décennies : aux symptômes de dysfonctionnement profond des organisations (désengagement des salariés, stress et risques psychosociaux, pénurie des talents) s'ajoutent des aspirations nouvelles de la part des jeunes générations (demande de sens, de bonheur au travail) ainsi que des ruptures technologiques dont l'impact sur le travail sera majeur (intelligence artificielle, robotisation, blockchain). Pris isolément, chacun de ces sujets peut inquiéter, susciter de l'espoir ou laisser sceptique. Mais si l'on porte un regard global, le tableau est sans équivoque : des pans entiers du modèle traditionnel de performance de l'entreprise sont remis en cause.

Voici quatre évolutions auxquelles vous allez être confronté en tant que dirigeant ou cadre – si ce n'est pas déjà le cas. Et chacune impactera considérablement vos certitudes, votre rôle et les compétences sur lesquelles vous avez construit votre identité et votre légitimité de leader :

- Nous assistons à la fin des modèles d'organisation pyramidaux et hiérarchiques traditionnels ; les logiques de contrôle, d'optimisation, de centralisation des décisions sont devenues trop lourdes et antinomiques avec un besoin accru d'agilité. Elles doivent laisser la place à un fonctionnement plus organique, plus participatif et collaboratif.
- Libérer le plein potentiel de chaque collaborateur devient une nécessité pour deux raisons concomitantes : c'est là que réside une source de richesse humaine immense pour demain et les individus recherchent désormais à s'accomplir dans leur travail et à fuir les *bullshit jobs*[1].
- L'intelligence classique (rationnelle) ne suffit plus pour décider, pour piloter encore moins pour penser le futur. L'incertitude et la complexité du monde des affaires sont devenues telles que toutes les entreprises naviguent à vue, avec des business plans et des tableaux de bord dont on connaît aujourd'hui la toute relative fiabilité. D'autres intelligences et d'autres approches doivent être mobilisées.
- Enfin, l'entreprise ne peut d'ores et déjà plus échapper à une responsabilité sociétale accrue exigée tant par ses collaborateurs que par la société dans son ensemble.

Deuxième réalité : la nécessité d'un modèle plus équitable et durable

Parallèlement à ces évolutions, notre époque confronte l'humanité à des défis sociétaux et environnementaux d'une ampleur sans précédent, révélant cette seconde réalité : dans un monde fini aux ressources limitées,

1. Terme introduit par David Graeber en 2013, anthropologue à la London School of Economics, qui décrit ces jeunes diplômés qui, incapables de décrire en une seule phrase leur métier, se retrouvent noyés dans la chaîne de valeur de l'entreprise, dans un poste dénué de sens pour eux.

la recherche illimitée de croissance devient un non-sens. Notre modèle de développement actuel n'est ni durable, ni équitable.

D'une certaine façon, les entreprises sont à la fois la cause[1] et la solution aux crises actuelles. L'action des ONG, l'engagement des citoyens et le pouvoir des administrations ne suffiront pas à les résoudre : le monde a besoin de la puissance des entreprises. Quelle que soit leur taille, celles-ci seront les bâtisseurs du monde de demain.

Pour répondre à cette responsabilité historique et morale, elles doivent opérer une profonde mutation et notamment imaginer de nouveaux modèles économiques vertueux à la fois créateurs de valeur et respectueux des générations futures et de la planète.

LA NÉCESSITÉ D'UN NOUVEAU LEADERSHIP

Dans ce nouveau monde en gestation, il serait illusoire de croire que le leadership puisse échapper à une profonde remise en cause : il ne s'agit pas d'une simple évolution, mais d'un saut quantique qui s'impose aux décideurs dans leur manière de penser, de décider, de manager... et d'être. Aujourd'hui, plus que jamais, le potentiel d'évolution d'une entreprise est lié au niveau de conscience et d'ouverture de ceux qui la dirigent.

Il faut des leaders audacieux pour oser changer les règles et rompre avec un système de performance devenu toxique sans avoir pour l'instant de certitude sur ce qui pourra le remplacer. Et il faut des leaders inspirés, capables de changer leur regard sur eux-mêmes et sur le monde, pour imaginer un futur plus juste et désirable.

Les innovations technologiques et les entrepreneurs ne manquent pas, les dirigeants intelligents et les stratèges non plus. *Mais ce dont nous avons le plus besoin, c'est de nouveaux sages. C'est d'une génération de leaders capables de placer la Terre et les générations futures au même niveau que les impératifs de rentabilité.* Mieux, c'est de remettre ces derniers à la place qu'ils n'auraient jamais dû quitter : celui de moyens et non de fins.

---

1. À titre d'exemple, le secteur privé représente 60 % du PIB mondial et est la cause principale du réchauffement climatique (100 entreprises causent à elles seules 71 % des émissions de gaz à effet de serre depuis 1988). Source : Carbon Majors Report 2017.

Trouver en soi la force de faire évoluer le système

Le système dominant dans lequel vous et votre entreprise évoluez est extrêmement puissant : le capitalisme actuel n'a pas érigé le sens ou le bien commun en repères fondamentaux. Ces derniers ne pèsent pas lourds face aux menaces de la concurrence, aux réalités du marché et aux exigences des actionnaires. S'affranchir de ces « lois » vous semble peut-être impossible tant elles sont admises par tous comme immuables.

Le système est également subtil car il sait nous maintenir à distance de nous-même : dans nos agendas bien remplis, trouver du temps pour questionner le sens de son engagement professionnel (ou de sa vie) n'est pas évident. Notre société, tournée vers le matérialisme et le divertissement, nous invite plutôt à fuir ces face-à-face avec soi, même quand nous ne nous sentons plus en accord avec nos valeurs essentielles.

Enfin, vous avez aussi, en tant que responsable, une activité à faire tourner, des objectifs à atteindre et des salaires à assurer. Est-ce réellement raisonnable et réaliste de vouloir remettre en cause ce qui, malgré tout, fonctionne encore ?

À en croire les pionniers qui ont osé remettre en cause le système, performance économique et recherche de sens et d'engagement sociétal ne sont pas antinomiques, ils se nourrissent au contraire l'un l'autre.

Mais comment arriver à trouver le courage de s'extraire du système ?

Comment ne pas être rattrapé par lui malgré tous nos efforts ? Tant d'idées nobles ont été détournées et sont devenues des « business » comme les autres. Tant d'entrepreneurs inspirés – dont moi-même – se sont égarés dans le « comment » et la « réussite » en perdant de vue leur intention initiale de changer vraiment les choses. Tant de managers se sont heurtés à leur hiérarchie ou à l'inertie de leur organisation pour au final s'épuiser et jeter l'éponge…

La réponse réside en chacun de nous : elle sommeille dans cette intelligence existentielle que nous pouvons activer si nous en retrouvons le chemin.

La bonne nouvelle, c'est que ce chemin de sagesse qui s'ouvre à vous n'est pas un chemin de sacrifice, c'est un chemin vivant de plénitude et d'accomplissement.

Les leaders de notre époque sont appelés à faire leur révolution intérieure. Pour s'accomplir et mieux servir.

L'INTELLIGENCE SPIRITUELLE AU SERVICE D'UN LEADERSHIP ÉCLAIRÉ

Renouer avec notre dimension spirituelle

Nous avons, pour la plupart d'entre nous, oublié notre dimension spirituelle. Et en faisant cela, nous nous sommes coupés d'une partie de nous-même et de notre véritable nature.

En France, le XXe siècle a vu l'éloignement des individus vis-à-vis des religions et de leurs dogmes. Ce divorce lent et progressif a ouvert un espace que les valeurs « progrès » et « science » ont tenté de combler pendant plusieurs décennies. Mais tous deux ont montré leurs limites et ne font plus illusion : le progrès s'est perverti en un modèle consumériste qui flatte nos peurs et nous pousse à avoir et paraître pour exister, tandis que la science, devenue incontrôlable et souvent décevante, ne nous permet plus de rêver demain avec la confiance qu'il sera meilleur pour nos enfants. Nous voici en panne de repères pour donner une perspective à nos vies qui ait du souffle et de la grandeur.

Or, en tant qu'être humain, nous sommes ainsi faits : nous sommes à la croisée de la matière et de l'esprit, du visible et de l'invisible. Nous avons besoin de *faire*, de traduire notre existence dans des réalisations concrètes – dans la « matière » – mais nous avons également besoin d'*être*. ***Nous sommes des êtres humains, non des « faire-humains ».*** Être, c'est répondre à ce besoin de sens et de transcendance que nous portons en nous.

Coupés de cette dimension spirituelle à laquelle aspire notre âme, nous souffrons en ce début de siècle d'un vide existentiel de plus en plus marqué. Et nous tentons de le combler en vain par l'accumulation de biens et une quête de bien-être qui ne nous permettent pas de nous accomplir véritablement.

Une reconnexion à notre dimension spirituelle est vitale pour nous-même : dépression, burn-out et suicide sont les maux de notre époque. Elle l'est aussi pour notre planète : en nous coupant de nous-même, nous nous sommes également coupés de la Nature et de ses lois et nous touchons aujourd'hui les limites de notre monde pour flirter avec notre propre disparition en tant qu'espèce. Nous nous sommes aussi coupés les uns des autres, de cette joie qui naît de notre appartenance à une humanité partagée où chacun est différent mais où nous sommes tous frères.

L'émergence d'un leadership éclairé

Bien qu'étant l'un des principaux facteurs de l'aliénation moderne, le travail peut aussi nous offrir un espace privilégié de reconquête de notre entièreté. Et l'entreprise peut nous donner l'opportunité de concourir à une mission noble qui nous dépasse et nourrit notre existence.

Ici et là, doucement mais sûrement, un nouveau type de leadership est en train d'émerger. Des hommes et des femmes de l'entreprise se libèrent des schémas du passé et s'autorisent à être pleinement eux-mêmes. Ils se mettent à tutoyer leurs rêves et décident de vivre au plus proche des valeurs qui les animent. En cultivant leur intériorité, ils remettent « l'être » au cœur du « faire » et décident de répondre à leurs aspirations profondes tout en choisissant un engagement qui fait sens pour eux.

En se libérant ainsi, ces décideurs ouvrent la voie d'un leadership audacieux et enthousiasmant et ils donnent aux autres le courage d'entamer leur propre chemin. En acquérant une nouvelle forme de sagesse, ils se hissent à la hauteur des enjeux de leur époque.

Ces leaders éclairés, que je vous propose de rencontrer dans ce livre, n'ont ni tout compris ni toutes les solutions. Mais ils sont éclairés. De l'intérieur.

Ils ont su trouver en eux de nouvelles ressources et une autre façon d'endosser leurs responsabilités de leader. Ils mobilisent cette forme d'intelligence dont nous disposons tous mais que nous avons oubliée ou négligée : notre *intelligence spirituelle*. C'est grâce à elle qu'ils arrivent à trouver l'inspiration, l'énergie et la persévérance de faire bouger les lignes. C'est grâce à elle qu'ils ont pu renouer avec une vie intérieure qui les soutient en tant que leader et en tant qu'être humain.

L'intelligence spirituelle invite à explorer ce qui constitue la « nouvelle frontière » du leadership : un leadership qui tire sa force et sa justesse dans une connexion à notre « moi authentique » et à notre être essentiel pour enrichir notre vision du monde, guider notre action et développer des facultés nouvelles et insoupçonnées pour transformer les organisations.

Les leaders dont nos entreprises ont besoin sont des hommes et des femmes qui feront ce chemin d'intériorité pour se connaître pleinement, explorer et s'approprier pleinement leur singularité. Pour regarder leurs ombres et leurs blessures aussi, ces blessures qui peuvent nous manipuler quand elles restent inconscientes ou au contraire alimenter une formidable énergie d'action quand nous voulons nous en guérir et guérir le monde.

CE QUE VOUS ALLEZ Y GAGNER

Au cours des trois dernières années, mon métier de coach et d'animateur de retraites de leaders m'a amené à rencontrer plusieurs centaines de managers. J'ai accompagné de façon intime des chefs d'entreprises, des cadres ou des dirigeants de petites, grandes et très grandes sociétés.

Vu la teneur de mes activités (qui questionnent principalement le sens et l'engagement sociétal des leaders), ces managers étaient pour la plupart des pionniers déjà en chemin.

Au cours de séances de coaching ou lors de retraites, je les ai entendus se dévoiler. Dans l'intimité d'un bureau, dans la forêt, autour d'un feu sous les étoiles ou dans le désert, je les ai écoutés exprimer leurs tiraillements, leur désir de changer et leur peur de le faire. J'ai ressenti leur désarroi, leur colère et partagé leurs espoirs pour le monde.

Au fil du temps, j'ai constaté des similitudes. Certains invariants me sont apparus comme étant les balises communes d'un chemin qui se dessine chez les hommes et les femmes de l'entreprise qui essayent de se réaligner avec eux-mêmes et de s'engager autrement. C'est comme cela qu'a germé l'idée de ce livre.

Pour aller encore plus loin, je suis allé interviewer d'autres leaders pionniers – ceux dont les témoignages très personnels jalonnent ces chapitres – pour identifier avec plus de précisions ces « compétences » particulières qu'ils ont pris l'habitude de mobiliser et comment elles se sont traduites en action dans leur organisation.

Au fur à mesure de mon travail s'est forgée une conviction : ce chemin qui s'ouvre devant vous est certes exigeant, mais il est aussi exaltant et merveilleux.

Dans la quête de ce leader que vous êtes, vous rencontrerez la plénitude que procure le sentiment d'être véritablement soi. Vous vivrez des moments de grâce et vous goûterez probablement à la joie véritable et profonde. Non pas la joie éphémère de l'ego, mais celle qui surgit quand ce que vous faites est en harmonie avec ce que vous êtes.

En renouant avec vous-même, votre regard sur le monde changera. Votre regard sur les autres (notamment ceux que vous encadrez) changera lui-aussi. Dans ce monde agité qu'est le nôtre, vous ressentirez la paix intérieure qu'éprouvent ceux qui ont le sentiment de faire leur part.

Mais il n'est pas ici seulement question de vous. En tant que leader, ce travail d'alignement avec vous-même sera hautement bénéfique pour les autres car il vous donnera accès à une autre forme de puissance. Une puissance basée sur l'être et non sur le pouvoir. Une puissance du cœur et non de la tête. C'est elle qui vous permettra de guider votre organisation et vos collègues vers d'autres horizons.

Partie

I UN CHEMIN DE LIBÉRATION INTÉRIEURE

Oser revenir à soi

La voie du leadership éclairé emprunte un premier sentier : celui de la libération personnelle et de la réunification avec soi-même. Ce chemin est primordial et, si vous cherchez à l'éviter, tout le reste vous paraîtra irréaliste ou inaccessible. Si vous n'en faites pas l'expérience authentique, vous resterez confiné dans vos blocages et déconnecté de vous-même et ce que vous mettrez en œuvre dans votre entreprise en tant que leader sera probablement superficiel et éphémère.

2

SE CONFRONTER À SOI-MÊME

« La grande erreur de notre temps, cela a été de pencher, je dis même de courber, l'esprit des hommes vers la recherche du bien matériel. Il faut relever l'esprit de l'homme, le tourner vers la conscience, vers le beau, le juste et le vrai, le désintéressé et le grand. C'est là et seulement là que vous trouverez la paix de l'homme avec lui-même et par conséquent, avec la société. »

Victor Hugo

VOTRE CHEMIN DÉBUTE ICI : par le courage de faire un bilan avec vous-même. Quelles sont les incohérences désagréables de votre vie ? Quelles sont ces valeurs essentielles que vous ne vivez pas ? Quels sont les renoncements vis-à-vis de votre travail que vous avez acceptés sans vous en rendre compte ? Et êtes-vous conscient des tiraillements existentiels que tout cela suscite en vous ?

Cette introspection n'a rien d'une auto-flagellation, elle est au contraire fertile : elle vous indiquera par où commencer pour retrouver votre liberté et vous réaligner davantage avec vous-même.

Se confronter à ses manques et ses contradictions invite à *l'humilité*. Ce terme provient du mot latin *humus* qui signifie « terre » et a donné le mot « homme ». Faire preuve d'humilité, c'est donc revenir à sa nature d'homme et de femme et à ce qui en fait les fragilités et les forces dans l'ordre du monde. C'est aussi s'approcher au plus près de soi et de ce que l'on souhaite vivre en tant qu'être humain.

Emprunter cette voie n'a pas été chose aisée pour les leaders témoins de ce livre mais, paradoxalement, c'est ce chemin d'humilité et d'accueil de leurs failles qui leur a ouvert la voie d'une puissance insoupçonnée.

Au cours de ce chapitre, vous découvrirez que les formes de mal-être qui touchent aujourd'hui de nombreux leaders – et dans lesquelles vous vous reconnaîtrez peut-être – cachent des besoins fondamentaux qu'il convient de reconnaître pleinement afin d'initier sa propre transformation.

★★★★★★

Tout au long de cet ouvrage, je donnerai la voix à des managers et des dirigeants qui ont accepté de me partager leur propre chemin d'intériorité. Il y sera souvent question de bascules de vie, ces moments où le besoin impérieux d'aller vers soi-même se manifeste avec une force telle qu'il change le cours de notre existence.

Le premier témoignage est cependant le mien car il relate les prémices de ma propre bascule.

Mon témoignage : comme un grand vide…

En 2009, la crise arrive en France. Pour la première fois en sept ans, ma société connaît la décroissance. L'incertitude de l'avenir s'installe. Des années de sacrifices et d'efforts menacent de s'évaporer. Parce que j'ai peur de tout perdre, il n'y a pas d'autre choix que de s'accrocher. À l'inverse d'un salarié, il n'y a pas d'échappatoire pour l'entrepreneur que je suis : le capitaine sombre avec son bateau.
C'est à ce moment que je réalise que ma création – mon entreprise – désormais me possède : je suis enchaîné à cette société, ses salariés, ses clients, moralement et physiquement. Boulimique, elle a pris une place énorme dans ma vie et je constate durement que j'ai perdu cette liberté qui m'a toujours été si chère. Mes semaines sont lourdes, je découche deux jours par semaine. Je suis devenu un courant d'air pour mes équipes, et mes enfants qui ont grandi me reprochent mes absences. Alors, je prends la décision de vendre mon entreprise : je ne veux pas vivre sous ce joug éternellement. Et au moment-même où je prends cette décision, je la sens déjà irrévocable.

Une année passe, et alors que la société retrouve une belle croissance, la joie ne revient pas. Malgré des chiffres records, je cède le contrôle de

l'entreprise en sachant déjà que je la quitterai définitivement dans trois ans.
Cette entreprise, je l'ai pourtant créée de toutes pièces, désireux de changer le monde du travail en y réduisant la souffrance. À trente ans, j'y avais mis mon cœur et mes convictions. Et pourtant… Au fil des années, l'aventure des débuts a cédé la place aux exigences des clients, de la gestion, du carnet de commandes à remplir. La prévention des risques psychosociaux (notre métier) est devenue un «business». Et moi, j'ai endossé le costume de patron et ses obligations sans m'en rendre compte. Mais le plus important est ailleurs: le sens de mon engagement s'est comme dilué dans le quotidien et dans l'action. J'ai perdu mon enthousiasme, ce feu sacré qui me faisait me lever le matin pour changer le monde. Étouffé par les exigences de l'opérationnel (qui m'a fait frôler le burn-out), quelque chose en moi s'est endormi. Je me suis perdu en chemin et le besoin de renouer avec le fil de mon existence s'impose, irrésistible. Me libérer n'est pas un choix de raison, c'est une nécessité existentielle. Je dois renouer avec le fil de ma vie. Ayant «réussi» sur le plan matériel, je constate que cette sécurité acquise ne fait que révéler davantage mon besoin de sens. Et puis, au fond de moi, il y a ce sentiment marqué de culpabilité quand je pense à l'avenir de mes enfants: je sais que notre société et notre monde vont mal et j'ai le sentiment de ne pas faire ma part. J'aimerais tant qu'ils puissent penser plus tard que leur père a fait de son mieux…

Il arrive parfois que la vie «cogne» à l'intérieur de nous, qu'elle demande à jaillir avec force parce que nous ne sommes plus vraiment vivants.

Comme si notre être voulait se rappeler à notre bon souvenir. Il est possible de jouer la montre, de refouler son mal-être et de s'accommoder d'une vie personnelle ou professionnelle insatisfaisante, mais il y a toujours une forme de prix à payer sur un plan physique ou psychique. Pour moi, il y avait également un risque que je n'étais pas prêt à prendre: *celui de passer au large de la véritable expérience de la vie.*

Durant toutes ces années, je réalise maintenant que ma vie intérieure s'était asséchée. En dix ans, je ne m'étais octroyé aucun véritable temps de recul. Les vacances représentaient davantage des respirations salvatrices que de vrais rendez-vous avec moi-même. Je formais les autres mais moi, je ne m'inscrivais à aucun stage. Mon rôle, mes responsabilités et mon besoin de réussir avaient étouffé mes aspirations profondes, mettant le cours de mon existence entre parenthèses. Je n'avais ni coach, ni thérapeute ni aucun autre espace pour prendre véritablement conscience de mon désert intérieur. J'étais un leader efficace, hyper opérationnel, affûté intellectuellement et innovant, mais fonctionnant d'une certaine façon, en mode automatique. *Le faire avait étouffé l'être.* Les idées et les décisions venaient de la tête, rarement du cœur, presque jamais de l'âme. Je n'étais pas pleinement vivant et, assurément, je n'étais plus capable de réinventer l'avenir, de redonner du souffle au projet d'entreprise et de l'enthousiasme aux équipes. La spiritualité avait déserté ma vie.

Le 1er avril 2014, le lendemain de la vente définitive de ma société, je me retrouve à la maison, seul, sans travail. Je ne suis plus patron, juste un papa qui croise parfois une de ses ex-employées lorsqu'il amène sa fillette à l'école. Je n'ai aucune idée pour la suite, aucun projet et je n'en veux aucun. Pour un temps incertain, j'ai décidé de me poser. Pour mieux comprendre ce qui m'a amené jusqu'ici, lâcher ce qui doit mourir en moi et laisser venir la Vie.

ÊTES-VOUS LE LEADER DE VOTRE VIE ?

Exercice d'introspection

Posez-vous un instant et observez votre vie.

Observez votre engagement professionnel, le contenu de votre métier, le rythme de vos journées.

Quelle place laissent-ils à votre vie sociale et familiale ? Quel espace subsiste-t-il encore en vous pour votre vie intérieure ?

....

En faisant cette observation, que ressentez-vous ?

....

Avez-vous une impression générale d'équilibre, de plénitude ? Avez-vous le sentiment de vous accomplir, d'être en phase avec vos valeurs profondes et de vivre pleinement chaque instant de votre vie ? Ou ressentez-vous au contraire comme un manque, une impression que tout va trop vite, comme si votre vie vous échappait ?

....

Vous êtes peut-être le leader de votre équipe ou de votre organisation mais êtes-vous le capitaine de votre vie ?

Après plusieurs années en tant que coach, je demeure frappé par cette évidence : rares sont les patrons ou les cadres qui se déclarent véritablement libres. Rares sont ceux qui vivent réellement la vie à laquelle ils aspirent. Prendre une demi-journée *off* pour ne rien faire et être juste avec soi : cette décision banale relève souvent de l'exploit, voire d'une forme de violence tant elle est vécue avec culpabilité. Vivre cette journée sans ressentir le besoin de lire ses emails ni celui de se devoir aux autres est une victoire. Comme si vous ne l'aviez pas mérité malgré toutes vos journées à rallonge, vos soirées de travail ou vos déplacements incessants.

Car voici l'un des paradoxes de notre époque : la plupart de ceux qui ont un certain pouvoir – celui que confère un statut, un rôle, des horaires sans chef pour les surveiller, de l'argent en quantité suffisante – n'arrivent pas – ou, plus exactement, ne s'autorisent pas – à s'épanouir pleinement dans leur vie. De nombreux patrons et managers semblent en quelque sorte piégés par leur vie professionnelle, occupés à courir comme le hamster dans sa roue. Sans fin. À fond. Pas plus que leurs collaborateurs, ils n'osent aujourd'hui se poser réellement la question pourtant essentielle : *suis-je en train de vivre la vie que je souhaite ?*

« Le conditionnement des individus les pousse non seulement à être heureux de leur sort et de la caste à laquelle ils appartiennent, mais les détermine à penser qu'une situation autre est inenvisageable. » a écrit Aldous Huxley[1]. À quel conditionnement puissant avons-nous affaire ici ? À quelle aliénation moderne et subtile nous sommes-nous laissés prendre ?

La réussite professionnelle cache souvent un prix à payer.
Et vous, quel prix êtes-vous prêt à payer ?

En tant que rouage essentiel de l'entreprise, vous en êtes acteur, bien placé dans l'organisation, reconnu. Au cœur du système, vous êtes totalement soumis à ses règles. Et, dans une certaine mesure, vous êtes également victime de ses excès. La mission d'un décideur comporte son lot de stress, de solitude, de sacrifices sur le plan personnel et familial, de conflits douloureux, d'impuissance face à des inerties en interne ou les incertitudes de l'environnement extérieur. Elle impose aussi la nécessité d'endosser un rôle et une fonction qui, souvent, prennent le pas sur l'homme ou la femme qui l'occupe.

---

1. *Le Meilleur des Mondes*, 1932.

Car pour réussir, il vous a fallu vous conformer aux règles du paradigme dominant : un décideur doit être fort, solide, visionnaire, stratège. Pour cela, vous avez dû refouler une partie de vos sentiments, dissimuler vos émotions, cacher votre vulnérabilité, naviguer pour vous élever dans la hiérarchie, défendre vos intérêts pour survivre, parfois enfouir des valeurs qui vous sont chères… Comme des générations avant vous, il vous a fallu, comme le dit Frédéric Laloux[1] « laisser une part de vous au vestiaire » en négligeant, voire niant certains de vos besoins d'être humain. Refouler ce que nous ressentons ou ce à quoi nous aspirons n'est pas seulement gênant, c'est énergivore et délétère pour la santé.

Bien sûr, aux responsabilités et à l'exigence d'être performant s'ajoutent aussi les peurs de notre époque : peur de perdre son emploi, son niveau de vie, etc. Ces contraintes ne sont pas l'apanage exclusif des entrepreneurs courageux ni des cadres pris dans les rouages d'organisations qui les dépassent : les jeunes investis dans leur start-up s'oublient eux aussi souvent, mettent aussi leur vie entre parenthèses dans l'espoir d'un succès qu'ils espèrent rapide et proportionnel aux sacrifices consentis.

Alors oui, une telle vie laisse peu de temps pour soi, peu de « temps de cerveau disponible » pour prendre du recul sur sa vie. Mais toutes ces raisons objectives expliquent-elles pour autant un tel oubli de soi, une telle difficulté à imaginer que notre vie professionnelle pourrait être différente ?

Vous arrive-t-il encore de rêver votre vie, d'y mettre simplement pour un instant et comme un enfant, tous les ingrédients magiques que vous aimeriez y trouver ? *Il y a une réalité encore plus profonde et dérangeante chez beaucoup de leaders pris dans le tourbillon incessant d'une vie professionnelle certes excitante mais aussi subie : la peur de se retrouver face à soi-même.*

J'ai pu constater à quel point il est difficile, pour un manager ou un dirigeant, de s'offrir un temps de retrait (deux ou trois jours pour soi par exemple) ou, soyons fous, une véritable « pause de vie », par exemple entre deux postes. Cette « mise en jachère » fait peur. La peur du vide pour certains, incapables de ralentir, de vivre des temps d'inaction et de « rien », craignant de tourner en rond comme un lion en cage avec un sentiment de culpabilité, de temps perdu et d'inutilité. La peur d'ouvrir

1. *Reinventing Organisations*, 2015.

la boîte de Pandore pour d'autres : celles des erreurs non acceptées, des souffrances accumulées ou des petits renoncements qu'il paraît impossible de regarder en face. Alors, pour beaucoup, il est plus facile d'enchaîner les entreprises, les fonctions ou les projets sans vraiment s'offrir le temps de la réflexion. Un entrepreneur ayant cédé son entreprise en recrée une autre dans la foulée, un cadre insatisfait part chez un concurrent pour un poste ou un salaire légèrement meilleur. Mais tous les deux savent, sans se l'avouer véritablement, qu'ils retrouveront tôt ou tard les mêmes manques et les mêmes insatisfactions.

REGARDER EN FACE SA FRACTURE EXISTENTIELLE

Comme le dit Otto Scharmer[1], notre monde souffre actuellement de trois grandes fractures. Les deux premières nous sont bien connues : elles sont écologique (nous exploitons notre planète plus vite qu'elle ne peut se régénérer) et sociale (malgré une richesse sans précédent dans l'Histoire, les inégalités entre les riches et les plus pauvres atteignent des niveaux jamais atteints). Mais la troisième fracture, la fracture spirituelle, bien que moins visible, est probablement la plus importante et à l'origine des deux premières. Cette fracture nous a coupés de la Nature et nous a amené à l'exploiter sans limite au risque de la détruire. Elle nous a coupés de l'autre, du collectif, de la communauté et nous a conduits à un individualisme exacerbé et à une logique de compétition devenue centrale dans notre vision de la vie. Otto Scharmer met en évidence ce que nous coûte cette troisième fracture en évoquant le nombre de suicides dans le monde : ils ont dépassé celui des morts dus aux guerres. Selon les dernières estimations de l'OMS (Organisation mondiale de la Santé), les dépressions sont en nette augmentation (+18 % de 2005 à 2015) et touchent plus de 300 millions de personnes dans le monde.

Pendant plus de dix ans, j'ai étudié la sociologie et la psychologie du travail, audité des organisations de toutes tailles et interviewé plusieurs centaines de dirigeants, managers et salariés. Je crois désormais que cette fracture spirituelle se manifeste de manière très prégnante dans

1. *La théorie U – Renouveler le leadership*, 2016.

le rapport que nous entretenons avec notre travail. Elle se présente sous la forme d'une sorte de « schizophrénie » subtile et silencieuse propre à notre époque et que l'on peut déceler au travers de plusieurs symptômes majeurs :

- un engagement professionnel qui conduit à se mettre en conflit avec ses valeurs personnelles ;
- un renoncement à la dimension existentielle profonde que peut apporter le travail ;
- l'illusion de croire que l'on peut contribuer à sa communauté ou à la société « à côté » de son travail.

Pour se mettre en chemin vers un leadership plus épanoui et éclairé, il importe de se regarder en face avec bienveillance mais sans complaisance. *C'est en faisant le constat honnête des contradictions, des renoncements et des illusions que vous entretenez vis-à-vis de votre travail que vous pourrez mettre la lumière sur sa fracture existentielle et entamer un chemin de libération et de réunification avec vous-même.*

Vivre pleinement ses valeurs à son travail

Cet article du New York Times[1] m'avait profondément marqué : Steve Jobs a admis à l'époque que ses enfants n'avaient jamais touché un iPad. De nombreux cadres de grandes firmes technologiques de la Silicon Valley (Yahoo, Google…) limitent strictement l'usage des nouvelles technologies à leurs enfants et inscrivent ces derniers à la Waldorf School, établissement ne laissant aucune place à la technologie (vous n'y trouverez absolument aucun ordinateur). Imaginez la journée de ces hommes et femmes qui, lorsqu'ils travaillent, déploient toute leur intelligence et leur énergie à concevoir, vanter et diffuser des produits dont ils interdisent l'usage à leurs propres enfants une fois rentrés à la maison. Ce grand écart silencieux n'est-il pas en soi générateur d'une forme de souffrance intérieure ?

Ces exemples sont emblématiques et peut-être caricaturaux mais sont-ils si rares ? Ce qui vaut ici pour des entreprises du numérique s'applique à d'autres industries : banques, laboratoires pharmaceutiques,

1. https://www.nytimes.com/2011/10/23/technology/at-waldorf-school-in-silicon-valley-technology-can-wait.html

chimie, secteur pétrolier, agro-alimentaire... Autant de sociétés ou secteurs aujourd'hui critiqués par des mouvements citoyens pour de multiples raisons qui pourraient se résumer à une seule: la plupart de ces entreprises sont dans une logique de maximisation de profits, laquelle prend encore trop souvent l'ascendant sur les préoccupations morales, sociales ou écologiques. Les employés d'innombrables sociétés doivent ainsi s'accommoder de conflits de valeurs dont ils n'ont parfois même plus conscience. Ils acceptent – sans rien dire et avec une forme de résignation – des missions professionnelles dont la nature ou les objectifs sont parfois incompatibles (voire totalement opposés) avec les valeurs qui les habitent.

L'économiste et sociologue Max Weber l'avait déjà décrit à la fin du XIXe siècle: le décideur d'entreprise est tiraillé entre une éthique de responsabilité (qui repose sur les effets concrets prévisibles d'une décision, notamment ses conséquences économiques) et une éthique de convictions (qui repose sur le principe kantien d'une action en fonction de principes supérieurs auxquels on croit). Si ce dilemme n'est pas nouveau, il s'est cependant largement répandu à tous les niveaux hiérarchiques: l'information circule aujourd'hui librement et ne reste pas confinée aux dirigeants qui en assumeraient seuls la charge morale et tous les collaborateurs peuvent lire dans la presse les méfaits ou les dangers que recèlent potentiellement les activités de leur entreprise.

Silencieux et inavoué (quand il n'est pas nié), cet écartèlement intérieur est l'un des signes de notre aliénation au travail: accepter de contribuer à des projets ou de nourrir des logiques que nous savons mauvais pour nos enfants et les générations à venir. Cette aliénation est caractéristique d'un renoncement mortifère qu'il est possible de faire vis-à-vis de son travail: renoncer à le subordonner à nos valeurs les plus chères. Et un tel renoncement appelle le cynisme, celui qui nous amène à dire «que nous n'y pouvons rien, que le système est comme cela, que tous les concurrents font ou feraient pareil et que si nous ne le faisons pas, nous disparaîtrons car c'est la règle du jeu». Mais au fond de nous se pose malgré tout la question de la responsabilité de nos actes (ce à quoi je contribue par mon travail) ou de nos non-actes (ce que je renonce à faire, à dire ou à changer). Silencieusement mais irrémédiablement, céder sur ses valeurs cardinales pèse sur la conscience.

Voici un premier pas sur le chemin de votre libération : ne pas céder au cynisme et oser enrichir votre engagement professionnel de toutes les valeurs qui vous sont chères.

Pour le leader éclairé, il ne s'agit pas seulement pas de défendre des valeurs comme un acte de résistance identitaire ou dans un souci de cohérence personnelle, il s'agit de les vivre pleinement, de les nourrir au quotidien, de les incarner non plus avec la tête mais avec le cœur. Il s'agit de les traduire en actes forts et pleinement assumés, pour qu'elles se transforment en une source de solidité, de clairvoyance et de sagesse pour soi et ses équipes.

Reconnaître son besoin d'accomplissement par le travail

Le silencieux renoncement au sens

Frédéric travaille au sein d'un groupe pétrolier depuis vingt ans. Au cours de sa carrière, il a occupé plusieurs fonctions, des métiers prenants et souvent intellectuellement satisfaisants. Le marché des hydrocarbures est complexe, gigantesque, la dimension géopolitique et logistique est passionnante et les enjeux sont considérables.

Au virage des quarante ans, il commence à s'intéresser à de nouvelles lectures, à se poser des questions. Lui qui était jusqu'ici si cartésien, se met à suivre des stages de développement personnel durant le week-end. Il se forme au Reiki (pratique énergétique japonaise) et prodigue des soins à ses proches à ses heures perdues. Sans forcément le verbaliser comme cela, Frédéric essaye de retrouver du sens et d'aller vers lui-même. Mais il est également le pilier de sa famille et ne peut quitter son travail, qui, malgré son expérience, est toujours aussi prenant et lui pèse de plus en plus. Quitter son entreprise serait coûteux : il lui faudrait renoncer à la sécurité d'une carrière toute tracée (et à une ancienneté valorisée par un plan de participation conséquent). Comme beaucoup d'autres, son entreprise propose (impose ?) une mobilité tous les trois ou quatre ans, avec un nouveau poste destiné à régénérer une envie et un engagement qui s'estompent souvent à nouveau passée la première année. Cette mobilité stimulante a un autre effet : éviter aux collaborateurs une période d'ennui ou d'insatisfaction qui pourrait se révéler inconfortable et par là-même susciter un questionnement plus en profondeur…

La « schizophrénie » précédemment décrite sur le plan des valeurs se retrouve sur le plan des besoins fondamentaux de notre être. À l'instar de

Frédéric, des millions de cadres et décideurs ont aujourd'hui renoncé à la dimension spirituelle que peut leur apporter leur travail. Le sens véritable de leur activité professionnelle – le fait qu'elle puisse les nourrir en profondeur ou contribuer positivement au monde – n'est pas un critère qui prime dans leurs choix professionnels. Il vient souvent « après » (la carrière, le salaire, les conditions de travail ou l'ambiance), comme la cerise sur le gâteau.

Ce renoncement est un héritage de longue date. Il trouve sa source dans une représentation encore profondément ancrée en ce début du XXIe siècle : le travail est avant tout un mal nécessaire et malgré nos discours, il reste avant tout notre gagne-pain. Cette représentation a été renforcée par des décennies plus récentes d'un chômage de masse (et ses corollaires que sont l'exclusion ou la déchéance sociale ou morale) touchant aujourd'hui toutes les classes sociales et qui a assis notre rapport au travail sur une croyance de peur et de pénurie. Cette peur est peut-être moins visible chez les entrepreneurs, les dirigeants ou les cadres supérieurs qui sont « équipés » et capables de survivre, voire de prospérer dans le système, mais elle n'en est pas moins là. Enfin, ce renoncement réside aussi sur la méconnaissance de nos aspirations profondes : nous ne savons tout simplement ni quoi, ni comment chercher ce qui nous permettrait de nous accomplir…

Alors, nous regardons, envieux, ceux qui nous donnent le plus l'impression de vivre leur métier comme une passion, comme une vocation, vibrant de tout leur être et vivant intensément. Ces personnes sont souvent des artistes, des acteurs sur lesquels nous projetons nos rêves comme pour nous convaincre que, comme la célébrité qui ne s'offre qu'à une poignée, trouver sa vocation n'est réservé qu'à quelques-uns. Rares sont ces personnes dans le monde de l'entreprise : admirez-vous un patron ou une patronne aujourd'hui ? Pouvez-vous dire que vous aimeriez avoir la vie pleine et exaltante qu'il ou elle semble vivre ? Dans ce domaine, notre panthéon de leaders d'entreprise – qu'ils soient célèbres ou proches de nous – n'est guère rempli…

La seconde cause de notre mal-être existentiel est de croire que nous pouvons mettre entre parenthèses un besoin essentiel lorsque nous franchissons le seuil de notre entreprise : celui du sens et de notre accomplissement profond.

Et bien qu'il soit supposé arriver « en dernier » (tout en haut de la pyramide de Maslow), ce besoin se manifeste aujourd'hui avec force dans l'entreprise, chez les jeunes comme chez les moins jeunes.

N'est-il pas illusoire de séparer notre vie en deux en acceptant que la partie professionnelle – celle qui occupe la majorité de notre temps éveillé – puisse être complètement déconnectée de notre besoin existentiel de trouver un sens à notre vie ?

À une époque où l'âge de la retraite semble destiné à reculer proportionnellement à l'augmentation de l'espérance de vie, n'est-il pas risqué de penser que nous pourrons renouer avec le sens profond de notre existence une fois libéré de notre travail ? En aurons-nous simplement la force ?

En renonçant à faire de son métier une voie d'accomplissement véritable, le manager rejoint l'ouvrier, l'employé et toutes les personnes qui estiment subir leur travail. Bien que mieux « outillé » intellectuellement, il ne vit pas une réalité si différente : lui aussi a renoncé à exiger davantage de sens de son travail.

Le travail représente potentiellement un merveilleux espace de création et d'expression de soi et s'y accomplir pleinement et existentiellement est possible. Certains nous montrent la voie depuis longtemps, comme c'est le cas de ces artisans qui mettent leur cœur, leur passion et leur amour dans leur ouvrage. De la conception à la réalisation, ils projettent une partie d'eux-mêmes et y trouvent souvent une récompense profonde qui dépasse la simple satisfaction du travail accompli. Car chaque être humain partage ce besoin d'être utile, de voir les résultats de ses actes, de mettre une partie de son *être* dans une réalisation qu'il peut offrir à sa communauté. Ceux qui changent de voie professionnelle nous montrent également que c'est possible. Quel courage chez ces personnes qui osent, en pleine carrière, tout plaquer et se reconvertir complètement pour aller vers leur passion et un métier plus en phase avec leurs aspirations ! Il existe chez elles une forme de pulsion vitale tellement forte qu'elle leur permet de prendre le risque de perdre certains acquis (un diplôme durement obtenu, une carrière toute tracée…) pour oser redémarrer à zéro. Pour oser renaître à quelque chose, souvent à elles-mêmes. Même si le « prix à payer » est parfois important (remise en cause, baisse de niveau de vie…), il semble que ces personnes ne soient pas prêtes à en payer un plus cher encore : celui de se rendre compte, à la fin de leur vie active, qu'elles ont toujours privilégié la sécurité et le raisonnable au détriment de leur plein épanouissement et d'un plaisir à faire ce qu'elles désirent profondément faire.

Parce qu'elles en ont fait l'expérience directe, toutes ces personnes agissent sur la base d'une croyance extrêmement soutenante : celle que le travail peut-être la source d'un plaisir intense et qu'il peut même, parfois, procurer des moments de plénitude et de grâce tellement puissants qu'ils revêtent une véritable dimension spirituelle. Les recherches en psychologie positive ont étudié ce phénomène sous le terme d'« expérience optimale » ou de *flow*[1] : il s'agit de ces moments particuliers où l'engagement de la personne dans ce qu'elle fait est total, vécu sans effort et sans stress. Le temps se suspend, les émotions se déploient en harmonie avec le mental et le corps, et l'individu ressent alors une joie spontanée et parfois extatique. Cette expérience n'est pas réservée aux artistes ou aux sportifs de haut niveau mais est à la portée de tous. Vous l'avez déjà vécue, au travail ou ailleurs.

Le second pas sur votre chemin est celui de la réunification : celle qui s'opère lorsque l'on reconnait le besoin d'accomplissement personnel comme élément essentiel et non négociable dans ce que l'on attend de notre travail.

En témoignent les leaders interrogés dans ce livre, il existe bien une possibilité de réaligner notre travail et notre existence, ces « deux vies » jusqu'ici compartimentées mais qui n'en font qu'une. Pour que votre parcours professionnel ne soit pas parallèle au cours de votre vie mais en soit l'un des principaux affluents. Dans ce mouvement, vous êtes invité à lâcher une logique sacrificielle (« le travail est un mal nécessaire ») pour assumer une recherche de plaisir intense dans ce que vous faites. La joie véritable que vous rencontrerez sera probablement le meilleur indice pour vous confirmer que vous êtes sur le bon chemin.

Désirer contribuer au monde par son travail

« Pour la première fois dans l'histoire de l'humanité le sort des générations à venir dépend étroitement de nos actes »[2]. Au cours des retraites de leaders que j'organise[3], nous prévoyons un temps d'échange à cœur ouvert sur

1. *Vivre* de Mihaly Csikszentmihalyi est considéré comme l'ouvrage de référence sur le sujet (1990).
2. Matthieu Ricard, Conférence TedX Paris, 2013.
3. www.monasterra.org

la façon dont chacun vit et ressent les grandes crises sociétales de notre temps (dont le réchauffement climatique). Il est alors frappant d'observer des émotions inhabituelles s'exprimer (comme la colère, le désespoir ou la honte), preuve que ces sujets touchent les personnes à un niveau très profond et intime. Pour ceux de nos contemporains qui ont conscience des enjeux de notre époque (ils sont chaque jour de plus en plus nombreux), il existe un besoin grandissant, très inconfortable et encore peu exprimé tel quel dans l'entreprise : celui de ne plus subir par passivité, celui de pouvoir peser, même modestement, sur l'évolution du monde pour continuer à croire en un futur qui soit lumineux et désirable. Et plus les menaces se précisent, plus cet élan altruiste s'affirme comme impérieux et nécessaire.

Pour les cadres et les dirigeants qui le ressentent, la souffrance provient alors de l'illusion qui consiste à penser que nous pouvons contribuer à changer le monde à l'*extérieur* de notre travail. Beaucoup s'imaginent que cela est possible à travers une activité associative ou culturelle, voire un engagement politique. Certes, certains y arrivent mais combien sont-ils et combien d'entre eux occupent des postes à responsabilité ? Car pour l'immense majorité d'entre nous, l'exigence professionnelle est trop importante. Comme le disent de nous certaines sociétés dites « primitives » : nous sommes devenus riches de biens matériels mais excessivement « pauvres en temps ».

Voici une réalité incontournable : pour un décideur de l'entreprise, le champ professionnel constitue l'essentiel de sa capacité d'impact sur les autres, sur la société et sur le monde. Croire le contraire vous amènera à vivre de la frustration (« je n'arrive pas à trouver le temps ») ou de la culpabilité (« je devrais faire davantage »).

Et si vous décidiez que chacune de vos journées de travail – par une action, un comportement ou un projet – soient le reflet de votre contribution à une société meilleure ? *Et si vous vous couchiez le soir avec l'esprit satisfait et le cœur apaisé de celui qui fait sa part ?*

Si vous êtes animé du besoin altruiste de participer au changement du monde, prenez le temps de l'écouter, de le faire grandir et de l'assumer. Le leader éclairé exprime cet élan ouvertement et le considère comme une composante essentielle de son équilibre et de ses choix. Mieux, il en fait l'un des piliers de son alignement intérieur.

Quel que soit votre métier ou l'activité de votre entreprise, que vous puissiez impacter une ou des centaines de personnes, il vous est possible de faire une différence positive pour les autres et pour le monde.

★★★★★★

CONCLUSION : S'AUTORISER À S'ACCOMPLIR

Les entreprises ont aujourd'hui besoin d'hommes et de femmes dont l'énergie, les fulgurances et les projets sont directement « branchés » sur leur cœur et sur leur âme. Et c'est parce ce qu'ils vivent au travail est tout simplement ce qu'ils veulent vivre d'essentiel dans leur vie qu'ils trouvent le courage et la force d'aller vers l'inconnu, de rêver le futur, de se relever inlassablement malgré les épreuves et les sceptiques du monde qui pensent que le changer est impossible.

Chez un leader éclairé, le sens de sa vie et la direction de son engagement professionnel se rapprochent, s'alignent pour ne faire au final plus qu'un. Il considère que le travail est un champ privilégié d'expression de son être. Il en attend une source de joie, d'accomplissement profond et place en lui tout son désir et sa volonté d'impacter positivement le monde.

Quoi de plus inspirant en effet qu'un homme ou une femme que l'on sent au service de la vie ? De *sa* vie (ce qu'il veut vivre de toute son âme sur cette Terre) et de *la* Vie ?

> LA PREMIÈRE APTITUDE SPIRITUELLE DU LEADER ÉCLAIRÉ CONSISTE À CULTIVER UN FORT DÉSIR D'ACCOMPLISSEMENT EXISTENTIEL AU TRAVAIL.

Votre chemin part donc de là : c'est dans votre ambition assumée d'avoir une vie pleine et qui fait sens, que vous pourrez puiser l'élan et la force d'amorcer votre révolution intérieure.

Premiers pas sur le chemin de la libération intérieure

Le premier mouvement est celui du retour à soi. Paradoxalement, si vous voulez mieux servir vos équipes ou votre organisation, vous devrez d'abord vous recentrer sur vous-même. Ce mouvement intérieur aura pour but de clarifier vos véritables aspirations existentielles pour les placer au cœur de votre engagement professionnel.

Pour reconquérir votre liberté, il vous sera peut-être d'abord nécessaire de vous affranchir de la logique sacrificielle du devoir qui frappe de nombreux responsables (« mon équipe/mon entreprise/la performance passent avant mes besoins personnels » ou « il est normal de souffrir quand on a des responsabilités ») : vos besoins et vos aspirations doivent (re)venir au premier plan. Après avoir tant investi dans votre entreprise, cette voie vous invite à investir en vous-même.

Il vous faudra alors faire le constat lucide et authentique de votre situation :

- Quels sont les conditionnements ou les croyances limitantes qui vous empêchent de projeter dans votre travail toute votre personne, tout votre cœur, tous vos rêves et d'en attendre le meilleur pour votre vie ? Dans quels renoncements ou quelles soumissions avez-vous aliéné votre liberté ?
- Où se cachent vos petites ou grandes souffrances, vos renoncements et vos frustrations et que révèlent-ils de la fracture existentielle qui est la vôtre ?

Explorer cette fracture existentielle pour mieux la résorber constitue le point de départ de nombreuses révolutions intérieures. Certains passent par une prise de conscience forcée provoquée par un choc de vie (deuil, maladie…) pour trouver le courage d'aller la regarder, mais ce n'est pas indispensable. Un travail personnel exigeant vous permettra aussi d'aller à sa rencontre.

Dans tous les cas, il vous faudra accepter de sortir de votre zone de confort pour regarder avec humilité vos incohérences et vos manques. Au cours de ce travail, vous recontacterez les valeurs, les passions et les désirs que vous avez perdu en chemin. Et c'est de là que naîtra votre envie de changement.

Il vous faudra donc investir du temps. Et ceux qui ont ouvert la voie le démontrent : vous aurez aussi probablement besoin d'un espace d'introspection et de questionnement profond que l'on peut trouver auprès de pairs engagés dans le même travail, ou auprès d'un coach ou d'un thérapeute.

Enfin, si le chemin s'avère ardu, rappelez-vous que vous n'empruntez pas cette voie uniquement pour vous-même. C'est dans cette quête de plénitude que vous puiserez la force de vivre vos rêves, de faire bouger les lignes et d'inspirer les autres autour de projets collectifs porteurs d'avenir et de sens pour l'humanité et la planète. C'est par votre exemple de libération que vous autorisez vos équipes à se libérer à leur tour.

3

L'EGO ET LE LEADER

« L'ego dit : quand tout sera en place,
je trouverai la paix.
L'âme dit : trouve la paix,
et tout se mettra en place. »

Neale Donald Walsch

SUR VOTRE CHEMIN DE LIBÉRATION INTÉRIEURE, vous rencontrerez l'ego.

L'ego est l'un des principaux obstacles à votre évolution en tant que personne et en tant que leader. C'est donc ici que réside la seconde étape de votre travail intérieur : faire le constat des domaines de votre vie dans lesquels votre ego exerce une influence excessive (quand il n'a pas tout simplement pris les commandes) et comprendre en quoi il pèse parfois à votre insu sur vos croyances, vos comportements et vos choix les plus importants.

Cette démarche est doublement nécessaire : les mirages de l'ego sont source de souffrance et d'égarement comme ils sont le frein à une conscience plus large de soi et de ses potentialités.

Dans ce chapitre, je vous invite à vous pencher en profondeur sur les mécanismes de l'ego pour mieux identifier les pièges dans lesquels vous êtes peut-être tombé. Soyez indulgent avec vous-même mais prenez aussi le risque de faire un constat sans concession car cela en vaut la peine : repérer le rôle de l'ego réserve des cadeaux insoupçonnés.

******

Témoignage de Jean-Bernard Rivaton, président du conseil de surveillance d'Exhibit Group

Jean-Bernard Rivaton, 68 ans, a fondé Exhibit Group[1] *en 1991. Ayant découvert les initiatives surprenantes qu'il avait mises en place dans sa PME de 130 personnes*[2]*, j'avais été touché par sa présence tranquille et l'humilité de ses propos lors d'une conférence à laquelle j'assistais. Je l'ai rencontré dans son bureau à Nice en octobre 2016. Voici son témoignage.*

Dans les années 1970, on formait dans les écoles de management des managers très autocratiques et très directifs. Pour l'EM Lyon, je me souviens de l'emblème : c'était le crocodile car « il a les dents longues, la peau dure et il sait nager ». J'étais cet homme-là dans les premières années de ma vie. Lorsque j'ai créé ma société, j'ai continué sur cette voie, celle héritée d'un modèle pyramidal avec, à sa tête, un patron infaillible et froid.

Au fur et à mesure des années, je me suis rendu compte que je me faisais beaucoup de mal à moi-même. Les premiers indicateurs ont été, je crois, la perte de sens et le sentiment de développer l'entreprise sans que cela soit joyeux pour moi. C'était même triste quelque part, malgré la réussite. Les réunions de travail, notamment de comité de direction, se faisaient avec des egos surpuissants. Elles en étaient devenues toxiques. Mes collaborateurs étaient à mon image : je modélisais et on créait cette toxicité ensemble. L'ambiance était devenue délétère. Étant très jeune, j'avais eu beaucoup de lectures spirituelles, je faisais attention à mon alimentation. Mais il y a eu comme une rupture entre le jeune homme que j'étais et ce que j'étais devenu. J'avais oublié tout cela. Je ne faisais plus attention à mon corps. Je n'étais plus attentif à mes relations aux autres dans mon entreprise. Je crois que je n'étais pas une belle personne à cet égard. J'ai pensé à tout arrêter, à changer de métier pour retrouver le sens, pas simplement celui du travail mais le sens de ma vie. Comme si une couverture s'était mise progressivement sur cette douceur, cette bonté que j'avais en moi. Je me protégeais pour me construire cette image de patron et finalement cela m'a fait beaucoup de mal et cela a fait beaucoup de mal aux autres.

Le déclencheur de ma bascule a été quelque chose de très privé : ma femme a décidé de me quitter. Ce qui a été très douloureux pour moi. J'ai compris alors à quel point je pouvais faire du mal autour de moi. Je n'avais pas même eu conscience de ce qui se passait dans notre relation

1. www.exhibitgroup.fr.
2. Mise en place d'un département sans manager, cooptation de « *team leaders* », formations généralisées en développement personnel, installation d'une salle de méditation, création d'un siège social complètement atypique, créatif et ouvert.

de couple qui était en fait à l'image de ce qu'il se passait dans ma boîte. S'en est suivi un grand vide, une période de beaucoup de chagrin, de tristesse... Cela a déclenché un travail sur moi, notamment avec un coach et divers autres accompagnants.
J'étais en fait totalement perdu. Je ne savais pas ce que j'allais devenir, j'étais dans un gouffre profond. Je ne savais même plus si j'allais continuer ma société. Sur les conseils d'amis, j'ai alors déjeuné avec une femme qui était également accompagnante et qui m'a dit cette phrase surprenante: «ton ex-femme t'a fait le plus beau cadeau du monde». Sur le moment, je n'ai bien sûr pas compris. J'ai même cru qu'elle se moquait de moi. En fait, cette phrase m'a fait réaliser qu'il y avait d'autres façons d'être en lien avec les autres.

Le deuxième déclencheur a été une retraite intensive dans un monastère bouddhiste, faite de méditation, d'enseignements, d'échanges en groupe. Cela a été tellement transformateur que je ne voulais plus partir. J'ai découvert que l'on pouvait apaiser l'esprit, les émotions. Mais j'ai aussi découvert quelque chose d'hallucinant: qu'il y a une conscience, un «soi», qui ne bouge jamais. J'ai découvert une sorte de recul entre moi et moi. Dans la méditation, tout est là. Il existe un espace de calme inconditionnel que l'on peut trouver. Je ne voulais plus partir tellement j'étais bien.
Tout ceci a commencé à apaiser l'homme que j'étais. En analysant ce qui s'était passé, je me suis aperçu que je m'étais construit des couches pour me protéger. Au fil des années, je m'étais créé le personnage qu'il me semblait normal d'incarner quand on est patron. Un personnage très austère, avec un ego surpuissant. Ma vision des autres était que les hommes sont faillibles et qu'il faut donc les contrôler. Je ne pouvais plus être cet homme-là...

Ma transformation personnelle d'abord m'a permis ensuite de porter un regard différent sur mon entreprise. Je me suis aussi dit que ce que j'avais découvert personnellement, je ne pouvais pas le garder pour moi. La première action que j'ai faite, cela a donc été de le partager. Je me suis adressé à mes associés et à mon encadrement. Je leur ai dit en substance: vous voyez que je bouge à titre personnel. Si vous le souhaitez, je vous ouvre la possibilité vous aussi de travailler sur vous, sans imposer bien sûr aucun modèle. Des budgets conséquents de formation ont été dédiés à cela.

Je me rappelle la première fois où j'ai proposé à mon comité de direction de mener différemment notre réunion. Je me suis jeté à l'eau, leur ai demandé de s'assoir, de se connecter au ciel et à la terre, en posture de méditant. Je leur ai demandé de se connecter les uns aux autres, prenant un instant de silence. Quand le silence a commencé, j'étais bien évidemment terrorisé. J'ai bien vu que certains souriaient, cela m'a mis mal à l'aise mais c'est comme cela que cela a démarré. Je crois qu'il faut savoir se jeter à l'eau. C'est un peu comme le franchissement de seuil du voyage du héros. J'ai longtemps repoussé. Je crois que j'avais peur du ridicule. Et je devais lâcher la croyance qu'un chef devait être héroïque.

Quel bilan sur ma transformation personnelle ? Beaucoup d'émotions. J'ai des relations humaines de bien meilleure qualité dans l'entreprise. Le plus important pour moi, c'est de pouvoir parler avec le cœur, sans peur, d'être authentique. Je suis humble sur ma contribution mais le fait de contribuer, même à petite échelle, est magnifique pour moi. En tant que patron, je peux impacter 130 personnes qui, elles-mêmes, peuvent en impacter d'autres. Imaginez si les grandes entreprises s'y mettent... J'ai, pour ma part, le sentiment de devoir contribuer à un monde meilleur, à travers mes actions personnelles et celles de l'entreprise. Je le fais à travers des témoignages auprès d'écoles, d'associations professionnelles. Je fais ces témoignages avec le cœur, car c'est ce qui touche les gens. Ma mission de vie, c'est de transmettre aux jeunes.
J'ai l'intime conviction que beaucoup de dirigeants vivent beaucoup de souffrance et ne le disent pas. Et ils vivent cette souffrance comme faisant partie intrinsèque de leur métier. Le métier de dirigeant est un magnifique métier si on le perçoit comme la conduite d'un projet avant tout humain. Il ne faut pas avoir peur d'humaniser son métier, d'enlever les couches de protection que nous mettons pour nous protéger des attaques autant extérieures qu'intérieures. Ouvrez votre cœur et votre âme et vous verrez que cela apporte à vos équipes. Il n'y a pas de risque à être authentique !

Plus j'avance, plus je pense que le rôle d'un entrepreneur, c'est de jouer ce rôle-là. Le monde est en profonde transformation, le rôle de l'entreprise est d'impacter son environnement. J'avais la croyance qu'une entreprise était là pour gagner de l'argent, faire du profit et que les employés étaient là pour exécuter. La nouvelle croyance que j'ai installée est que l'entreprise a différentes missions. Et l'une d'entre elles est d'aider les personnes à se construire en tant qu'être humain.
Je crois que le leader du futur aura l'ambition de porter des entreprises très humaines et attachera de l'importance à la spiritualité, c'est-à-dire au sens. Il faut redonner du pouvoir à l'âme, rééquilibrer l'âme (la vision) et l'ego (l'ambition). Les grands leaders de demain seront pour moi des visionnaires humanistes capables de fédérer toutes les parties prenantes pour contribuer à construire un monde durable.

Le témoignage de Jean-Bernard permet d'entrevoir ce qu'il a dû lâcher en termes d'image, de masque ou de croyances au cours de son chemin vers lui-même. Il a, d'une façon qui lui est propre, pris conscience des impasses dans lesquelles son ego l'avait amené. Il a découvert cette propension qu'a l'ego à nous détourner de nous-même et à nous couper des autres.

L'inflation de l'ego – et ses avatars que sont la cupidité, l'avidité, l'égoïsme et le cynisme – représente l'un des grands maux de notre époque. À maints égards, la prédominance de l'ego dans le monde des affaires (et le monde politique) a contribué à créer les crises actuelles.

À maints égards, la méconnaissance de cet élément central de la psyché humaine a occasionné la défaillance du leadership actuel. « *Nous avons réussi à produire une génération de managers et de dirigeants qui suscitent le mépris et la défiance pour la majorité des gens dans notre société et dans le monde. C'est un échec terrifiant.* » déclarait Shoshana Zuboff, professeur à la Harvard Business School, au début des années 2000.

Comment expliquer cette hypertrophie de l'ego ? L'individualisme de notre époque (et ses diverses injonctions narcissiques au bonheur et au plaisir), notre système éducatif et parental (qui survalorise dès le plus jeune âge les succès personnels) ou la compétition qui prévaut dans les relations sociales et professionnelles en sont les ferments. Tout comme le sont aussi parfois les démarches modernes de recherche de bien-être ou de développement personnel lorsqu'elles se limitent à une exploration autocentrée de soi.

Je crois que cette inflation de l'ego provient principalement de l'appauvrissement spirituel qui touche notre époque. La prédominance de la rationalité dans les pays occidentaux, le recul de la religion, la carence d'enseignements spirituels (entravés par la confusion permanente entre religion et spiritualité et l'omniprésence d'une laïcité très stricte en France) se sont combinés avec l'absence de moments d'intériorité dans nos vies surchargées. Nous ne sommes aujourd'hui que très rarement en contact avec notre être profond, notre âme, notre conscience. Savons-nous d'ailleurs même ce que ces termes signifient ? Or, que nous en soyons conscients ou pas, la négation de notre dimension spirituelle constitue la source d'une insécurité existentielle extrêmement forte et crée une sorte de vide intérieur parfois insoutenable. L'ego – car c'est sa nature irrépressible – s'y est engouffré, allant chercher à l'extérieur de nous-même de quoi tenter de le combler : métier reconnu, entreprise à forte notoriété, biens matériels, quête de pouvoir, diplômes, argent, relations gratifiantes…

QU'EST-CE QUE L'EGO ?

La notion d'ego est souvent perçue de manière superficielle. Elle va bien au-delà de son utilisation dans le langage commun et des formes de narcissisme ou de nombrilisme caractéristiques de notre époque. L'ego est un concept aux facettes multiples et aux acceptions variées suivants les courants et les traditions.

Lors d'une retraite que j'animais en 2016 en compagnie de Frédéric Lenoir, voici comment ce dernier introduisit la notion d'ego : « *Nous naissons et nous nous développons en tant qu'individu avec deux sous-logiciels que l'on pourrait qualifier de "logiciels de survie" : le mental et l'ego. Le mental est cette partie de notre esprit qui pense, calcule, élabore, manipule les concepts et les idées et prévoit. Un magnifique outil qui ne s'arrête jamais, fonctionne malgré nous (essayez d'arrêter de penser !) et est incapable de vivre le moment présent. Notre deuxième sous-logiciel est l'ego, indispensable à notre construction et à notre équilibre en tant que personne. Au fil du temps, ces deux sous-logiciels ont tendance à prendre tellement de place qu'ils en deviennent les principaux freins au développement de l'être.* »

S'il est relativement aisé de voir le mental à l'œuvre (en prenant le temps d'observer les pensées qui nous traversent), il est plus difficile de déceler le fonctionnement et l'influence de l'ego.

Du point de vue de la psychologie, l'ego s'élabore au fur et à mesure de notre histoire personnelle lorsque nous prenons conscience que nous sommes distincts du monde. À ce titre, il est indispensable à notre équilibre psychique (une personne dépourvue d'ego serait psychotique dans le sens où il lui manquerait une structure identitaire psychique indispensable pour gérer son rapport à autrui et à la réalité). Au fil des années, nous affirmons notre différence, nos qualités, nos talents, nos goûts mais aussi nos défauts et nos limites. Notre parcours de vie vient l'enrichir par nos diplômes, notre métier, nos titres. Cette phase est essentielle pour asseoir notre estime de soi et pouvoir construire des relations avec les autres : nous nous construisons une *personnalité*.

Le mot *personnalité* provient du mot latin *persona* qui signifie « masque » (celui que portaient les acteurs de théâtre de l'Antiquité).

Pour Carl Gustav Jung qui a repris cette terminologie, cette *persona* est en effet indispensable, mais il la considère comme une structure d'adaptation de l'individu aux normes sociales, une sorte d'interface nécessaire entre lui-même et la société. Nous portons donc tous un « masque » mais nous n'en sommes plus conscients : nous nous sommes tellement attachés à cette personnalité qui nous a aidés à nous insérer dans le monde que nous nous sommes identifiés à elle. Au risque de nous limiter ainsi à une version figée de nous-même, nous nous employons à maintenir farouchement cette représentation de nous-même, à nous y conformer par souci de notre image, par fidélité à qui nous croyons être ou par peur de perdre ceux qui nous aiment tels que nous sommes. Nous essayons de maintenir ces traits de caractère que l'on nous reconnaît même si nous pressentons, au fond de notre être, que certains de ces traits ne sont pas vraiment nous et que d'autres au contraire, à l'image d'un talent caché ou d'un rêve d'enfant inaccompli, demandent à éclore.

Ce qui était étayant pour une première phase de notre vie devient donc limitant sur le plan de notre plein épanouissement. En avançant en âge, ce costume de la personnalité-ego devient trop étroit : notre véritable soi pousse de l'intérieur et se rappelle à nous. Pour Jung, la construction de la *persona* est capitale dans les premiers temps de notre vie, mais elle ne saurait représenter la finalité de la vie psychique qui est d'aller « *à la découverte de son âme* ».

Sur un plan spirituel, l'ego revêt une signification plus vaste et souvent plus négative. Considéré comme une forme d'entité secondaire de nous-même, il représente l'un des principaux freins au développement spirituel et à l'éveil.

À la base de nombreux enseignements, l'ego n'est pourtant ni bon, ni mauvais. Il représente simplement une étape de la conscience de soi en tant qu'individu. Il est nécessaire pour exister dans le monde et faire l'expérience de la vie terrestre : c'est parce que j'ai la conscience d'être distinct – de l'autre, de la Nature et du « tout » – et que je suis conscient de ma finitude (de mes limites et de ma mort à venir), que je peux faire l'expérience pleine de l'existence humaine, de la beauté du monde et de l'Amour.

L'identification à l'ego et à ses désirs

Ce n'est pas l'existence de l'ego, en soi, qui pose souci mais notre propension à nous identifier complètement à lui. Car voici une réalité spirituelle essentielle : vous n'êtes pas votre ego.

Vous ne pouvez pas vous résumer à cette somme de qualités, de défauts, de succès, d'échecs ou de rôles sociaux (père, mère, manager…) qui semblent vous définir. Et vous êtes encore moins ce que vous possédez ou avez pu obtenir au cours de votre existence, qu'il s'agisse d'un diplôme ou d'une belle maison. Vous êtes bien plus que tout cela car votre conscience est, par nature, bien plus vaste que cela.

À bien des égards, l'ego représente aujourd'hui notre « petit moi ». Se confondre avec lui revient à se limiter à une sorte de version étriquée de nous-même. L'ego fait écran à notre Soi véritable, voire le remplace complètement quand la spiritualité a déserté notre vie. Il empêche notre épanouissement et l'accès à notre plein potentiel d'être-humain.

Cette méconnaissance de la nature de l'esprit entraîne l'une des grandes erreurs de notre temps : en « fusionnant » avec notre ego, nous nous soumettons inconsciemment à ses élans. L'ego nous amène à poursuivre ce que Spinoza nommait des « désirs inadéquats », des désirs qui viennent du *dehors* de nous-même (acquisition de biens, reconnaissance sociale, pouvoir…) et non de notre être profond. Ces désirs étant à la fois superficiels (ils sont souvent dictés par la recherche de plaisir, le court-terme) et illimités, s'y soumettre conduit tôt ou tard à la souffrance.

Eckhart Tolle est peut-être le maître spirituel contemporain qui a le mieux décrit les mécanismes de l'ego[1] :

« Un aspect de la douleur inhérent au mental et à l'ego, c'est le sentiment profondément ancré d'être incomplet, de ne pas être entier. Que ce sentiment soit conscient ou inconscient, les gens entament souvent une démarche boulimique de gratification de l'ego et aspirent à acquérir des choses auxquelles ils s'identifient pour pouvoir combler ce trou qu'ils sentent en eux. Alors, ils courent après les

1. *Le Pouvoir du moment présent.*

biens, l'argent, le succès, le pouvoir, la reconnaissance ou une relation spéciale pour mieux se sentir, pour être plus complets. Mais même lorsqu'ils ont obtenu tout cela, ils découvrent sans tarder que le trou est encore là, qu'il est sans fond. Alors, ils sont en grande difficulté car ils ne peuvent plus s'illusionner.»

L'ego nous coupe de nous-même, des autres et du monde

Pour beaucoup, ce qui ne devrait être qu'un «sous-logiciel» de notre esprit en est devenu le système d'exploitation. Il s'est intercalé comme un filtre permanent entre nous et le monde, un mécanisme trompeur qui nous amène à nous bâtir une conception erronée de nous-même, nous éloigne de nos besoins véritables et nous enferme dans une lecture étroite et fermée du monde. L'identification à l'ego amène à une conscience de soi hypertrophiée («ego» iste), amoindrissant la conscience de l'autre et celle de la Nature, ce qui explique en partie notre incapacité à résoudre les énormes déséquilibres de notre époque (inégalités sociales sans précédents, compétition et conflits, pillage de la Terre). «Dans la bulle de l'ego, cela sent le renfermé» dit Alexandre Jollien. Lorsqu'il est inconscient des jeux de l'ego, l'individu voit son univers intérieur se réduire à ce «petit moi» qu'il croit être lui. Autocentré, il passe ainsi à côté d'une compréhension plus large de lui-même et ne peut accéder à son plein potentiel.

L'ego est un saboteur intérieur

L'ego est boulimique, mais il est également subtil. Sa plus grande peur étant de disparaître, il cherche à exploiter toute expérience significative vécue, qu'elle soit agréable (un compliment, une réussite) ou désagréable (un reproche, une déception, un échec) pour y exercer son activité préférée : ramener à nous tout ce qui nous arrive et en faire une «affaire personnelle», pour mieux l'amplifier, l'interpréter, la juger. L'ego aura ainsi tendance à s'attribuer tous les lauriers d'un projet réussi, mais il aura aussi tendance à entamer notre confiance en soi de façon disproportionnée en cas d'échec. Il possède en réalité deux visages : l'orgueil (qui est bien connu) et la dévalorisation de soi, plus insidieuse et dont les manifestations sont le jugement sur soi, la honte, le doute et la culpabilité. L'ego adore nous comparer aux autres et produire des jugements sur les autres mais aussi sur soi. Prendre conscience de ce mécanisme, c'est mettre à jour un puissant saboteur intérieur. À y regarder de plus près, ce type de jugement négatif sur soi maintient dans l'inaction de nombreuses personnes désireuses de changer la société : la honte ressentie ou la modestie évidente de ce que nous pourrions apporter (« une goutte d'eau dans l'océan ») conduisent à la passivité et laissent sans réponse les besoins profonds ou les élans du cœur.

L'EGO CHEZ LES DÉCIDEURS

Dans le monde professionnel, l'ego est omniprésent. Il grandit souvent avec la réussite : plus nous avançons dans l'organigramme, plus il semble difficile de remettre en cause ce qui a fait notre succès. En fait, l'ego est flatté avant même l'entrée dans la vie active : il suffit de constater à quel point le diplôme joue un rôle important pour ceux ayant fait un beau parcours universitaire ou une école prestigieuse ; et je constate souvent à quel point des dirigeants autodidactes ayant pourtant socialement réussi continuent de souffrir d'une forme de complexe d'infériorité à cet endroit.

Il est aisé de reconnaitre « l'ego surdimensionné » chez certains dirigeants. Les exemples de grands patrons égotiques aux appétits sans limite sont nombreux et médiatisés. Ces leaders confondent toute-puissance et puissance véritable. La sagesse antique a depuis longtemps éclairé ce mécanisme : ces dirigeants sont touchés par ce contre quoi les Grecs mettaient déjà en garde leurs hommes politiques : la folie de l'*hubris*, cet enchaînement de succès qui, par la mécanique de l'ego, conduit à l'orgueil du fait d'une confusion entre pouvoir conféré et valeur personnelle. Ce chemin mène à la démesure par la recherche du « toujours plus » (d'argent, de parts de marchés, etc.) et expose celui qui l'emprunte à la *Némésis* (la chute ou la vengeance, car l'ordre du monde, tôt ou tard, prend sa revanche). Ce type de leaders ne servent qu'eux-mêmes et leurs subordonnées le savent. Leur pouvoir est parfois bien réel, mais il est fragile et leur rayonnement authentique est ténu. Il est frappant de constater que, même à très haut niveau, ces décideurs continuent de se comparer les uns aux autres (ou de comparer leur « empire » ou leur yacht à celui du voisin) comme si, au fond de leur âme, une partie d'eux n'était pas dupe quant à leur réussite ou à leur estime de soi.

De telles personnes font grincer les dents (quand on constate les dégâts qu'elles peuvent engendrer) ou nous font sourire avec compassion (lorsqu'on estime de manière condescendante qu'elles ont perdu l'essentiel de vue). En lisant ces lignes, peut-être vous dites-vous (ou votre ego vous dit-il) que vous n'êtes pas concerné par les excès de l'ego ?

Ces exemples caricaturaux doivent pas vous berner : vous aussi, vous êtes sûrement victime de votre « petit moi » (nous le sommes tous !). Peut-être est-il même aux commandes dans des domaines essentiels de votre vie. Peut-être a-t-il dicté certains de vos choix professionnels majeurs (combien y-a-t-il de personnes ayant pris des fonctions ou rejoint une entreprise pour des seules raisons de salaire, d'image ou de carrière ?) ou de vos choix de vie (faites-vous le métier dont vous avez toujours rêvé ? Qu'est-ce qui vous freine réellement dans une reconversion, qu'y perdra votre ego ?) Peut-être, encore, vous empêche-t-il de vous engager pleinement pour des causes ou des valeurs qui vous sont chères malgré la frustration qui vous habite.

En tant que leader, votre croissance personnelle passe d'abord par une mise en lumière des pièges de l'ego dans lesquels vous avez pu tomber.

Temps de réflexion

Prenez le temps de répondre aux questions suivantes :

Êtes-vous pleinement vous-même au travail ou devez-vous parfois dissimuler une part de vous-même ? Exprimez-vous librement vos émotions et vos idées ?

....

- Notre « petit moi » nous amène à porter un masque au travail, à retenir nos émotions de peur qu'elles soient incomprises ou cacher des talents originaux de peur d'être jugé.
  Avez-vous parfois le sentiment d'être un imposteur, de ne pas être à la hauteur ?

....

- L'ego nous amène à nous dévaloriser à nos propres yeux et il se nourrit d'échecs qu'il exagère pour s'auto-alimenter.
  Pouvez-vous facilement faire part de vos doutes, de vos difficultés ou incompétences à vos collègues ou est-ce difficile ? Osez-vous montrer votre vulnérabilité, dire « je ne sais pas » ou partager vos inquiétudes ?

....

- Par peur du jugement, l'ego nous amène à dissimuler nos difficultés et nos failles, ce qui conduit à une forme de solitude et empêche des relations authentiques et solides.

  Avez-vous le sentiment de «tout porter» vous-même, d'être obligé de devoir tout contrôler ?

  ....

- L'ego se nourrit de croyances basées sur la peur (que le travail soit mal fait, qu'il faut surveiller les autres pour qu'ils travaillent, etc.).

  Estimez-vous avoir des relations authentiques avec vos collègues ou vos subordonnés, «d'être humain à être humain» ou existe-il une distance invisible créée en partie par vous ?

  ....

- L'ego nous coupe parfois de notre nature profonde, de ce qui fait notre humanité commune et empêche la naissance d'une fraternité puissante.

  Enfin, seriez-vous prêt à renoncer à votre titre ? Ou à troquer votre berline de fonction contre une petite citadine ?

  ....

Parmi ces questions, quelles sont celles qui vous sont les plus difficiles à entendre pour vous ? Qu'auriez-vous à «lâcher» ?

....

METTRE À DISTANCE L'EGO : QU'AVEZ-VOUS À Y GAGNER EN TANT QUE LEADER ?

Remettre son ego à sa juste place et constater là où nous nous sommes fourvoyé n'est ni facile ni agréable mais cela en vaut la peine. Voici trois bénéfices majeurs qui doivent vous motiver à alléger votre ego.

Vous libérer des attributs du «chef» pour pouvoir investir en vous

Dans de nombreuses entreprises dites «libérées»[1], les dirigeants commencent souvent par abandonner certains privilèges (une place de parking réservée, un bureau plus grand…) jusqu'à renoncer parfois à leur

1. Ce terme fait référence au modèle théorisé par Isaac Getz et Brian M. Carney à travers l'ouvrage : *Liberté & Cie – Quand la liberté des salariés fait le succès des entreprises*, 2012.

titre (devenant ainsi un simple « leader » de l'organisation parmi d'autres). En travaillant sur eux, ils ont compris que l'ego adorait ces attributs du pouvoir dont il ne faut pas être dupe : ils contribuent subtilement à vous enfermer dans une fausse idée de vous-même et renforcent votre statut d'un travailleur « à part ». Le message de ceux qui s'en débarrassent est simple : ils veulent affirmer par ces renoncements symboliques leur désir d'instaurer une égalité intrinsèque entre tous les salariés. Mais en se dépouillant de ces privilèges visibles, ils gagnent souvent bien plus : la possibilité de se rapprocher de leurs équipes pour recréer une qualité de liens qu'ils avaient souvent perdue.

Le poids des responsabilités fait également partie des attributs du pouvoir et c'est un autre des domaines dans lequel l'ego s'est solidement invité (aidé en cela par des décennies d'organisation pyramidale et de modèles de chefs paternalistes et protecteurs). Pendant des années, en tant qu'entrepreneur, je n'ai suivi aucune formation car j'estimais ne pas avoir le temps de me former, encore moins d'être coaché. J'arrivais au bureau avant tout le monde et je repartais souvent le dernier. Sans m'en rendre compte, j'avais intégré inconsciemment la solide croyance que j'étais indispensable à ma société et, qu'au fond, celle-ci ne pouvait pas se passer de moi. J'ai depuis fréquemment rencontré ce schéma chez les personnes que j'ai accompagnées : l'ego se cache insidieusement derrière cette représentation erronée que le responsable se fait de sa propre importance dans la bonne marche de son entreprise ou de son département. Cette perception faussée conduit de nombreux leaders à accepter une posture sacrificielle qu'ils jugent inhérente à la fonction. Il devient alors « normal » de porter trop sur ses épaules, d'avoir un agenda surchargé, de superviser ou contrôler le maximum de choses. Cet oubli de soi entraîne chez certains des situations de dépendance au travail (workaholisme) et génère beaucoup de souffrance. Il est le terreau méconnu du burn-out.

En acceptant de remettre votre ego à sa place, vous pourrez quitter cette posture hyperactive de leader indispensable : car elle ne vous sert en rien et sert encore moins vos équipes et votre entreprise.

Ce mouvement sera salutaire sur le simple plan de votre santé et de votre équilibre de vie mais aussi dans votre management : vous lâcherez avec lui un certain besoin de contrôle dicté par les peurs de l'ego, ce qui générera automatiquement davantage de confiance envers vos équipes, de subsidiarité ou d'intelligence collective. Mais le plus important sera sûrement ailleurs : vous recouvrerez une liberté d'action, de temps et d'esprit pour pouvoir investir dans ce qui relève de la véritable responsabilité des leaders d'aujourd'hui : votre croissance personnelle.

Bâtir une confiance d'un autre ordre en osant montrer votre vulnérabilité

Posez-vous la question pour vous-même : dans un monde incertain et en pleine mutation, seriez-vous aujourd'hui prêt(e) à faire confiance à quelqu'un qui ne montre jamais ni doute, ni état d'âme, ni imperfection ? Auriez-vous envie de suivre un tel leader ?

Montrer sa vulnérabilité, c'est oser être davantage soi-même. C'est enlever l'une des premières couches du masque. Voilà qui requiert une bonne dose d'audace, un élan auquel s'oppose bien sûr l'ego. Les leaders authentiques ont ceci en commun : ils se soumettent à la critique, reconnaissent leurs erreurs, expriment leurs émotions, dévoilent une part de leur intimité en partageant non seulement leurs valeurs profondes, mais aussi leurs hésitations, leurs peurs et leurs joies.

Être authentique tout en se sachant imparfait requiert du courage, un courage qui s'appuie sur l'estime de soi, le sentiment profond que l'on est légitime et que l'on mérite d'être aimé, écouté et suivi, malgré nos faiblesses.

Ce changement radical chez un leader est contagieux : il est une invitation offerte à chacun, dans l'entreprise, à exprimer sa voix et son potentiel. En montrant sa propre vulnérabilité, le leader autorise chacun à faire de même. En faisant cela, il émet un signal fort de respect et d'engagement dans les relations en s'y investissant pleinement lui-même avec son esprit mais aussi son cœur. Les connexions sont plus vraies, l'engagement plus fort, le sentiment d'une humanité partagée se répand. Le ton est donné.

Ce courage d'être soi-même est, à un niveau conscient et inconscient, puissamment perçu par l'entourage ; cette vulnérabilité assumée représente en réalité l'illustration humble et éclatante de la sécurité et de la solidité intérieures que vit le leader. Paradoxalement, montrer sa vulnérabilité nourrit donc une nouvelle forme d'autorité et de charisme provenant d'une congruence plus forte dans la manière dont le leader pense, ressent et agit.

Récupérer une énergie insoupçonnée

Dans son mouvement centrifuge, l'ego nous isole des autres et nous conduit souvent à tout penser par nous-même. Il enferme le leader dans une posture solitaire de « sachant » ou de « chef », de celui qui doit tout savoir ou tout décider. Il empêche de demander de l'aide, quitte à essuyer un échec (dont il se nourrira de toute façon aussi en alimentant un discours intérieur de victime et de solitude). Les leaders que j'ai côtoyés m'ont souvent partagé ce sentiment : dire « je ne sais pas » à son équipe fait du bien. Pouvoir enlever l'armure pour partager ses difficultés ou ses doutes à son entourage professionnel, cela « libère ».

Libère quoi ? De l'énergie.

Car dans sa mainmise incessante sur nos pensées, l'ego utilise à notre insu une partie considérable de notre énergie psychique.

L'ego est un voleur d'énergie.

Pensez à ces leaders inspirants ou à ces maîtres spirituels (comme le Dalaï-Lama). Ce qui frappe souvent chez eux, c'est qu'ils semblent dotés d'une énergie inépuisable. Ce qui marque, c'est la qualité de leur présence, leur simplicité et leur authenticité. Ils n'ont aucune « image » d'eux-mêmes à maintenir, ils n'ont pas de rôle à jouer. Ils ont juste à veiller à *être*, être pleinement eux-mêmes. Et grâce à cela, ils peuvent consacrer toute leur énergie à la mission qu'ils se sont donnée.

Se libérer des pièges de l'ego, c'est en fait récupérer une quantité d'énergie incroyable qui était jusqu'ici détournée vers des buts secondaires (nous dévaloriser ou nous encenser, interpréter tout ce qui nous arrive, courir après le succès et la reconnaissance, répondre à des emails pour se défendre, etc.). Prenez conscience de toute l'énergie que vous mettez peut-être à maintenir l'image d'un professionnel performant et « *successful* », à porter l'image du leader charismatique, visionnaire, paternaliste ou brillant qu'il «faudrait être» (mais qui n'est pas vous), à convaincre vos interlocuteurs pour avoir raison, etc. Réalisez aussi l'énergie que vous consacrez à contrôler vos émotions, à contenir votre colère ou dissimuler vos frustrations ou à faire semblant que tout va bien quand ce n'est pas le cas. Se dissimuler aux autres est épuisant…

Par effet de vases communicants, la neutralisation de l'ego offre un apport d'énergie spectaculaire. Elle procure un mieux-être d'abord, une libération réjouissante liée au fait d'être davantage soi, comme allégé d'un poids. Mais cela permet aussi et surtout de rediriger votre attention et votre capacité d'action vers ce qui importe vraiment : ces aspirations qui viennent de vous-même et qui n'ont pas été «importées» de l'extérieur.

★★★★★

CONCLUSION : QUELLE PLACE LAISSEREZ-VOUS À VOTRE EGO ?

Dans un certain sens, après avoir lu ces lignes, voici l'alternative qui s'offre à vous.

Vous pouvez tout à fait décider de ne pas reconnaître la place encombrante qu'occupe l'ego dans votre vie professionnelle. Après tout, ce dernier vous a été sûrement très utile jusqu'ici pour défendre vos intérêts et gravir les échelons. Cette attitude est tout à fait possible (de nombreuses personnes l'adoptent sans le savoir) mais soyez simplement conscient du fait que ne pas «soulever le tapis», bien que plus facile à court terme, n'en sera pas forcément moins douloureux : dissimulé derrière votre masque professionnel, vous ne pourrez pas être totalement vous-même, vos relations au travail seront peut-être insatisfaisantes et, au fond de vous, une forme de solitude régnera. En tant que leader, vous continuerez peut-être à vous épuiser à tirer vos équipes et à subir le poids d'une responsabilité écrasante et improductive. *En laissant l'ego aux commandes, vous laisserez le «petit moi» aux manettes et avec lui un «petit vouloir» perclus de peurs, d'orgueil ou de jugements limitants sur vous-même et qui n'ose ni rêver sa vie ni s'engager pour une société meilleure.* Une forme de tiraillement intérieur (ou d'ambition égotique) vous poussera peut-être à poser des actes généreux (comme certains qui créent une fondation d'entreprise sans s'y investir réellement ou d'autres qui donnent généreusement à des associations caritatives) mais n'en attendez pas un soulagement ni une joie profonds : l'ego n'a jamais constitué le socle des aventures exaltantes pour l'âme.

Vous pouvez aussi faire un autre choix : celui de vous engager dans une démarche humble et courageuse qui consistera à remettre progressivement l'ego à sa juste place.

Si vous aspirez à une vie plus épanouissante, à des idéaux élevés et à croître en tant que leader, alors, vous devrez décider, en conscience, de vous alléger de toutes ces pierres inutiles que vous avez accumulées dans votre sac à dos de vie et qui ne sont pas à vous : vous alléger de ces attributs du pouvoir qui isolent et usent, et vous détacher de certains objectifs (de notoriété, de richesse, de reconnaissance...) que vous avez importé de l'extérieur de vous-même. Vous devrez mettre de la lumière sur l'image étriquée du leader à laquelle vous essayez de vous conformer inconsciemment et qui vous limite dans vos élans du cœur. Vous devrez revisiter en profondeur ce que réussir dans la vie signifie pour vous.

Dans ce travail de dépouillement et de discernement, certains deuils seront à faire (il n'est pas simple de se défaire de conditionnements ou de scénarios de vie bien ancrés) mais n'en doutez-pas, ce nettoyage sera libérateur et apaisant et il vous ouvrira le chemin d'une puissance personnelle à laquelle aucun leader égotique ne peut prétendre.

Car lorsque les sirènes de l'ego se taisent, il devient possible de se mettre à l'écoute de soi et des appels de notre âme. Lorsque nous ne sommes plus l'esclave inconscient de notre « petit moi », nous pouvons nous reconnecter à « plus grand que nous » et nous mettre au service d'un idéal qui ne sera pas écrasant mais au contraire porteur et exaltant.

Par où commencer ? Je vous propose dans le chapitre suivant d'apprendre à identifier et déjouer les principaux pièges que l'ego tend aux décideurs de l'entreprise.

4

DÉJOUER LES PIÈGES DE L'EGO

«Tout le bouddhisme est basé sur la possibilité
de se libérer de la souffrance,
de s'en libérer par soi-même
et d'être seul capable de s'en libérer.»

Alexandra David-Néel

Il n'existe bien sûr pas de recette pour s'affranchir totalement de l'influence de l'ego car c'est le processus d'une vie. Vouloir en supprimer toute trace en vous ne serait ni réaliste ni souhaitable (nombreux sont les maîtres spirituels chez qui l'on a découvert un jour des vices ou des dérives liés à l'ego).

Il s'agit donc davantage de vivre en paix avec lui en lui laissant la place qu'il mérite : une place parfois nécessaire mais néanmoins secondaire. En tant que leader, il s'agit de le débusquer, non pas à chaque instant, mais dans ce qui importe vraiment : les valeurs que vous défendez, les projets qui font véritablement sens et les décisions clés que vous avez à prendre.

Pour cela, il vous faudra du courage, de la vigilance et de l'humour.

Du courage pour aller débusquer les zones d'ombre dans lesquelles l'ego s'est tapi au fil de votre histoire personnelle. De la vigilance car ce dernier restera, malgré tous vos efforts, prompt à s'inviter dans votre vie et vos comportements de leader. Et de l'humour, car il est aussi possible de jouer avec lui et une bonne dose d'auto-dérision vous aidera à sourire intérieurement lorsque vous constaterez qu'il vous a une nouvelle fois berné.

******

PISTES POUR DÉJOUER LES PIÈGES DE L'EGO

Témoignage de Laurent Ledoux, fondateur et associé de Phusis

J'avais découvert Laurent Ledoux au travers d'un livre blanc[1] *où j'avais été frappé par la liberté qu'il avait, en tant que dirigeant, de parler de son chemin spirituel. Laurent est reconnu en Belgique comme l'un des pionniers des transformations managériales profondes et a «libéré» plusieurs organisations dont le ministère belge des Transports. Il est aujourd'hui fondateur et associé de Phusis*[2]*, un cabinet accompagnant les entreprises européennes vers une gouvernance plus collaborative. Nous nous sommes parlé par Skype au cours d'un entretien de trois heures où le temps s'est comme suspendu.*

J'ai eu un père athée et une mère très spirituelle et très croyante. J'ai aussi eu la chance d'avoir un maître spirituel très tôt. C'était mon professeur de tennis et de judo et il a semé en moi des graines de spiritualité durant des années. À dix ans, j'ai décidé moi-même de partir en pension dans une école attachée à une abbaye, l'abbaye de Maredsous. Aujourd'hui, je me définis à la fois comme un athée qui poursuit un cheminement spirituel (le spirituel ne devant pas nécessairement pour moi être associé à une religion).

J'ai débuté ma carrière chez Médecin sans Frontières car je voulais me mettre au service des autres. Je voulais, déjà à cette époque, vivre une vie pleinement dans l'action mais également vouée à une noble cause. En fin de compte, j'ai fini par réaliser que l'action humanitaire ne suffisait pas et qu'il fallait travailler sur le plan des réformes économiques. Or pour cela, il fallait que je comprenne mieux le système économique, capitaliste, de «l'intérieur». C'est pourquoi j'ai saisi l'opportunité de commencer à travailler «au cœur du système», dans une banque, dans le domaine des fusions-acquisitions. J'y ai pris conscience non seulement des dysfonctionnements en termes financiers mais également en termes de management et ai dès lors commencé à m'intéresser aux outils de transformation managériale.

Mon ambition, ma vocation ont ainsi émergé et sont aujourd'hui très vivantes: contribuer à la transformation des organisations, qui, elles-mêmes, contribuent à transformer la société. J'ai la chance de trouver dans mon action professionnelle une véritable dimension spirituelle. Aussi ridicule que cela puisse paraître, mon chemin spirituel passe par le management. Les situations et problématiques qu'il amène sont pour moi des exercices aussi riches qu'une retraite dans un monastère. Car manager

1. [1] Spiritualité et leadership dans les organisations, Colligence, avril 2014.
2. www.phusis-partners.com/fr/

selon moi, c'est tisser des liens entre les gens, internes et externes à l'organisation, pour réaliser une contribution positive pour la société. Le tissage de ces liens est le plus important. Le profit n'est qu'une contrainte nécessaire pour pouvoir continuer à tisser ces liens.

Ma «libération» personnelle se fait de façon progressive. Elle ne sera jamais totalement acquise. Jusqu'ici, ce qui a été le plus difficile pour moi, a été de me libérer de ma propre volonté d'être responsable. Car manager, être responsable, amène presqu'inévitablement la volonté ou le besoin de contrôle. Il est donc a priori paradoxal d'être manager et de renoncer à la volonté de contrôle. Progressivement, j'ai compris que, quoiqu'on fasse, nous ne contrôlons rien et encore moins les autres. Tout ce que nous pouvons chercher à faire, c'est d'aider nos collaborateurs à s'autocontrôler et à s'adapter en permanence le mieux possible à ce qui nous entoure. Un peu comme le jardinier ne contrôle pas les conditions climatiques ni ses carottes; il peut cependant veiller à ce que les conditions soient les plus propices à leur croissance. Mon chemin spirituel passe donc par cette «libération», jamais acquise, du contrôle, pour pouvoir accéder à une forme de lâcher-prise, une autre présence à moi, aux autres et à la vie et pouvoir jouer ainsi un autre rôle, de manager jardinier, de servant leader.

Ce travail de lâcher-prise par rapport à la responsabilité et aux contrôles passe par un travail plus sur son ego. En effet, j'ai longtemps été angoissé à l'idée de ne pas pouvoir exploiter tous mes talents et mon potentiel, de ne pas pouvoir les mettre au service du monde, en fait de ne pas contrôler qui je devenais et d'assurer que je déployais au mieux mes talents. Or, cette angoisse m'inhibait. Petit à petit, elle s'est estompée grâce à la réalisation progressive de l'amour inconditionnel de personnes qui m'entourent. Cette réalisation me permet désormais de m'en «remettre à l'univers» et de tenter d'accueillir tout ce qui m'arrive de façon positive. Je pense que la bascule s'est faite pour moi vers quarante ans.

Cela m'a aidé à me libérer du succès financier et de la reconnaissance publique dans ce que je fais. Je ne suis bien sûr pas totalement immunisé au plaisir de bien réussir mais ce n'est plus quelque chose qui me cause de la souffrance quand cela n'arrive pas. Je l'accueille avec bonheur mais je ne cours plus après. Je trouve mon bonheur dans des choses moins visibles mais plus importantes pour moi, comme par exemple le sentiment d'être en phase avec l'équipe ou moi-même dans un moment de «flow».

Dans le même ordre d'idées, vivant à Bruxelles, j'ai renoncé à la voiture au profit du vélo que j'utilise qu'il pleuve ou qu'il neige. Pour moi qui avais l'habitude d'une voiture et d'un chauffeur, c'est un exercice spirituel en soi d'humilité et de fragilité (on se sent parfois terriblement fragile en vélo au milieu des voitures ou sous un orage). Se déplacer en vélo, c'est aussi adopter un autre rythme le temps d'un trajet, de voir la ville différemment. Aujourd'hui, je travaille en tee-shirt, je suis souvent pieds nus et j'assume totalement cela alors que j'ai porté de nombreuses années costume et cravate. Dans les grandes entreprises, l'habit fait le moine. J'ai perdu cela comme tout autre signe extérieur de richesse. Je me suis en quelque sorte libéré des habits du pouvoir.

J'ai également lâché le besoin d'en savoir davantage que mes collaborateurs, à qui je dis en substance : « mon rôle est de vous permettre de faire ce que vous me dites qu'il faut faire, et de veiller à ce que ce soit harmonieux par rapport aux autres ». Cela m'évite de prendre de nombreux sacs ou « singes » sur le dos. Pour cela, il m'a fallu apprendre et accepter de leur dire « Je ne sais pas ». En tant que leader, je crois que l'on perd une énergie incroyable à faire croire que l'on sait, de peur de perdre son pouvoir ou de ternir son image. Mes collaborateurs sont venus me demander récemment : « Quelle est ta vision pour l'entreprise ? ». Ma réponse a été : « Je ne sais pas. Franchement je ne sais pas. » Paradoxalement, cela les a rassurés que je ne sache pas. Ils étaient inquiets que nous n'ayons pas de vision mais cela les rassurait que je reconnaisse que nous n'en avions pas. Si j'avais menti ou essayé de noyer le poisson, cela les aurait inquiétés encore plus.

Professionnellement, nous avons tous un rôle à jouer. Il est important de ne pas le confondre avec notre moi profond. Tout en assumant nos actes et nos responsabilités, il y a en nous quelque chose qui nous dépasse. Au ministère belge des Transports, j'ai été très critiqué lorsque j'ai dû me séparer de presque tout mon comité de direction qui était opposé à la démarche de dynamique collaborative que je souhaitais mettre en œuvre. Cela pouvait en effet apparaître paradoxal ; je n'ai pu dépasser ce paradoxe qu'en l'assumant pleinement, en acceptant les critiques tout en inscrivant mon action dans une dynamique qui me dépassait complètement.
Mes expériences de management de ces vingt dernières années m'amènent à distinguer trois niveaux de conscience que nous devons approfondir en tant que manager. Le premier touche à la dynamique humaine, c'est-à-dire comment créer les conditions propices pour que les collaborateurs puissent s'épanouir et grandir en tant que personnes au travers de leur travail. Le second consiste à tisser des liens avec l'environnement de l'entreprise, son « écosystème » en quelque sorte. Le troisième niveau est celui du sens : quel sens donne-t-on à notre action collective ? En quoi contribue-t-elle à quelque chose de positif dans le monde ?

Je crois que le problème fondamental de nombreuses entreprises et de leurs managers aujourd'hui est qu'ils sont coupés du monde, de l'environnement, du temps et d'eux-mêmes. Ils sont coupés d'eux-mêmes car ils agissent ou se laissent contraindre à agir comme si le but ultime de leur vie et de celles de leurs collaborateurs était de créer le maximum de richesse. L'un des devoirs du manager ou leader éclairé est au contraire de retisser des liens, entre les collaborateurs et entre l'entreprise et son environnement. Cela peut passer par une évolution du langage qui prévaut dans l'entreprise. Un langage qui prévaut encore dans de nombreuses entreprises est celui de «*I am great*» (en d'autres termes, les autres sont nuls). Un niveau supérieur est celui de «*We are great*»: il témoigne que les gens grandissent, collectivement, dans l'entreprise mais aussi qu'il reste encore de la compétition vis-à-vis de l'extérieur, notamment des concurrents. Le niveau ultime, je crois, est celui de «*Life is great*»: les collaborateurs sont reliés entre eux à l'intérieur de l'entreprise mais aussi à l'extérieur, à la société et au monde, pour contribuer positivement à la société via leurs produits ou services. Dans ce cadre, la réussite des concurrents est perçue non pas comme une menace mais comme une avancée dans la réalisation d'objectifs positifs pour la société dans son ensemble.

Pour progresser, je cultive ma spiritualité et mon intériorité autour de trois axes essentiels: des lectures et des podcasts, les séminaires de l'association Philosophie et Management (www.philoma.org) que j'anime depuis 15 ans (à raison d'une séance chaque mois, c'est l'équivalent de plusieurs diplômes de philosophie!) et des entrevues régulières avec mon maître spirituel (un disciple d'Arnaud Desjardins).
Mon grand-père me disait: «Il faut être comme le canard qui plonge dans l'eau sans se mouiller les plumes». Ce qui signifie pour moi que l'on peut être dans l'action tout en préservant son intériorité. C'est une recherche d'harmonie entre une démarche philosophique et spirituelle, d'une part, et l'action au quotidien, d'autre part. Car les deux s'interpénètrent. Je conçois ma spiritualité dans une démarche de présence à soi et au monde. En fait, je touche la dimension spirituelle par un sentiment de reconnexion au Tout, qui ne passe pas justement par la médiation de l'esprit. En effet, la seule démarche intellectuelle peut nous bloquer et nous couper de l'énergie vitale, de la *phusis*[1] des Grecs. C'est pour m'en souvenir à tout moment que mes associés et moi avons choisi de nommer notre cabinet Phusis.

1. La *phusis*, l'un des concepts philosophiques premiers de la pensée grecque, est ordinairement traduit par la «nature» mais représente plus largement « la totalité de tout ce qui est et se produit».

Le courage du travail intérieur

Si vous voulez vous libérer des mécanismes égotiques qui entravent votre développement, vous ne pourrez pas faire l'économie d'un travail personnel intérieur.

Quasiment tous les leaders interviewés dans ce livre ont fait, à un moment donné, ce travail d'introspection : ils ont regardé dans le rétroviseur de leur vie pour mieux comprendre leur histoire personnelle (très souvent, ils ont été accompagnés par un coach ou un psychothérapeute dans cette exploration car notre ego rechigne à aller dans nos angles morts et fuit la souffrance potentielle qu'il y anticipe).

En tant que leader, il paraît opportun d'orienter cette exploration selon trois axes complémentaires et nécessaires :

- Regarder d'où proviennent ces « vides » que votre ego, inlassablement, cherche à remplir (besoin de reconnaissance, de sécurité financière, de réussir, etc.). De quelle(s) blessure(s) ancienne(s) proviennent-ils et quels besoins inassouvis avez-vous à nourrir ?
- Identifier les caractéristiques de ce « masque » que votre rôle de cadre/directeur/entrepreneur vous a amené à endosser au fil des années de manière inconsciente.
- Challenger vos motivations et les objectifs moyen et long terme que vous cherchez à atteindre, pour démêler ceux qui viennent de l'extérieur de vous-même (de l'ego) de ceux qui proviennent de votre moi profond.

Identifier ces blessures qui vous entravent

Regarder notre passé avec bienveillance permet souvent d'y déceler les blessures de l'âme. Elles sont de nature diverse et se nichent très tôt dans notre histoire, en tant qu'enfant, adolescent et, pour certains, déjà *in utero*. Dans son best-seller, Lise Bourbeau[1] a regroupé ces blessures de la façon suivante : le rejet, l'abandon, la trahison, l'injustice et l'humiliation. Selon elle, nous en avons tous une ou deux qui prédominent. Sur un plan spirituel, ces blessures peuvent être considérées comme les traits de notre âme que nous avons décidé de venir guérir dans cette incarnation-ci.

1. *Les 5 blessures qui empêchent d'être soi-même*, 2013.

D'une certaine façon, votre ego se nourrit de vos blessures ; parce qu'il fuit la souffrance, il cherche à les guérir à sa façon, qui est manipulatoire et excessive. Un leader ayant une blessure inconsciente de rejet – qui amène à se considérer inconsciemment sans valeur, n'ayant pas le droit d'exister par soi-même ou tel que l'on est – aura ainsi un besoin de reconnaissance exacerbé et cherchera la reconnaissance continuelle de ses pairs (par des titres, un statut, une sur-communication sur ses réussites ou tout autre comportement ostentatoire cherchant à montrer aux autres sa valeur). Un décideur ayant souffert d'une blessure de trahison aura un fort besoin de contrôle bâti sur une croyance inconsciente que l'autre n'est pas fiable. Cette lecture paraît peut-être simpliste mais elle n'en est pas moins opérante car ces blessures, bien que profondes, sont méconnues et puissamment à l'œuvre : « l'armure » que s'est construite le décideur au fil des ans a de surcroît contribué à les dissimuler et à les refouler de sa conscience malgré la violence des émotions ou des réactions qu'elles génèrent lorsqu'elles sont recontactées à nouveau (elles se manifestent notamment dans les moments de stress, les conflits interpersonnels ou lorsque des valeurs clés sont attaquées). Donald Trump illustre d'une façon quasi caricaturale les conséquences de la toute-puissance de l'ego sur nos paroles et nos actes lorsque nous sommes dans la méconnaissance de nos blessures ; ses réactions à chaud (notamment sur Twitter) aux critiques émises à son encontre par des célébrités ou d'autres puissants traduisent une probable blessure d'humiliation (ce qui le rend par ailleurs relativement prédictible et manipulable).

Une blessure de rejet

Pour Michael, un dirigeant de PME que j'accompagnais en coaching, la blessure était celle du rejet. De manière visible et via un mécanisme bien sûr inconscient, Michael donnait plus d'importance au temps des autres qu'au sien : il répondait à toutes les sollicitations de ses collaborateurs, laissait constamment sa porte ouverte voire faisait parfois le travail à leur place. Il donnait son temps aux autres au détriment de ses propres missions de dirigeant et *in fine* de sa santé (il flirtait avec le burn-out). Au cours d'une séance, il toucha cette douloureuse réalité : il ne s'agissait pas uniquement de nourrir sa légitimité auprès de ses collaborateurs ni de démontrer sa solidarité en mettant les mains dans le cambouis à leurs côtés, il s'agissait de répondre à un besoin profondément ancré de lien et d'amitié. Michael faisait en fait passer les besoins des autres avant les siens, c'était sa stratégie inconsciente pour être accepté, c'est-à-dire ne pas être rejeté. Cette blessure avait été ravivée par le départ douloureux de son prédécesseur qui était également son ami ; elle était non seulement la cause d'une souffrance inconsciente mais elle l'empêchait également, en détournant son énergie et son temps, de mettre en œuvre le magnifique projet d'entreprise qui émergea avec force par la suite.

Au lieu de refouler ces blessures par méconnaissance, se libérer de l'ego implique donc le mouvement inverse : les reconnaître et les accueillir pour, progressivement, vous mettre en paix avec elles. Ces blessures font partie de vous-même, de votre histoire et elles influenceront vos actes et vos paroles tant que vous n'aurez pas mis de la conscience sur leur importance dans votre vie. Elles produisent des besoins (de reconnaissance, d'appartenance, de lien, de réussite, de confiance, de sécurité ou de justice) auxquels il vous faut, certes, être attentif, mais qui ne doivent pas guider dans l'ombre vos comportements et vos décisions en tant que leader. En les apprivoisant, vous pourrez développer un espace de recul et de lucidité pour trouver la réponse juste et proportionnée lorsqu'elles sont réactivées.

Ôtez votre « masque » de leader

Le travail de compréhension de soi invite aussi à comprendre la nature de ce « masque » que vous avez pris l'habitude de porter au travail. Il vous invite à en ôter, tel un oignon que l'on pèle, les différentes couches dont vous vous êtes recouvert au fil de votre histoire.

Certaines de ces couches proviennent des premières étapes de votre vie : l'influence de votre environnement familial, de votre éducation puis de votre milieu social au sens large ont contribué à influencer cette personnalité que vous croyez être vous ; certains traits de votre personnalité ont été particulièrement sollicités et se sont en quelque sorte hyperdéveloppés, reléguant les autres au second plan car moins utiles ou moins valorisés au travail. Au point de les oublier… Votre formation initiale a probablement contribué à flatter certaines qualités stéréotypées attendues chez les jeunes cadres (adaptabilité, adversité, résilience, focus sur les résultats, etc.). Votre carrière professionnelle, avec ses vicissitudes, ses multiples apprentissages et un contexte en général âpre et exigeant, a continué dans ce sens. À votre insu, vos premiers chefs (eux-mêmes porteurs d'un masque) ont aussi joué un rôle très important dans le leader que vous êtes devenu. Que ce soit en positif (ils ont été modélisants ou inspirants) ou en négatif (vous avez constaté chez eux d'importantes carences ou avez pu être choqué par certaines de leurs valeurs), ils ont tous contribué à façonner le modèle de leader auquel vous vous conformez plus ou moins inconsciemment.

Prenez quelques instants

Commencez par lister les deux ou trois managers ou mentors qui vous ont marqué dans votre première partie de vie professionnelle.

....

– Quelles étaient leurs principales qualités, leurs principales carences ?

....

– Quelles sont les qualités/comportements/postures que vous avez importés d'eux ? Quels sont ceux que vous avez développés en réaction à eux ?

....

– À la réflexion, quels sont les qualités/comportements/postures que vous avez intégrés mais qui ne correspondent pas à qui vous êtes vraiment ?

....

Les formations au management – dont vous avez pu bénéficier – participent également de ce mouvement ; même si le développement personnel et la connaissance de soi ont depuis plusieurs années pris de l'importance dans les contenus abordés, elles véhiculent encore largement des archétypes de leaders ou des modèles de comportements que chacun est invité à adopter.

Ôter le masque, c'est donc prendre conscience de ces influences extérieures qui vous ont fait vous conformer à une représentation d'un leader qui n'est pas complètement vous. Dépasser l'ego, c'est ensuite aller à la rencontre de ces parties de vous-même que vous avez inconsciemment dissimulées au travail : votre gentillesse, votre créativité, votre esprit critique, votre sensibilité, votre imagination débridée ou tout autre trait de personnalité que vous montrez peut-être dans votre sphère privée mais pas dans l'entreprise (qui demeure un lieu de conformité et de contrôle social). Enlever l'armure, c'est avoir l'audace de commencer, petit à petit, à montrer ces facettes de vous-même dans votre environnement professionnel. C'est un choix personnel : celui de montrer davantage l'homme ou la femme derrière la fonction. C'est un choix qui peut paraître risqué car il entraînera peut-être des jugements ou de l'incompréhension. Mais c'est un choix magnifiquement libérateur qui aura toutes les chances d'autoriser vos équipes à faire de même.

Brancher vos objectifs de vie sur vos aspirations profondes

Le troisième axe du travail sur l'ego consiste à aller challenger vos objectifs de vie. Pour cela, il faut souvent commencer par écarter l'« écume de surface » : accaparées par le court-terme et vampirisées par les sollicitations digitales de nos écrans, notre énergie et notre attention sont souvent tournées vers l'extérieur de nous-même et notre capacité à simplement nous (re)poser est devenue une denrée rare.

Prenez un vrai temps pour vous. Puis posez-vous cette simple question : *après quoi courez-vous ?* Atteindre un objectif financier, gagner un client, obtenir une promotion, finir un projet, lancer un produit, améliorer un process, etc. ne nourrissent pas la soif existentielle de l'être. Alors, une fois votre esprit apaisé, vous pourrez regarder au fond de votre lac intérieur pour aller à la recherche de vos aspirations les plus profondes. Il faudra vous autoriser à rêver à nouveau votre vie, remobiliser cette capacité de l'enfant qui sommeille en vous et qui sait regarder le futur comme une aventure exaltante et sans contrainte.

Ce mouvement vers ce « qui m'importe le plus de vivre et de créer » n'est pas anodin car vous risquez de mettre à jour les chemins que votre ego vous a fait emprunter durant des années et la façon parfois insidieuse avec laquelle il a donné autant d'importance à des objectifs qui peuvent s'avérer secondaires ou illusoires quand on les mesure à l'aune des aspirations de notre être. Atteindre un poste prestigieux, un niveau de salaire rêvé, faire carrière, être numéro un de son marché ou bien mettre en sécurité les siens, rembourser l'emprunt de sa maison, etc., bien sûr, ces objectifs sont importants et peuvent contribuer au bonheur. Il n'est pas question de les déprécier. Il s'agit plutôt de regarder à quel point ils ont pesé (ou pèsent encore) dans vos *choix de vie*. Il s'agit de scruter avec lucidité en quoi ils entravent ce que vous avez vraiment envie de vivre. Ce n'est que grâce à cette prise de conscience que vous pourrez rediriger votre esprit et votre cœur vers ce qui importe vraiment pour vous.

En bon guide spirituel, la vie nous invite continuellement à faire ce travail, mais nous n'y prêtons souvent pas attention ; une période de mal-être existentiel provient souvent de notre incapacité à accepter de revisiter nos aspirations essentielles. Se nourrissant inlassablement de notre peur de souffrir, notre ego, bien sûr, résiste. La vie nous offre alors, souvent entre quarante et cinquante ans, une crise bénéfique.

« *Nous passons la moitié de notre vie à escalader une échelle, et l'autre à réaliser que nous l'avions adossée au mauvais mur* » écrivit Jung. Cadres et décideurs n'échappent pas à la règle : ils sont nombreux à être touchés par cette crise de milieu de vie, cette crise existentielle qui peut aussi se résumer ainsi : mus par la nécessité de nous insérer socialement et matériellement dans la vie, nous passons la première partie de notre existence à solliciter la reconnaissance de nos proches et de nos pairs et à assurer notre sécurité matérielle ; la vie nous envoie alors le message qu'il est temps à présent de nous soustraire à ces contingences extérieures (et au regard de l'autre) pour vivre pleinement notre vie. En tant que leader, cette crise – comme toutes les autres – est une invitation à faire des choix. Elle n'est pas à fuir car elle vous rapprochera de vous-même. J'irai plus loin : votre *devoir* est même de la vivre pleinement, intensément ! Car vous avez cette belle responsabilité : en tirer des enseignements, des décisions fortes et un nouvel élan qui viendront de votre être. Alors, ce travail intérieur sera un cadeau pour vous, vos équipes et votre entreprise.

J'ai eu la chance de connaître de nombreuses trajectoires de vie de décideurs. Rares sont ceux qui profitent d'un entre-deux jobs pour faire un véritable point. Nombreux sont les entrepreneurs qui recréent immédiatement une nouvelle entreprise sitôt la précédente vendue. Après quelques semaines d'inactivité, la plupart d'entre eux tournent en rond : notre « petit moi » a peur du « vide fertile » que procure un véritable temps de jachère personnelle. « *Tout le malheur des hommes vient d'une seule chose, qui est de ne savoir pas demeurer en repos dans une chambre* » écrivit Blaise Pascal il y a trois siècles.

Entamer ce travail de mise à jour de vos objectifs de vie ne sera pas aisé. Le chemin sera d'autant plus ardu que les freins sont importants pour un leader : plus que d'autres, vous estimez peut-être avoir « réussi » dans le système et vous avez donc plus à perdre : vous avez peut-être fait des sacrifices importants pour obtenir votre diplôme, construit patiemment une identité et une reconnaissance professionnelles, obtenu votre poste actuel après tant d'efforts… Faut-il renoncer à tout ou partie de cela ? Y renoncer, peut-être pas. Vous en libérer assurément. Car se libérer – même un instant – des rails sur lesquels vous vous étiez peut-être mis est le préalable au véritable travail : renouer avec votre capacité à rêver votre vie, à vous réinventer, à repartir d'une page blanche pour écrire un futur branché sur ce que vous voulez vivre, faire et léguer avant de mourir.

Un de mes enseignants spirituels m'a partagé cette parabole lumineuse et soutenante :

C'est l'histoire d'un jeune Bernard L'Hermite. Celui-ci vit dans une coquille confortable. Au fil du temps, cependant, comme il a grandi, celle-ci devient inconfortable. Il s'y sent à l'étroit, mal à l'aise. Il rêve d'une coquille plus spacieuse où il pourrait mieux respirer et se mouvoir plus librement. Alors, il aperçoit, à quelques mètres sur les rochers, bercée par le va-et-vient des vagues, une autre coquille, vide. Celle-ci est grande et idéale : il y serait si bien ! Oui, mais voilà… pour passer d'une coquille à l'autre, il va devoir faire le chemin tout nu…

Le nettoyage de l'ego et de ces couches qui vous séparent de votre moi authentique vous emmènera probablement à vous sentir nu et vulnérable pour un temps. C'est l'apanage des véritables transformations que de savoir accueillir l'inconfort de la mue. Il est aidant de savoir que cela fait partie du chemin : vous pourrez ainsi mieux vous y préparer et vivre pleinement et sans artifice la beauté et la fragilité de ce retour à soi.

Appréhender différemment succès et échecs

L'ego est un boomerang : vous croyez l'avoir jeté au loin mais il revient toujours. Vous le chassez par la porte ? Il repassera par une autre fenêtre de votre inconscient, au détour d'une autre situation. Telle est sa nature insidieuse et fascinante.

Une attitude saine et réaliste consiste donc à cultiver une vigilance régulière à son égard, et plus spécifiquement dans les domaines à fort enjeu de votre vie de leader : vos résultats. L'ego aime particulièrement bien mesurer une « vie réussie » à la lumière de nos succès et de nos échecs. Tous deux sont les compagnons des hommes et des femmes d'action et sont particulièrement scrutés dans le monde de l'entreprise qui résume volontiers la valeur d'une personne à ces aspérités qui jalonnent son parcours. Il est assez normal que l'ego s'y engouffre : succès comme échec lui donnent l'opportunité de porter un jugement radical sur soi pour nous survaloriser ou au contraire nous rapetisser.

Savourer les succès avec gratitude

L'ego n'est jamais loin en cas de succès. Sa tendance est de glorifier certaines de nos qualités et de nous attribuer une part excessive du résultat obtenu et des lauriers. Si notre élan naturel est de savourer et célébrer notre succès (cet élan est juste et n'en ratez pas les bienfaits !), il est utile de prendre l'habitude de nous tourner rapidement vers la gratitude : quelle est la part des autres dans cette réussite ? Quelle est la part de hasard ? Il n'y a souvent que l'épaisseur d'un cheveu entre la réussite et l'échec… Pour ma part, le décollage de ma première société a tenu à un contrat improbable signé au moment où j'envisageais d'arrêter l'aventure… Il ne s'agit pas ici de dévaloriser notre contribution mais davantage de la remettre à sa juste place : le tissu des plus beaux succès est souvent plus complexe que le simple fil de notre volonté et de nos efforts personnels. Pour beaucoup de décideurs, l'obtention de leur diplôme ou la réussite à un concours d'entrée est un bon exemple : bien sûr, vos qualités personnelles et vos efforts ont joué un rôle fondamental, mais il est également possible d'honorer la transmission si riche de certains de vos enseignants, le soutien de vos amis, les graines qu'ont semées vos parents pendant tant d'années, sans oublier la part de chance inhérente à tout concours. Prendre cette distance par rapport à un succès ne vous empêche pas d'en jouir, mais cela vous évite de vous identifier trop étroitement à lui. Cet élan de gratitude vous retire peut-être aussi le poids d'être celui qui a réussi et qui, donc, doit toujours réussir.

Mettre en perspective ses échecs

L'échec a cet avantage sur le succès : il est beaucoup plus long à digérer et notre ego aime prendre le temps de le « savourer » en le ruminant et le ressassant. L'échec et son cortège d'émotions (déception, tristesse, doute, honte…) sont la matière première de la dévalorisation de soi, l'un des grands pièges de l'ego. Une première façon de s'en prémunir est de se rappeler l'importance des enseignements de l'échec. Comme le mentionne l'un des adages fondateurs de la PNL (Programmation Neuro-Linguistique), « il n'y a pas d'échecs, il n'y a que des apprentissages ». Si vous perdez, ne perdez pas la leçon : elle peut vous enrichir bien au-delà que ne l'aurait fait la réussite. À condition que, passé le moment de l'émotions et de la consolation, vous fassiez ce travail intérieur de compréhension : quelle leçon la vie m'invite-t-elle ici à entendre ? À un niveau spirituel, l'échec est aussi une expérience universelle que tous les êtres humains sont amenés à rencontrer sur leur chemin de vie. Un deuxième questionnement pourra aussi vous soutenir et éviter ainsi le jugement sur soi ou l'apitoiement : « au fond, comment savoir si ce qui m'arrive ici est bon ou mauvais ? ».

Voici un célèbre conte chinois qui illustre ce point :

Un chinois pauvre suscitait la jalousie des plus riches du pays parce qu'il possédait un cheval blanc extraordinaire. Un jour, le cheval disparut. Les voisins rassemblés devant l'étable vide donnèrent leur opinion : « Pauvre idiot, il était prévisible qu'on te volerait cette bête. Quel Malheur ! »
Le paysan se montra plus circonspect : « N'exagérons rien dit-il. Disons que le cheval ne se trouve plus dans l'étable. C'est un fait. Comment savoir si c'est un bonheur ou un malheur ? Nous ne connaissons qu'un fragment de l'histoire. Qui sait ce qu'il adviendra ? »
Quinze jours plus tard, le cheval blanc revint. Il n'avait pas été volé, il s'était tout simplement mis au vert et ramenait une douzaine de chevaux sauvages avec lui. Les villageois s'attroupèrent de nouveau : « Tu avais raison, ce n'était pas un malheur mais une bénédiction. » « Je n'irais pas jusque-là, fit le paysan. Contentons-nous de dire que le cheval blanc est revenu. Comment savoir si c'est une chance ou une malchance ? »
Le fils du paysan entreprit le dressage des chevaux sauvages. L'un d'eux le jeta à terre et le piétina. Les villageois vinrent une fois : « Tu avais raison, ces chevaux sauvages ne t'ont pas porté chance. Voici que ton fils unique est estropié. Qui donc t'aidera dans tes vieux jours ? ». Le paysan répondit « Mon fils a perdu l'usage de ses jambes, c'est tout. Qui dira ce que cela nous aura apporté ? »
Quelque temps plus tard, la guerre éclata et tous les jeunes gens du village furent enrôlés dans l'armée, sauf l'invalide. « Vieil homme, se lamentèrent les villageois, tu as de la chance, tu avais raison, ton fils ne peut plus marcher, mais il reste auprès de toi tandis que nos fils vont se faire tuer. » « Je vous en prie, » répondit le paysan, « ne

jugez pas hâtivement. Vos jeunes sont enrôlés dans l'armée, le mien reste à la maison, c'est tout ce que nous puissions dire. Dieu seul sait si c'est un bien ou un mal.»

Renouer avec cette évidence que nous ne voyons qu'une partie infime des choses et des causalités-conséquences qui régissent l'univers (ou «que les voies du Seigneur sont impénétrables») apporte du réconfort dans l'échec, prive l'ego d'une opportunité d'auto-flagellation et renforce une résilience basée sur la croyance que la vie nous invite peut-être (sûrement?) à vivre autre chose ou à emprunter une autre voie.

Cette autre croyance peut être soutenante et protectrice pour un manager: vous n'êtes qu'un des artisans de la réussite ou des échecs de votre organisation. Chez les entrepreneurs, la dépression accompagne fréquemment la faillite et certains ont tellement investi dans leur entreprise que leur estime de soi, voire l'idée qu'ils se font d'une vie réussie, s'en trouvent attaqués. En étant lucide sur l'importance de votre écosystème dans vos résultats, vous pouvez aussi vous ouvrir à une compréhension à la fois systémique (je suis un élément dans un système plus vaste et complexe) et holistique (je peux regarder mon entreprise comme faisant partie d'un tout plus global et constitué d'interdépendances) qui sera centrale dans votre rôle de leader éclairé.

Apprendre à jouer avec l'ego

Puisque l'ego est là et qu'il faut bien le nourrir de temps en temps sous peine qu'il ne nous rattrape insidieusement, une autre attitude consiste à s'en accommoder consciemment et parfois avec humour.

Nous avons besoin de notre ego dans notre vie quotidienne: pour donner une couleur (via notre personnalité) à notre façon d'être au monde; mais aussi pour nous soutenir quand cela est nécessaire. Car même si nous sommes conscients que notre être profond est bien davantage que la somme de nos réussites ou de nos qualités, cela peut faire du bien de se rappeler ces dernières comme jalons positifs sur notre parcours. Au cours de la traversée du désert qu'a constitué ma reconversion professionnelle – une période de profonde incertitude et de doutes sur les choix de vie que je venais de prendre – il était bon de me rappeler le succès de ma précédente aventure entrepreneuriale et les qualités de rigueur, de persévérance ou de solidité que l'on m'avait souvent reconnues. Au fond de moi cependant, j'essayais de ne pas être dupe : je « sortais » ces trésors de leur boîte comme on regarde de vieilles photos de soi : c'est agréable mais ce n'est plus vraiment vous. Ces photos étaient réconfortantes, mais elles représentaient en même temps quelques-unes des couches dont je souhaitais me défaire pour aller au plus près de moi-même. On pourrait trouver de nombreux exemples dans l'entreprise où « sortir votre ego » peut se révéler sans danger : rappeler son parcours lorsqu'on se présente à un nouvel interlocuteur (c'est l'occasion !) ou assumer et vivre pleinement des moments valorisants et euphorisants. Une collègue utilisait cette jolie expression : en animant des formations, elle s'octroyait avec lucidité et humour des *shoot d'ego*, endossant avec plaisir la posture haute du sachant qui peut étaler son savoir face à des néophytes admiratifs. Chez moi, c'est intervenir dans une conférence et sentir la foule vibrer et applaudir à mes paroles qui me procure une satisfaction très caressante pour l'ego. Et vous, dans quelles activités pouvez-vous le flatter à moindre frais ? Et avec qui pourrez-vous en sourire ensuite en le relatant ?

Une autre façon de ménager son ego est de jouer précisément avec ce à quoi il est très attaché, notamment l'image de soi ou la dépendance au regard de l'autre. C'est ce que fait Laurent Ledoux quand il se promène pieds nus dans ses bureaux. Frédéric Lenoir raconte qu'il aimait certains jours aller faire ses courses à la supérette de son quartier en survêtement et mal rasé.

J'ai vu de nombreux comités de direction dans lesquels personne n'osait alerter le patron lorsque celui-ci se laissait diriger par son ego. Les anciens souverains avaient compris toute l'importance d'un entourage vigilant et libre de sa parole, c'était le rôle du Fou du roi qui, pouvant jusqu'à se moquer de son monarque, lui révélait ses excès. En tant que leader, veillez à vous entourer de collègues ayant cette capacité à vous voir au-delà de votre rôle et de votre pouvoir et ayant le courage de la discussion qui recadre.

Enfin, quand, malgré toutes vos précautions, vous décèlerez encore l'empreinte encombrante de l'ego chez vous, traitez ce dernier avec mansuétude : il vous rappelle, souvent à propos, que vous êtes un homme ou une femme qui demeure imparfait et toujours en chemin.

★★★★★

CONCLUSION : OUVRIR UN CHEMIN D'ACCOMPLISSEMENT

LA DEUXIÈME APTITUDE SPIRITUELLE DU LEADER ÉCLAIRÉ CONSISTE À APPRENDRE À SE LIBÉRER DES PIÈGES DE L'EGO.

Les leaders éclairés font le choix de s'alléger pour mieux se retrouver. Ils sont lucides sur les blessures par lesquelles se réactive l'ego. Ils ne sont plus enfermés dans les prisons dorées que constituent les attributs du pouvoir. Ils font le pari de vivre leurs émotions pour mieux les transmuter en actes justes, d'enlever leur armure pour goûter une authenticité assumée qui ose montrer ses limites et répond à leur besoin de liens humains et véritables.

Vous pouvez décider d'emprunter ce chemin.

Et, lorsque les sirènes de votre ego commenceront à s'éloigner, lorsque vous aurez pris conscience, que malgré toutes ses manigances, celui-ci ne vous apportera que des satisfactions éphémères et incomplètes, vous pourrez vous mettre à l'écoute de vous-même, des élans du cœur et des appels de votre âme. Vous pourrez vous autoriser à vous engager, avec humilité et détermination, dans votre chemin d'homme : celui de votre accomplissement profond.

L'erreur serait de croire que cette démarche tournée vers soi est égoïste ou individualiste. Il n'en est rien, au contraire. C'est ce que vos équipes ou collègues, sans le savoir, attendent d'un leader aujourd'hui : qu'il remette le sens au cœur de sa vie pour que chacun puisse faire de même et que l'organisation, dans son ensemble, puisse se réinventer. C'est aussi ce que l'époque attend : des leaders libérés capables de dénoncer les mirages matérialistes du modèle actuel et de trouver en eux l'audace d'imaginer le monde de demain.

Quels que soient votre âge ou votre expérience, au cours de votre chemin, telle la chrysalide qui n'est pas encore papillon, vous serez probablement amené à traverser une période de vulnérabilité déstabilisante.

Vous rencontrerez peut-être l'incompréhension de votre entourage (« pourquoi change-t-il/elle comme cela ? ») ou vous douterez *a posteriori* des premiers choix que vous aurez pris (« N'ai-je pas été naïf ? N'ai-je pas pris mes désirs pour des réalités ? »). Rassurez-vous en vous disant que tout ceci est normal : ceux qui vous ont précédé dans ce chemin de libération l'ont souvent vécu. Au plan spirituel, considérez même ces mises à l'épreuve comme justes : elles sont destinées à tester la fermeté de votre engagement et s'assurer que vous avancez au bon rythme pour vous.

Alors, pour garder votre cap malgré tout, une ressource pourra vous être précieuse : vous pourrez vous mettre en quête et vous appuyer sur votre mission de vie.

Partie

II UN CHEMIN D'ACCOMPLISSEMENT ET DE RAYONNEMENT

Oser sa grandeur

5

S'ALIGNER SUR SA MISSION DE VIE

« Les deux jours les plus importants
de votre vie sont le jour où vous êtes né
et le jour où vous découvrez pourquoi. »

Mark Twain

Certains naissent avec une vocation, une image claire, une impulsion irrésistible venant de leur être et qui les guide dès le plus jeune âge dans leurs choix de vie ou de métier. Comme s'il existait pour eux une forme d'évidence sur le rôle qu'ils sont appelés à jouer dans ce monde.

On serait tenté de penser que cet appel intérieur n'est réservé qu'à certains grands hommes aux destins exceptionnels ou à certains métiers reconnus comme vocationnels (avocat, infirmière, artiste…) mais il n'en est rien : chacun peut se mettre à l'écoute de lui-même pour trouver sa propre mission de vie. Car chacun d'entre nous a une contribution singulière et vivante à apporter au monde.

De plus en plus d'hommes et de femmes osent chercher leur mission et l'incarner dans leur vie. C'est le cas des leaders inspirants d'aujourd'hui : dans le tumulte du monde, ils semblent savoir se guider grâce à une étoile polaire personnelle qui leur permet de ne pas dévier de leurs valeurs ni de leurs rêves. Comme s'ils possédaient la capacité d'inscrire leur action dans une quête d'accomplissement existentiel si nourrissante qu'elle n'est tout simplement plus négociable.

MISSION DE VIE ET ENTREPRISE

La mission de vie est la pierre angulaire de l'intelligence spirituelle. Elle est l'axe invisible qui donne courage et cohérence à l'engagement du leader éclairé. Et si, vous aussi, vous vous mettiez en quête de votre mission ? Si la trouver n'est pas nécessairement facile, votre recherche ne sera jamais vaine. À bien y regarder, votre mission est en fait déjà là, inscrite en vous, comme à portée de main. Il ne tient qu'à vous de l'inviter dans votre vie, privée comme professionnelle.

★★★★★★

La notion de mission de vie est apparue dans les stages de développement personnel depuis de nombreuses années dans les pays occidentaux. Abordée fréquemment en coaching individuel pour aider un manager à formuler ses aspirations les plus élevées, elle apparaît désormais en France (bien qu'encore timidement) dans les cursus de développement du leadership.

Outre-Atlantique, ce concept n'a pourtant rien d'exotique : la notion de « *noble purpose* » (noble but) est un concept central du « *purpose-driven leadership* » aux États-Unis, enseignée notamment à Harvard par des personnalités reconnues comme Bill George[1]. Nick Craig, président du Authentic Leadership Institute, corrèle cette notion à l'impact réel du leader, pointant son importance grandissante dans un monde complexe et incertain où les décisions évidentes et faciles se font rares et doivent s'appuyer sur d'autres critères que la raison simple.

Malgré cela, vous n'avez probablement jamais entendu l'un de vos collègues évoquer sa mission personnelle. La grande majorité des décideurs d'entreprise en ignore tout simplement le concept (si vous leur demandez quelle est leur mission, ils citeront pour la plupart celle de leur entreprise ou de leur service) et les rares leaders qui la vivent concrètement hésitent encore à l'exprimer ouvertement de peur d'être incompris ou pris pour des idéalistes. Cette ressource précieuse n'a pas encore trouvé toute sa place chez les décideurs d'entreprise.

1. *Discover your true North – Becoming an authentic leader*, 2015.

Témoignage de Matthieu Dardaillon, co-fondateur de Ticket for Change

Matthieu Dardaillon a 29 ans, il est le co-fondateur de Ticket for Change[1]*, une association lancée en 2014 dont la mission est d'aider chaque individu à mettre ses talents au service de la résolution d'un problème de société. On m'avait beaucoup parlé de Matthieu, de son projet et de son leadership à la fois inspirant et enthousiaste. À la fin des deux heures qu'a duré notre entretien, j'avais compris pourquoi.*

Je crois que j'ai grandi dans un terreau propice à l'engagement social et solidaire. Mon père était un DRH très sensible à l'humain, ma mère assistante sociale. On m'a inculqué des valeurs d'aide de mon prochain par une éducation chrétienne (je ne suis plus vraiment pratiquant mais je nourris ces fondations aujourd'hui autrement). J'ai aussi été scout durant une dizaine d'années ce qui m'a appris à être utile à l'autre, vivre en groupe, être en cohérence avec la nature... Je me suis très tôt investi dans l'associatif. En classe préparatoire, je continuais à donner du soutien scolaire à la DASS pour des enfants en difficulté.

D'un côté, j'ai donc en moi un profond besoin de me sentir utile aux autres. De l'autre, j'ai toujours ressenti une exigence d'efficacité. Au fond, mon aspiration profonde, c'est d'avoir le plus d'impact possible pendant les années où je suis amené à travailler. Le plus grand levier possible, ce sont pour moi les 80 000 heures que l'on passe dans notre vie à travailler. J'ai toujours été aussi fasciné par ces grands Hommes qui arrivent à faire une différence, ceux qui marquent l'histoire (un Gandhi, un Mandela ou des Elon Musk ou des Bill Gates). Ce qui me fascine, c'est comment ils arrivent à mettre leur leadership au service d'un projet ayant ensuite un tel impact sur les autres.

Plus jeune, j'étais un garçon timide, je détestais prendre la parole en public. Je me voyais davantage comme un numéro 2, un conseiller en retrait mais pas patron ou entrepreneur... Pourtant, j'ai toujours ressenti que j'étais appelé à quelque chose, un destin. Comme une sorte de voix intérieure ou d'appel. J'ai souvent eu des moments d'intuitions très fortes, ce qui m'a fréquemment amené à franchir des pas plus vite que je ne le pensais. J'ai de nombreux exemples. Avant de lancer Ticket for Change, j'ai participé à un tour de l'Inde en train (8 000 km avec 450 jeunes à la rencontre d'acteurs du changement pendant 15 jours). Je suis ressorti de ça en me disant : « je dois lancer la même chose en France ». Sans calculer, j'ai rédigé une tribune dans *l'Express* et annoncé mon projet alors que je n'étais même pas encore rentré en France : je sentais qu'il fallait que je le fasse. Un mois après, j'ai reçu un email du fonds de dotation

1. www.ticketforchange.org.

«Entreprendre et +» qui a permis un premier financement conséquent du projet. Sans cette tribune, ce «truc» absurde d'écrire cet article, rien n'aurait démarré. J'ai une succession très nombreuse d'exemples comme cela. C'est juste de l'instinct, rien d'intellectuel.

Les moments d'hésitation et de prise de décision sont ceux que je préfère. Car il y a de l'adrénaline mais aussi parce que je me sens alors connecté à ma mission. À chaque fois, un nouveau champ des possibles immense semble s'ouvrir.
La mission est clairement formulée pour mon association («Aider chaque individu à mettre son talent au service de la résolution d'un problème de société») mais pas encore pour moi, même si je la perçois quand même. Au fond, je veux avoir le plus d'impact tout au long de ma vie. Donc ma réflexion permanente est: suis-je à la bonne place? Celle où je peux faire le maximum de différence. Cela signifie que je dois être passionné par ce que je fais, que cela doit jouer sur mes talents: est-ce que je fais quelque chose que d'autres ne font pas aussi bien? Sommes-nous le plus complémentaires possibles? La dimension économique du projet est une condition de réussite mais ce n'est pas une aspiration en soi. Je crois que c'est difficile de rechercher au même moment l'impact et la réussite financière. J'ai l'impression que celle-ci viendra après, comme naturellement.

Je crois que je ne pouvais pas mettre ma quête de sens et d'impact de côté. J'ai aujourd'hui l'impression de contribuer à quelque chose d'urgent et d'important. Cela fait 5 ans que je suis sur ce projet, je ne fais que ça. Je n'ai jamais eu deux jours «*down*» de suite. L'ampleur des défis et l'actualité morose me pèsent parfois mais, en même temps, ils me renforcent dans la conviction que je suis au bon endroit, que mes sujets sont les bons et cela me redonne alors de l'énergie. Je ne tombe jamais dans le catastrophisme.

Ticket for Change accompagne des entrepreneurs de tout niveau social, provenant pour certains de milieux défavorisés. Souvent, leur projet est très précaire: les porteurs sont fragiles, doutent ou ne sont pas soutenus par leur famille. Nous, nous croyons en ces talents que personne d'autre ne voit. Nous décidons de croire en ces personnes en lesquelles personne ne croit. Et moi, ce qui me touche profondément, c'est de pouvoir miser sur ces gens, à ce moment-là; nous savons peser sur leur destinée, être décisifs à ce moment précis où leur projet peut ne jamais voir le jour. Ce qui m'émeut le plus, c'est de pouvoir aider ces gens alors que ce sont eux qui changent le monde, dans l'ombre. Et eux, ensuite, vont pouvoir impacter plein d'autres personnes. Cela a un effet démultiplicateur incroyable mais, s'il n'y a pas le premier domino, il y a toutes les chances que tout le reste n'arrive pas. Ces 50 entrepreneurs par an que nous accompagnons sont des vitrines, des personnes inconnues, qui ont osé et réussi et dans lesquels chacun peut s'identifier. On crée ainsi un mouvement de fond, un point de bascule sociétal. Notre MOOC compte aujourd'hui 70 000 inscrits dans 160 pays.

Aujourd'hui, personne ne peut ignorer les défis du monde, la pauvreté, le réchauffement climatique, les inégalités... Ayant eu la chance d'être né au bon endroit, je ressens une forme de responsabilité pour contribuer à résoudre ces problèmes. Nous sommes aussi dans un monde d'opportunités. On a des outils géniaux, numériques, on peut se connecter avec le monde entier... Donc, pour la première fois dans l'histoire, il est possible de résoudre ces grands défis à l'échelle de l'humanité. Personnellement, je ne vois pas comment je ne pourrais pas faire partie de ce mouvement-là. J'aime le challenge et je trouve ça beaucoup plus enrichissant et motivant de tenter, à ma petite d'échelle, d'éradiquer la pauvreté, que de faire + 20 % dans un business classique où on sait que cela marche.

J'ai le luxe aujourd'hui de choisir qui je rencontre, uniquement des gens qui me tirent vers le haut. Je me remercie d'avoir osé me lancer, j'ai rencontré des gens incroyables, des ministres, Bill Gates... La première chose, c'est avoir le courage de s'écouter. Beaucoup de gens se sont laissé enfermer dans le système. Avoir le courage d'écouter à nouveau ses rêves, ses envies profondes. Faire un point sur ses talents, ses passions et tout ce que l'on pourrait utiliser mais qu'on n'exploite pas.

Nous avons, comme le dit Emmanuel Faber, un devoir d'utopie : prendre du recul, re-rêver et ensuite se lancer. Je ne connais personne qui ait regretté de s'être lancé dans l'aventure : même celui qui « ne réussit pas » ne perd pas en fait car c'est un apprentissage exceptionnel.

Goethe le dit très bien, « l'audace a du pouvoir, du génie de la magie ». Quand tu prends un risque, quand tu oses faire le premier pas, lorsque tu es au cœur de ta mission, la destinée se met en marche. C'est vraiment ce que j'ai vécu.

Si Matthieu n'a pas encore formulé sa propre mission de vie, il l'a en fait, inconsciemment (et comme bon nombre de créateurs d'entreprise inspirés) totalement incorporée dans son projet. Tous les ingrédients de sa mission personnelle sont là et puisent leurs racines dans son histoire personnelle : avoir le maximum d'impact, être utile aux autres et au monde, voir les talents que chacun recèle et peser au moment crucial pour qu'ils osent croire en eux et se lancer.

Pour Matthieu, cette connexion à sa mission passe un désir profond de faire une différence positive pour le monde. Pour rester branchée sur elle, il se questionne constamment pour savoir s'il est là où il est le plus utile pour avoir le maximum d'impact. Là où son cœur est touché, c'est quand il tend la main aux personnes défavorisées en croyant en elles et en leur projet. Là où son être est touché, c'est quand son accompagnement revêt une dimension spirituelle : celle de faire advenir une idée belle mais fragile dans le monde du concret et du possible. Dans un monde dont il perçoit les défis gigantesques, sa mission le soutient car il reste relié à l'impact positif de son action dont l'écho, par « effet domino », dépasse largement la partie visible des projets qu'il soutient en direct.

Exercice d'introspection : pourquoi faites-vous ce que vous faites ?

Prenez quelques minutes de réflexion pour répondre à la question suivante : « Quelle est la motivation la plus profonde qui vous anime professionnellement ? »

....

Considérez maintenant ce que vous avez écrit. Que ressentez-vous ? Était-ce facile ou difficile de répondre ? En vous relisant, avez-vous le sentiment que cette motivation vient vraiment du plus profond de vous-même ou, au contraire, vous semble-t-elle un peu fade ou superficielle ?

....

Auprès des décideurs à qui je l'ai posée, j'ai souvent obtenu des réponses comprenant des notions de résultats ou de performance – comme « faire grandir mon entreprise », « innover pour améliorer nos produits » ou « révolutionner mon marché ». Chez ceux aimant le management de leur équipe, d'autres réponses émergent souvent : « faire grandir les autres », « tirer le meilleur de mon équipe » ou encore « favoriser le bien-être au travail ». Chez ceux, enfin, qui sont fiers des produits de leur entreprise, leur réponse ressemblera à quelque chose comme « contribuer à concevoir ou distribuer des produits ou services qui sont utiles ».

Pour la plupart des gens, il est très difficile de répondre à cette question inhabituelle. Si leurs réponses semblent un peu standardisées ou impersonnelles, c'est qu'elles sont héritées des formations managériales de ces dernières décennies et imprégnées du « rôle » qu'on leur a demandé de jouer dans leur organisation. *Rares sont ceux qui se sont réellement posé la question du sens que revêtait leur travail au regard du sens qu'ils veulent donner à leur vie.*

En réalité, très peu de décideurs sont aujourd'hui capables d'énoncer avec précision une mission personnelle qui n'appartienne qu'à eux. Une mission qui soit à la fois connectée à leurs aspirations profondes, à leurs passions et leurs rêves pour le monde. La plupart ne s'est tout simplement jamais autorisé à la rechercher. De nombreux managers sont bien sûr nourris intellectuellement par leur travail (par des projets passionnants par exemple) mais rares sont ceux qui peuvent dire trouver un sens réellement profond et existentiel dans cela. Beaucoup de décideurs ont certes travaillé sur eux pour s'approprier leur « profil » de personnalité ou leurs qualités mais combien sont-ils à pouvoir répondre à la question : au service de quoi d'essentiel pour vous mettez-vous ces qualités et ces talents ?

QU'EST-CE QU'UNE MISSION DE VIE ?

La notion de mission de vie renvoie à un champ lexical varié comprenant d'autres vocables comme « vocation », « raison d'être », « vision » ou « idéal ». Choisissez celui qui résonne le plus pour vous. Tous ces termes renvoient à l'idée que nous avons tous, dans notre vie, une tâche particulière à accomplir, une cause à servir ou une place que nous sommes seul à pouvoir occuper dans ce monde. Cette notion apparaît dès l'antiquité avec cette phrase attribuée à Aristote : « Là où vos talents rencontrent les besoins du monde, là est votre vocation », une maxime qui traduit bien cette nécessaire intersection entre moi (mes talents, mes dons, mon énergie) et le monde dans lequel je peux (et dois) les exprimer.

Même si certains personnages bibliques ou historiques (comme Jeanne d'Arc) pourraient laisser penser que notre mission peut nous « tomber du ciel » de manière quasi divine, la philosophie et les sciences humaines modernes convergent vers un mouvement inverse : c'est d'abord en soi et par un mouvement d'intériorité qu'il faut chercher sa raison d'être. Cette idée de réalisation d'un potentiel résidant en chacun est, selon Nietzche, étroitement liée à notre accomplissement en tant qu'homme ou femme : « Tu dois devenir l'homme que tu es. Fais ce que toi seul peut faire » écrivit-il dans cette formule paradoxale qui invite à habiter pleinement qui nous sommes déjà. Derrière cette injonction se cache une forme de responsabilité à l'égard du monde que Viktor Frankl[1] décrivit en ces termes : « chacun possède une vocation ou une mission spécifique dans la vie [...] de telle sorte qu'il est unique et irremplaçable, car sa vie ne peut jamais être reproduite. La tâche de toute personne est unique, dans le sens qu'elle seule peut réaliser cette chance unique ». Selon lui, c'est le sens que nous donnons à notre vie et les buts que nous nous fixons en conséquence qui amènent au bonheur.

Cette nécessité de trouver un sens à son existence se retrouve dans le besoin d'accomplissement, dernier niveau de la pyramide des besoins humains établie par Abraham Maslow[2] dans les années 1940 et enrichie par des recherches plus récentes. La psychologie positive, notamment, en a fait l'un des trois grands déterminants du bonheur à côté du plaisir et de l'engagement. Elle y ajoute toutefois une dimension supplémentaire : selon Martin Seligman[3], le sentiment d'avoir une vie pleine de sens repose également sur la possibilité de connaître et « de mettre ses talents et ses vertus au service de quelque chose de bien plus grand que vous. »

Vous n'avez donc pas besoin de croire en Dieu ou à une quelconque puissance supérieure pour accepter la notion de mission de vie. Vous pouvez simplement considérer qu'elle n'est que la conséquence logique et souhaitable de votre évolution personnelle : vos talents, vos qualités, vos imperfections aussi, vos expériences de vie et vos apprentissages ont fait de vous un cocktail unique que vous devez endosser et exprimer si vous souhaitez vous accomplir pleinement.

Sur un plan spirituel, cependant, la mission de vie renvoie chacun d'entre nous à la question existentielle fondamentale : pourquoi suis-je ici sur cette Terre et quel rôle particulier ai-je à jouer dans l'ordre des choses ? Elle ne se limite donc pas à une réalisation autocentrée de la personne visant à son plein accomplissement mais fait bien référence à une connexion à une finalité d'ordre supérieur. On parlera de mission d'âme ou de « programme de vie », faisant référence à l'expérience de vie que nous avons décidé de venir faire en nous incarnant dans cette

1. Viktor Frankl est un psychiatre autrichien qui survécut aux camps de concentration et dédia sa vie à la compréhension de l'importance du sens dans nos vies.

2. Selon la pyramide de Maslow, nous aurions 5 niveaux de besoins hiérarchisés dans cet ordre : besoins physiologiques, de sécurité, d'appartenance et d'amour, d'estime et, enfin besoin d'accomplissement de soi. Ce modèle a depuis été à la fois critiqué et étendu.

3. Martin Seligman est considéré comme le père de la psychologie positive.

existence terrestre-là. Dans cette logique, notre mission de vie nous met forcément en joie, car c'est précisément l'endroit où notre être a choisi de venir s'exprimer (s'incarner) et l'accomplir peut ainsi être considéré comme l'un des buts principaux de l'existence.

De manière résumée et pragmatique, votre mission, c'est le grand « pour quoi » (en deux mots) vous faites ce que vous faites. Ce n'est pas le « quoi » (votre métier, vos tâches, vos projets), ni le « comment » (vos compétences, votre savoir-faire, votre savoir-être), c'est votre intention la plus haute, celle qui guide votre existence malgré les aléas de la vie et qui vous correspond intimement. C'est elle, qui, au fond, donnera sens et cohérence à tout ou partie de votre existence. C'est aussi peut-être grâce à elle que vous pourrez laisser une trace de votre passage ici-bas.

Une mission de vie n'est donc pas un projet concret à mener, ni un résultat à atteindre. C'est une direction à suivre, un chemin enthousiasmant dans lequel peuvent s'inscrire vos petites comme vos grandes actions. C'est un « noble but » par nature inatteignable car il est destiné à vous servir d'horizon exaltant, repère permanent (mais pas nécessairement immuable) pour vous guider malgré les obstacles et les incertitudes que vous rencontrez sur ce chemin.

Se reconnaître ou se doter d'une mission ne relève pas d'un abandon de sa liberté de vivre ni de son libre-arbitre, ni d'une quelconque forme de soumission aveugle à une volonté extérieure à soi. C'est tout le contraire :

S'aligner sur sa mission est en soi un acte libérateur, c'est dire « oui » à qui l'on est vraiment, et dire « oui » à ses talents et ses dons pour les mettre au service de soi, des autres et du monde.

Car une mission comporte bien ces deux dimensions indissociables :

- Elle est d'abord *tournée vers Soi*. C'est d'abord dans un mouvement de recherche d'épanouissement et de plénitude pour soi que l'on trouve sa mission et il n'y a ici, malgré les apparences, rien d'égoïste à cela. On sait que l'on est dans sa mission lorsque la vivre nous procure des moments de joie authentique et profonde. C'est-à-dire quand elle permet à notre être profond de s'exprimer et de vibrer.

– Elle est également – et nécessairement – *tournée vers «plus grand que soi»*. Le plein épanouissement de l'être ne peut se faire que si notre mission nous permet dans le même mouvement de nous décentrer de notre seule personne. *C'est en cela qu'une mission de vie libère : parce qu'elle nous invite à nous mettre au service de quelque chose de beau et de grand, elle nous affranchit des frontières de notre «petit moi» pour nous relier au monde.* C'est parce qu'elle nous dépasse, qu'elle est vaste et concerne l'humanité toute entière, qu'elle nous relie précisément à cette humanité dont nous faisons partie.

Ces deux dimensions – tournée vers soi et tournée vers «plus grand que soi» doivent se compléter et s'équilibrer pour empêcher la saisie de la mission par l'ego. Si l'accomplissement de votre mission n'est tourné que vers la recherche de plénitude personnelle, elle viendra renforcer les schémas autocentrés de l'ego dont les désirs sont par nature insatiables. Les formations en management abordent depuis une vingtaine d'années la meilleure connaissance de soi comme levier d'excellence, mais cela ne suffit pas à faire une mission si l'on ne clarifie pas au *service de quoi* vous mettez cette excellence. C'est ce qui manque fréquemment aux décideurs à qui l'on a proposé de travailler sur eux : dans une mission de vie, il ne s'agit pas de mettre ses talents au service de la performance d'une équipe ou d'une entreprise, il s'agit de la mettre *au service du monde*.

Si, à l'inverse, votre mission ne contient qu'un idéal élevé tourné vers les autres (par exemple «je crée un monde plus juste et plus humain»), l'ego pourra là aussi s'immiscer (plus subtilement) et aboutira à vous perdre de vue ou à perdre le fil de votre propre existence : nombreux sont ceux qui se sont oubliés, investis corps et âme dans leur combat pour une belle et grande cause. Ce piège guette les bénévoles dans les ONG comme les jeunes entrepreneurs idéalistes : s'investir totalement dans un projet collectif destiné à changer le monde sans avoir ancré cet engagement au plus profond de soi amène au sacrifice personnel, à l'épuisement et, au final, au renoncement, voire au cynisme face à l'ampleur de la tâche.

En résumé, être dans sa mission, c'est offrir au monde ce qui procure, à soi, le plus de joie. C'est faire ce pour quoi on est fait et c'est le faire pour soi tout en étant au service des autres. Votre mission est à l'intersection de votre singularité et de vos aspirations profondes pour ce monde.

QU'APPORTE UNE MISSION DE VIE À UN LEADER ?

Une ressource précieuse pour décider et garder son cap

Dans un monde devenu imprévisible et paradoxal, ni les conseils extérieurs, ni les études de marché ou les expériences du passé ne suffiront à donner des certitudes sur certains des choix auxquels vous serez confronté en tant que manager.

Face à des situations complexes, une mission s'apparente à une boussole intérieure à laquelle il est possible de se référer à tout moment notamment, dans le tumulte du court terme et la pression des contraintes. Se connecter à l'idéal supérieur qui est le vôtre vous permettra de replacer d'emblée le problème ou le choix dans une perspective plus large. Cette prise de recul – celle du leader éclairé – vous sera extrêmement utile pour décider du chemin à prendre. Sur le plan « opérationnel », vous ne prendrez peut-être pas toujours la meilleure décision. Mais sur un plan plus personnel, si vous avez été aligné avec votre mission, vous en ressentirez une forme d'apaisement, de mise en paix avec vous-même et cela quels que soient les conséquences ou les résultats. La mission de vie est ainsi le socle d'une sécurité intérieure qui permet au leader de décider et d'agir tout en restant fidèle à lui-même. *Car, lorsque nous prenons une décision au service de la cause qui nous est la plus chère, le doute s'estompe, notre être se détend et, souvent, une conviction se fait jour.*

C'est en cela aussi qu'une mission aide les décideurs à emprunter les chemins les moins fréquentés. C'est en cela qu'elle peut les aider à prendre des décisions difficiles ou à avoir des conversations courageuses avec un collègue, un conseil d'administration ou un client compliqué. Il y a quelque chose de non négociable chez celui qui veut être fidèle à sa mission, quelque chose de certain bien que parfois difficilement argumentable vis-à-vis d'autrui. S'autoriser à suivre sa mission vous amènera peut-être à prendre des orientations qui s'apparenteront à de véritables actes de foi.

Inviter la magie et le souffle de l'aventure dans sa vie professionnelle

Votre grand « pour quoi » personnel, c'est ce qui peut remettre de la magie dans votre action de leader, loin des chiffres et des métriques de réussite conventionnels. Car, parce qu'elle vient de votre âme, votre mission peut vous nourrir au-delà de toute autre nourriture matérielle ou intellectuelle.

Ma mission de vie

« Créer un monde d'amour et d'harmonie avec la Nature en accompagnant les êtres dans des aventures intérieures au service du monde », telle est actuellement ma mission de vie. Elle est au cœur de mon engagement professionnel, mais le challenge pour moi est aussi de la vivre dans tous les domaines de ma vie : dans ma sphère sociale (bénévolat au sein d'une association de développement personnel) ou avec mes enfants et ma femme que j'essaye régulièrement d'entraîner dans des petites ou grandes aventures initiatiques, à l'étranger ou sur un coussin de méditation.

Dans ma vie, ma mission à moi est comme un phare qui m'aide à me retrouver quand je suis perdu dans le brouillard. Quand je doute, je m'y raccroche. Je regarde le chemin parcouru vers cette mission, tous les actes que j'ai posés, tous les petits trésors et moments que j'ai accumulés. Tout le bien qu'elle a produit aussi. Et je m'apaise. Ma mission ne m'enferme pas, elle me porte. Elle me relie à mon passé tout en m'ouvrant les possibles de l'avenir.

Quand je m'interroge sur la suite à donner à mon engagement, quand la voix intérieure de l'ego me dit que les choses ne marchent pas assez bien, que cela n'avance pas assez vite, que les autres rencontrent davantage de réussite et d'écho, que tout cela est folie et que, eux, sont dans le vrai… alors, je reviens à ma mission et celle-ci, comme un rappel à l'ordre bienveillant, me rappelle que mon rôle à moi n'est pas de faire plus, mieux ni comme les autres. Mon rôle à moi est de faire ce pour quoi je suis fait et de me laisser guider par le plaisir et par la joie.

Une mission de vie est comme un axe rassurant et vivant autour duquel tisser les fils de nos existences par nature imprévisibles et chaotiques. Comme si, malgré les sentiers dans lesquels nous nous nous aventurons et nous égarons parfois, malgré le rythme parfois effréné et incontrôlable de la vie qui nous amène à perdre de vue de ce qui essentiel, il nous est possible de retrouver le chemin vivant et cohérent qui est le nôtre.

Avoir une mission, c'est se donner le pouvoir d'insuffler une dose d'aventure et de magie dans sa vie. C'est renouer avec cette légende personnelle qu'a si bien décrit Paulo Coelho[1] :

1. *L'Alchimiste.*

« La légende personnelle :
C'est ce que tu as toujours souhaité faire.
Chacun de nous, en sa prime jeunesse,
sait quelle est sa légende personnelle.
Accomplir sa légende personnelle est la seule
Et unique obligation des hommes. »

LA CAPACITÉ À INSPIRER LES AUTRES

Il n'y a rien de plus charismatique qu'un leader que l'on sent au service d'une cause qui le dépasse. De grands leaders de l'Histoire moderne comme Gandhi ou Mandela ont montré la voie : si nous voyons très rapidement les leaders qui ne servent qu'eux-mêmes, nous savons aussi reconnaître ceux qui sont « habités » par une mission qui semble leur conférer une force et une aura hors du commun.

Bien souvent, il est demandé aux managers d'inspirer leur équipe sans leur expliquer comment faire... Une mission vous aidera à trouver en vous-même et à oser partager ce qui vous anime et pourquoi vous faites ce que vous faites. Il n'est alors plus besoin de relayer des messages « *corporate* » stéréotypés ni des valeurs qui ne sont pas les vôtres. Vous pouvez inspirer les autres par des paroles et des actes qui proviennent de votre cœur et de votre être. Et si votre mission vous invite à créer de l'amour et du respect autour de vous parce que c'est le monde auquel vous aspirez, alors, vous n'aurez plus peur d'agir en cohérence avec cela. C'est cette cohérence qui sera hautement inspirante pour votre entourage.

Une source d'énergie, de courage et de sécurité intérieure

Une mission ne correspond ni à un joug ni à une injonction divine dont le poids serait écrasant. C'est tout l'inverse : elle soutient, rassure et donne la confiance pour agir à partir du cœur.

Formuler clairement sa mission, en ayant choisi avec soin chaque mot, permet d'accéder à un capital d'énergie intérieure surprenant. En refocalisant votre attention sur elle, vous pouvez y puiser de la force ; de la persévérance et de puissants élans de vie. Pour un leader éclairé, cette source est un allié précieux pour ne pas succomber au découragement malgré l'inertie du système, le cynisme du plus grand nombre ou les lois du « marché ». Une mission de vie rend les projets utopiques possibles car ils sont animés du feu sacré de l'enthousiasme (au sens étymologique du terme, c'est-à-dire de cette « exaltation qui pousse à agir avec joie »).

Enfin, une mission procure à ceux qui la vivent une sécurité intérieure d'un ordre infiniment supérieur à toutes les protections matérielles ou sociales qu'il est possible d'ériger. Cette sécurité est de nature *ontologique* : elle provient de l'être, de cette partie en vous inviolable et inaltérable qui sait et ne doute pas. Un leader aligné sur sa mission détient un point d'ancrage intérieur extrêmement puissant car il sait décider et inscrire son action à l'aune de ce qui donne véritablement du sens à sa vie.

Rouvrir votre horizon professionnel

J'ai rencontré de nombreuses personnes qui se sont comme « éteintes » au fur et à mesure de leur parcours professionnel, étouffant dans une organisation trop lourde ou se sentant enfermées dans les limites de leur poste, leurs rêves anesthésiés. Pour ces personnes comme pour celles en transition professionnelle, la découverte d'une mission de vie peut réouvrir le champ des possibles. Si votre mission consiste, comme Jérôme, à « explorer des solutions pour contribuer à un habitat plus humain et à une planète plus propre », les environnements et les possibilités pour l'accomplir sont très vastes et dépassent une lecture restrictive limitée au métier de promoteur immobilier qui est le sien.

Parce que la mission a cette faculté de redonner un axe à vos actions et à votre parcours, elle peut également servir de repère précieux pour choisir un nouveau job, changer d'entreprise ou de métier pour être plus en phase avec soi-même. Même si vous ne changez pas d'entreprise ou de métier, votre mission peut vous redonner pouvoir et enthousiasme pour faire ce dernier autrement : grâce à elle, vous pouvez revisiter vos journées pour y ajouter des changements (dans votre façon d'être, d'agir ou de vivre avec les autres) qui seront cohérents et nourrissants pour vous.

Parce qu'elle se situe à l'échelle de votre vie, une mission n'est pas dépendante d'un poste ou d'une entreprise : elle vous accompagnera où que vous alliez. *Si un parcours de carrière enferme souvent (par peur de perdre les acquis), une mission de vie libère et affranchit de la peur de changer.*

Reprendre son pouvoir personnel et faire sa part

Si personne n'ignore plus les défis sociétaux de notre époque, je crois que nombre d'entre nous souffrent du sentiment de ne pas « faire leur part », avec l'impression que notre travail ou nos indignations ne servent en rien un monde meilleur.

Parce qu'elle concourt à créer le monde auquel nous aspirons, une mission de vie nous permet de sortir de notre « bulle d'impuissance » pour nous connecter à l'Humanité toute entière.

Si votre mission consiste à « redonner du sens à la finance » ou à « offrir une chance aux plus démunis », alors, revenir à votre mission vous permettra de vous relier en conscience et en fraternité avec tous ceux qui œuvrent sur cette Terre pour ces mêmes causes. Faites-en l'expérience directe au cours d'une méditation, d'un temps d'introspection ou dans un lieu de rassemblement d'acteurs du changement. *Vous pouvez inscrire chacun de vos actes à un niveau de réalité plus élevé*, les relier à une échelle plus grande. Parce que votre mission peut s'inviter dans tous les pans de votre vie et parce qu'elle s'inscrit également dans le temps long de votre existence, vous pouvez grâce à elle porter un regard neuf sur votre quotidien et décider de trouver ou d'injecter du sens dans les micro-actions de votre journée.

Alors, même si votre impact personnel demeure par nature limité à votre cercle d'influence, vous aurez le sentiment de faire votre part. Vous passerez ainsi de spectateur à acteur du monde, reprenant ainsi votre pouvoir personnel d'action sur le monde, et donc sur votre vie.

Œuvrer à votre mission vous permettra de jouer la plus belle version de vous-même tout en contribuant positivement et à votre échelle au monde.

S'OUVRIR À SA MISSION DE VIE

Si vous voulez découvrir votre mission, vous devez pleinement vous ouvrir à elle, dans un mouvement d'humilité et de sincérité. Vous devez dépasser le niveau du mental pour vous ouvrir à ce que la Vie vous appelle à être et à faire.

La mission ne vient pas du mental, elle émane de l'être

Une mission ne peut se résumer à une construction intellectuelle satisfaisante de ce que vous pensez faire et apporter au monde. Une telle construction se transformera vite en un mantra froid et inanimé, en un poids ou une obligation de plus, esthétique mais égotique. Et parce qu'elle n'est pas suffisamment ancrée en vous, vous vous en débarrasserez probablement rapidement.

Si vous recherchez votre mission uniquement en explorant votre personnalité, c'est-à-dire vos talents, vos qualités et vos valeurs, vous restez d'une certaine façon toujours au niveau du mental. Et votre moi authentique n'en est pas dupe. Votre mission doit s'enraciner au-delà du mental et se connecter à ce qui représentent vos plus fiables indicateurs : vos élans de vie.

Engager son cœur pour trouver sa mission est certes essentiel mais c'est encore insuffisant : les élans du cœur (comme vouloir aider l'autre ou réparer les injustices) sont parfois secrètement dictés par des calculs inconscients (comme vouloir être reconnu ou aimé en retour) qui sont eux aussi, malgré les apparences, déconnectés du véritable soi.

En réalité, on ne décide pas de sa mission de vie dans un acte volontaire et déterminé. On crée les conditions pour l'entendre, la voir apparaître et se laisser toucher par elle. Comme le dit magnifiquement Parker Palmer[1] : « *la vocation ne vient pas de la volonté. Elle vient de l'écoute… Avoir une vocation ne signifie pas poursuivre un objectif. Cela signifie entendre un appel.* »

Vous ne mettrez réellement en route votre mission qu'à la condition d'avoir réellement engagé votre être dans votre recherche. Et pour engager votre être, vous ne pourrez pas éviter de questionner votre rapport à la Vie en revisitant votre propre place dans l'ordre des choses.

---

1. « *Let your life speak* ».

Se mettre dans le mouvement de la vie pour accueillir pleinement sa mission

« La difficulté actuelle, c'est que l'homme s'imagine qu'il est l'auteur de ses actes. C'est une erreur. C'est la Puissance supérieure qui fait toute chose ; l'homme n'est qu'un instrument. S'il accepte cette position, il se libère de tous ses troubles ; sinon, il les favorise. »

Ramana Maharshi[1].

Nous l'avons vu précédemment, la notion de mission de vie ne « fonctionne » qu'à partir du moment où elle se réfère au Monde et à un ordre des choses dans lequel nous pouvons apporter notre contribution singulière, humble et précieuse à la fois.

Cet ordre du monde, on peut aussi l'appeler la Vie. Et ce qui va empêcher un leader de pleinement s'approprier sa mission de vie, c'est qu'il a souvent pris l'habitude inconsciente de vouloir diriger sa propre vie à la force de sa volonté et de son travail.

C'est au cours d'un stage de développement personnel que j'ai pour la première fois entendu parler de « mission de vie » et j'ai été perturbé par cette découverte. Moi qui avais toujours attaché beaucoup d'importance à la notion de libre-arbitre et à ma liberté, l'idée que ma vie pouvait être guidée par une sorte de « cap » fixé à l'avance ébranlait ma vision de l'existence (j'aimais à penser que je peux décider de chacun de mes pas). Accepter une mission de vie me semblait enfermant et figé : j'avais passé cette notion au tamis de l'ego.

Pendant très longtemps, j'ai pensé qu'avec des efforts et de la persévérance, on pouvait contrôler sa destinée, que force et volonté étaient les principaux ciments d'une vie bien menée. Cette croyance s'est construite et renforcée au fur et à mesure de mon parcours (études difficiles mais couronnées de succès, réussite professionnelle au prix d'investissements personnels très importants). Le proverbe « qui veut

1. Ramana Maharshi est un gourou indien de l'Advaita Vedānta du XIXe siècle. De nombreux hindous le considèrent comme un saint et son rayonnement en Occident fut considérable.

peut» a longtemps guidé ma vie. Je perçois aujourd'hui à quel point cette philosophie de vie m'a épuisé et, vers la quarantaine, poussé dans une sorte d'impasse existentielle: si ma volonté et mon énergie sont intactes, je ne veux plus avoir à me battre sans cesse pour obtenir les choses. J'aspire désormais à faire les choses sans forcer le destin, dans plus de fluidité et avec plus de joie. Une joie qui se trouve davantage dans le chemin que dans le but, davantage dans ce que je vis que dans ce que j'obtiens.

Dans le monde de compétition qu'est l'entreprise, beaucoup de managers et d'entrepreneurs se sont ainsi construits dans l'adversité grâce un ego fort et une envie farouche de réussir, bâtissant une croyance inconsciente qu'il est nécessaire de contrôler les choses pour réussir. Or, s'il est possible d'obtenir des succès considérables de cette manière, à bien y regarder, nombreux sont obtenus au prix d'efforts et de sacrifices souvent élevés et peu d'entre eux procurent une joie véritable.

La sagesse orientale, notamment le taoïsme, nous invite à regarder les choses autrement. L'un des grands principes du taoïsme est le non-agir (*wou wei*) qui ne signifie pas «ne rien faire», mais plutôt «agir en étant conscient que c'est la vie qui dirige chaque action». Regardez la Vie comme un large fleuve au courant tantôt impétueux, tantôt calme. Et imaginez-vous sur la barque de votre propre existence. N'est-il pas insensé de penser pouvoir toujours décider avec ses petites rames de l'endroit où le fleuve nous fera toucher l'autre rive? N'est-il pas impensable de vouloir, avec la force de ses bras, ramer à contre-courant? N'est-il pas bon et sage, parfois, de lâcher les rames et de s'abandonner au courant? Et que dire quand le courant et les vagues nous permettent de surfer pour aller encore plus vite…

Celui qui veut incarner sa mission est en fait invité à une bascule essentielle: réaliser que vouloir «contrôler» sa vie – la Vie – est illusoire et épuisant.

La véritable sagesse – la véritable source de la puissance du leader éclairé – consiste non pas à vouloir imposer sa volonté au monde, mais à se laisser porter par lui pour sentir là où il peut être le plus utile tout en étant pleinement soi-même.

En quittant cette posture selon laquelle je peux plier la vie à ma volonté, en déposant avec humilité les armes du combat, je peux décider de ne plus me battre contre elle. Je peux au contraire décider de *collaborer* avec elle.

C'est seulement dans l'acceptation consciente et positive de cet ordre de choses que vous pourrez endosser pleinement votre mission : porté par le mouvement de la vie, vous n'aurez plus peur d'être écrasé par elle (« n'est-elle pas inatteignable ? », de la rater (« suis-je vraiment efficace ? ») ou d'en douter (« est-ce vraiment ma mission de vie ? ») ; votre mission deviendra fluide, vivante, vous portera et vous soutiendra.

Ce renversement de rapport à la vie est copernicien, fondamental et libérateur : pour bon nombre d'hommes et de femmes que j'ai pu rencontrer, il change radicalement leur façon d'aborder leur vie et les épreuves dont elle est jalonnée. Cette acceptation vous invitera peut-être à vous distancier de certains schémas de vie ou de réussite que vous aviez adoptés, à revisiter certains objectifs de vie qui vous paraissaient importants, à renoncer à une identité sociale chèrement acquise (vos proches ne comprendront pas nécessairement ces différentes remises en question, ce qui constituera d'ailleurs une mise à l'épreuve de l'élan réel que vous procure votre mission).

Mais cette forme de dépouillement sera au final bénéfique car elle vous aura rapproché de votre être. Elle vous permettra d'épouser pleinement votre mission de vie comme on se découvre une nouvelle passion inattendue et lumineuse : avec joie et enthousiasme. Elle vous donnera alors accès à une toute nouvelle forme de leadership spirituel à laquelle accèdent ceux qui savent rester au contact du mouvement de la vie (nous le verrons plus en détails au chapitre 7). Et plus important encore, cet endossement plein de votre mission vous fera vous sentir plus *vivant*.

Qui suis-je pour avoir une mission ?

Parce que se mettre au service d'une mission de vie nous rapproche de notre être, l'ego résiste. En embuscade, il était toujours prêt pour venir questionner et saper l'enthousiasme que rencontrent ceux qui ont formulé pour la première fois leur mission mais hésitent, malgré tout, à l'intégrer dans leur vie.

Cet ego qui parfois flatte notre orgueil vient ici souvent nous rapetisser, nous faire penser que nous ne sommes pas capables d'emprunter ce chemin qui, pourtant, nous fait vibrer. Que nous n'en sommes peut-être, inconsciemment, pas dignes. À cause de lui, de nombreux leaders s'empêchent de partager leurs aspirations et leurs espoirs pour le monde de peur de passer pour des rêveurs ou des exaltés.

Ce texte[1] merveilleux sonne comme un rappel lumineux pour ceux qui douteraient – comme cela a été mon cas – de la possibilité et de l'utilité d'apporter leur contribution au monde. Remplacez ici le mot «Dieu» par le terme correspondant dans votre croyance religieuse, ou plus simplement par la «Vie» ou l'«Univers».

> *Notre plus grande peur n'est pas d'être inadapté.*
> *Notre plus grande peur c'est d'être puissant au-delà de toute mesure. C'est notre lumière, et non pas notre ombre qui nous effraie le plus. Nous nous demandons : "Mais qui suis-je pour briller, être superbe, talentueux, fabuleux ?" Alors qu'en fait, qui es-tu pour ne pas être tout cela ?*
> *Tu es un enfant de Dieu. Et de la jouer petit ne sert le monde en rien. Il n'y a rien d'enrichissant à te diminuer toi-même pour que les autres ne se sentent pas en danger autour de toi. Nous sommes tous destinés à briller, comme le font les enfants.*
> *Nous sommes nés pour rendre visible la gloire de Dieu qui est en nous. Pas seulement en certains d'entre nous, mais en chacun d'entre nous. Et quand nous nous autorisons à briller, nous donnons inconsciemment aux autres le droit de faire de même.»*

En ce début de XXIe siècle, cette «autorisation à briller» n'est pas égotique. Au contraire et peut-être plus que jamais auparavant, elle est indispensable au monde. Et dans notre époque en attente de leaders éveillés, elle offre une opportunité unique aux managers de vivre pleinement leur mission au grand jour: les défis sociétaux et environnementaux sont nombreux et chaque mission de vie peut contribuer à les relever.

---

1. Marianne Williamson, «*A Return to Love*». Texte prononcé par Nelson Mandela lors de son discours d'investiture à la présidence en 1994.

À LA RENCONTRE DE VOTRE MISSION DE VIE

Trouver sa mission de vie ne se fait pas en quelques heures. Pour beaucoup, ce travail prendra des mois, voire des années. Toutefois, grâce à un travail personnel d'introspection, avec l'aide d'un coach ou lors d'un stage ou d'une retraite, vous pourrez probablement formuler une première mouture satisfaisante et la peaufiner au fil du temps. Rappelez-vous que votre mission de vie n'est pas figée et peut évoluer avec le temps. De manière générale, plus vous travaillerez à vous (re)connaître, plus vous vous rapprocherez de votre mission. Plus vous saurez qui vous êtes (et donc qui vous n'êtes pas), plus vous saurez quelle est votre place.

S'il n'existe évidemment pas de méthode unique ou infaillible pour trouver sa mission, voici quelques pistes qui peuvent vous mettre sur la voie. L'étymologie des mots « vision », « mission » et « vocation » nous fournit également des indications précieuses.

Vous relier à votre meilleur futur possible

Le mot « vision » (du latin *visio* ou *visus*, c'est-à-dire « qui a été vu ») appartient au mode visuel : il évoque une image ou une idée créatrice à réaliser dans le futur et dans sa vie (John Fitzgerald Kennedy pourrait représenter l'archétype du leader visionnaire).

Pour laisser émerger sa vision, il importe ici de savoir se créer des espaces pour imaginer son futur, rêver sa vie et le monde dans lequel on aimerait vivre. Les expériences à rechercher sont celles où notre imagination pourra se déployer sans jugement, où vous pourrez laisser libre cours à votre faculté d'émerveillement, libérer votre « enfant intérieur[1] » pour aller contacter avec enthousiasme cette vie idéale que vous aimeriez mener.

Cette approche fonctionne pour tous ceux qui aiment (et sont en capacité de) se projeter aisément dans l'avenir (comme le sont de nombreux entrepreneurs). L'assemblage de photos que vous aurez sélectionnées dans

1. La notion d'enfant intérieur est largement utilisée dans le champ de la psychologie moderne. Ici, elle est utilisée en référence à cette partie de nous-même qui est reliée aux désirs de vie qui s'exprimaient avec force dans notre enfance et que l'âge adulte nous a souvent amené à oublier ou à négliger.

des magazines en fonction de l'élan et des émotions qu'elles génèrent en vous peut constituer un excellent point de départ pour ouvrir le champ des possibles.

En osant imaginer votre « meilleur futur possible », vous réveillerez en vous l'envie et l'enthousiasme, ces ingrédients précieux qui permettent de se laisser guider par ce à quoi on aspire (et non pas par ce qui semble possible ou réaliste). Ceci constituera une étape préliminaire avant d'aller à la rencontre de ce qui résonne véritablement avec votre être et votre histoire.

Ouvrir votre cœur et vous laisser toucher

Le mot « mission » vient du latin *missio* (qui signifie « envoi ») et évoque une sorte de poussée, un élan intérieur d'ordre émotif (un leader en mission célèbre pourrait être l'abbé Pierre dont l'indignation et la colère aboutirent son appel de l'hiver 1954 et la création d'Emmaüs).

Une des pistes pour faire apparaître votre mission consiste donc à apprendre à écouter ces messages qui contournent le mental pour venir parler directement au cœur. Il n'est pas rare qu'un film nous émeuve jusqu'aux larmes, qu'un documentaire nous ébranle par sa beauté ou qu'un livre nous inspire par sa clarté et sa force. Tous ces évènements partagent le fait qu'ils suscitent en nous des émotions inhabituelles, pures et fortes. Si vous cherchez votre mission, vous devez apprendre à accueillir et observer ces indices précieux. Car ces évènements ou ces personnes ne font que réveiller quelque chose qui sommeille déjà en vous. Et derrière ces émotions (que vous pourriez juger comme embarrassantes ou excessives) peut se cacher un élan vital qui n'est autre que l'expression à laquelle aspire votre être.

S'extraire de son cercle relationnel habituel pour rencontrer des personnes aux métiers différents ou aux parcours atypiques, sortir de sa zone de confort pour oser vivre des expériences décalées, côtoyer même brièvement des personnes engagées… toutes les expériences qui permettent de se laisser inspirer par d'autres et d'ouvrir (ou de réouvrir) le cœur sont autant de portes possibles pour se laisser traverser par des émotions dont le rôle est justement de faire bouger quelque chose en nous (le mot émotion provient du latin « *motio* » qui signifie « mouvement »).

Si des grandes causes vous indignent ou vous donnent envie de vous engager, rappelez-vous qu'une mission n'est pas à rechercher à l'extérieur mais à l'intérieur de soi et prenez le temps de vérifier si cette indignation n'est pas uniquement intellectuelle, morale ou passagère.

Répondre à l'appel intérieur

Voici l'un des points méconnus partagés par certains leaders inspirants : à un moment de leur vie, ils ont su reconnaître et suivre un *appel intérieur*. Le mot « vocation » (en latin *vocatus*) renvoie étymologiquement à la notion d'un appel émanant du plus profond de notre être (Mère Teresa incarne ce type de leadership vocationnel).

Ce « *calling* » a été décrit par de nombreuses personnes comme une sorte de voix ou d'intuition puissante qui – lorsque la personne est en capacité de l'entendre – semble porter en elle une forme d'évidence. La difficulté réside précisément dans la faculté à favoriser les conditions propices à l'émergence du message. Trouver sa mission relève donc ici d'un mouvement de calme intérieur et de lâcher-prise, de suspension de ses pensées, pour se mettre à l'écoute de ce que la Vie semble nous appeler à faire.

L'appel que j'ai vécu

En 2015, je m'embarquais dans l'aventure un peu folle de Monasterra pour proposer des retraites laïques de leaders et les inviter à remettre le Sens au cœur de leur action.
Malgré mes doutes, les retards et les reports, ces séminaires d'entreprise encore impensables il y a quelques années se répandent à grande vitesse. Bien sûr, tout ceci a demandé une bonne dose de travail et de persévérance. Mais au fond de moi et comme beaucoup d'autres avant moi, je sais que je n'ai fait que répondre à l'« appel ».

Celui-ci s'est manifesté au cours de la période sabbatique que j'avais ouverte après avoir vendu ma première entreprise. C'était un jour où je me sentais désorienté, perdu et sans aucune idée de ce que j'allais faire de ma vie. J'étais à l'Estaque, près de Marseille, venu rechercher la compagnie de deux vieux gréments qui me rappelaient les souvenirs vivants et inoubliables du tour du monde que j'avais fait en voilier après mes études.

Ma tête était vide, mon cœur probablement ouvert. Le canal aussi. Après de longs mois de gestation, l'idée qui devait prendre par la suite la forme de Monasterra s'est alors imposée à moi. Soudaine, bouleversante et évidente. De cette évidence qui balaie les peurs et donne l'énergie d'oser. Je me rappelle en avoir pleuré de joie et avoir envoyé un texto à ma femme: «j'ai trouvé». Sans le savoir, mes longs mois d'errance personnelle et d'inactivité avaient semble-t-il créé les conditions pour que j'entende (enfin?) le message.

Depuis, j'ai rencontré plusieurs personnes ayant vécu des expériences similaires: une prise de conscience ou une fulgurance claire, déstabilisante parfois. Et puis, cette envie irrésistible de la concrétiser, d'y rester fidèle coûte que coûte malgré les obstacles. Comme si, au fond d'elles-mêmes, il y avait cette certitude d'avoir touché quelque chose de sacré, une partie d'elles-mêmes qui sait et ne ment pas. Je me souviens de ce jeune entrepreneur qui utilisa cette expression: «en fait, je ne me suis pas posé la question de la viabilité du projet: je ne pouvais pas ne le faire.»

Pour certains, l'appel retentit à la suite d'un choc personnel fort (accident, maladie) ou de la perte d'un proche, leur mission se révélant d'elle-même comme une évidence donnant du sens à l'épreuve vécue pour la dépasser. Pour beaucoup cependant, l'appel émergea au cours d'un moment de grâce, un moment d'une telle beauté, d'une telle intensité que leur âme sembla leur crier: «c'est cela que je veux vivre». Pour la plupart d'entre eux, il y eut une sorte d'*ouverture*, comme une fêlure involontaire mais nécessaire pour laisser passer la lumière.

Comme l'a écrit Martha Graham[1], il importe en fait de savoir se laisser traverser par quelque chose qui, d'une certaine façon, ne nous appartient pas:

«Il y a une vitalité, une force de vie, une énergie, une accélération qui se traduit en action à travers toi, et parce qu'il existe un seul exemplaire de toi dans toute l'éternité des temps, cette expression est unique. Si tu la bloques, elle n'existera plus jamais par un autre canal et sera perdue. Le monde ne l'aura pas. Ce n'est pas ton affaire de décider combien elle est bonne, ni combien elle est valable, ni si elle est comparable à d'autres expressions. C'est ton affaire de te l'approprier clairement et sans détours, de garder le canal ouvert. Tu n'as même pas à croire en toi ou en ton travail. Tu as à te garder ouverte et consciente des élans qui te motivent.»

---

1. Agnes de Mille, *Martha : The Life and Work of Martha Graham*, 1991. Martha Graham est considérée comme la fondatrice de la danse contemporaine au XXe siècle.

Alors, si vous voulez entendre l'appel, votre première responsabilité consiste à garder le «canal ouvert». Votre unique tâche consiste à vous offrir des moments de présence à vous-même et à la vie qui vous habite. Des moments de paix où le brouhaha des pensées et des émotions ne fait pas obstacles aux messages adressés à votre être. Si l'appel résonne alors, c'est qu'il vient faire vibrer ce qui est déjà en vous, qu'il vient trouver en vous un instrument prêt à jouer sa partition. Alors, comme le musicien qui fusionne avec sa musique et son instrument pour ne faire plus qu'un, il vous faudra vous y abandonner, l'épouser pleinement et faire confiance à la vie pour poser les premiers actes de votre mission.

Reparcourir votre histoire personnelle

La mission de vie est comme un trésor personnel qui ne se cache pas dans une contrée lointaine. Elle est souvent juste là, sous vos yeux et ne demande qu'à se laisser entrevoir.

Je l'ai constaté presque à chaque fois : la mission de vie est en fait déjà inscrite, en filigrane, dans l'histoire personnelle de chacun, de son enfance jusqu'à aujourd'hui. Quand nous prenons le temps de regarder celle-ci en profondeur, d'en démasquer certaines répétitions ou itérations et d'en analyser les grandes étapes, une cohérence d'ensemble se dégage souvent de manière surprenante, même pour ceux qui estiment avoir été ballotés par la vie ou avoir suivi (ou subi) un chemin chaotique. Comme si cette mise en perspective de l'existence recelait un message caché, une direction invisible inconsciemment suivie malgré les errements et les épreuves.

Les premiers «indices de cohérence» apparaissent dans ce qui a toujours été présent dans votre vie, dans ces passions qui ne vous ont jamais quitté, dans ces loisirs qui ne vous ont jamais lassé, dans ces valeurs que vous avez cherché à vivre depuis toujours sans parfois le savoir. Derrière ces constantes de vie se révèlent une partie singulière de vous, de ce qui vous *anime* profondément (au sens de ce qui rend vivant). *Partez de ce que vous aimez profondément faire, de ce que vous aimez apporter aux autres et qui est en même temps facile et nourrissant pour vous.* Il est important de réaliser que l'on ne peut être pleinement et durablement utile au monde et aux autres qu'en faisant ce que l'on aime. Car quand vous vous autorisez cela, vous accédez à un cercle vertueux où plus vous faites ce que vous aimez, plus vous vivez votre mission.

Listez d'abord les moments intenses ou précieux de votre existence, ceux qui ont été magiques, mémorables, merveilleux ou forts. Dans ces moments, vous vous êtes probablement senti à votre place, aligné avec vous-même. Le simple fait de les évoquer vous reconnecte peut-être déjà avec la joie qui les caractérisait. Qu'ont en commun ces moments ? Que ressentiez-vous, que faisiez-vous ? Ces questions vous amèneront à celle de votre mission : en faisant et en vivant cela, qu'est-ce que vous offririez de vous aux autres et au monde ?

Allez enfin à la rencontre des moments plus compliqués et parfois douloureux que vous avez rencontrés : les choix de vie, les pertes, les échecs, les virages cruciaux et les renoncements. Dans sa grande sagesse, la vie nous invite également à tirer les leçons de ces épreuves qu'elle place sur notre route pour nous mettre au contact de notre être et nous révéler à nous-même. Il est très instructif de les regarder avec discernement : sur la base de quelles valeurs profondes avez-vous pris tel ou tel choix de vie ? Derrière un renoncement qui est un « non » à quelque chose, à quoi votre être a-t-il voulu dire « oui » ? Un deuil, symbolique ou réel, initie lui aussi souvent un réordonnancement des priorités de vie : si vous en avez vécu, que vous étiez-vous promis à vous-même à ce moment-là ?

Ce travail de rétrospective de vie est doublement utile. Pour certains, il est avant tout réparateur : avant de se projeter dans l'avenir et leur mission, il leur est au préalable indispensable de se mettre en paix avec eux-mêmes en constatant que leurs soi-disant échecs n'en étaient pas vraiment car ils en sont sortis grandis, et que, malgré leurs nombreux changements de cap, une forme de cohérence était toujours là, donnant du sens au chemin parcouru et par là à leur vie. Pour d'autres, et notamment les leaders en quête d'engagement, ce travail de mise en cohérence leur apportera une forme de réassurance qu'ils détiennent, en eux, un socle solide auquel arrimer leurs actions futures.

ÉNONCER VOTRE MISSION DE VIE ET LA METTRE EN ROUTE

Même si vous avez déjà une bonne idée des ingrédients de votre mission, il est important de la formuler clairement sous la forme d'une phrase unique et mémorisable. Ceci vous permettra d'en faire une ressource rassurante et énergisante à chaque fois que vous l'évoquerez. Voici quelques conseils simples pour aboutir à un énoncé de mission précis et vibrant.

Conseils sur le fond

- *Tout d'abord, osez voir grand !* Comme le conseille Oscar Wilde « Il est important d'avoir une mission si grande que vous ne la perdrez jamais de vue.»
- *Votre mission, c'est votre idéal en action !* Elle doit comporter deux parties : ce que vous faites (votre action) et le monde auquel vous aspirez (le monde idéal que vous contribuez à créer par cette action).
- *Votre mission doit être concrète et spécifique* mais ne soyez pas non plus trop précis dans la dimension de l'action : une mission doit vous rouvrir en permanence le champ des possibles et il y a une multitude de façons de la remplir (mentionner son métier, notamment, peut-être limitant).
- *Votre mission doit vous permettre d'exprimer la plus belle partie de vous.* Elle n'a pas besoin d'être grandiose ou grandiloquente, simplement de refléter ce que vous aimez ou rêvez de faire de tout votre cœur car vous êtes fait pour cela.
- *Pour votre monde idéal, voyez-le aussi en grand.* Votre monde idéal est-il fait d'amour, de paix, de fun, de fraternité, de communion avec les animaux ou les plantes, de couleurs, de lumière ou de sourires ? Il ne s'agit pas ici d'un monde onirique mais bien de ce que vous aimeriez créer autour de vous et transmettre à ceux que vous aimez.
- *Enfin, n'oubliez pas que votre mission doit concerner tous les pans de votre vie : privée et professionnelle.* Pour un décideur, l'alignement sur la mission ne sera complet et puissant que s'il ose réellement la vivre dans ses fonctions : prenez gare à une mission intermittente cantonnée à votre vie privée et qui ne servirait qu'à vous donner bonne conscience.

Conseils sur la forme

- *Votre mission doit être vivante.* Choisissez chaque mot avec soin, ceux-ci doivent être porteurs de souffle et d'envie. Votre formulation doit vous mettre en mouvement. Préférez pour cette raison une phrase courte et dense avec si possible un verbe d'action.

– *Formulez votre énoncé au présent* et gommez toute référence au futur car votre mission démarre maintenant ! Elle n'est conditionnée à rien et peut s'exprimer dès aujourd'hui, même dans un tout petit geste du quotidien.
– *Ne vous souciez pas de la syntaxe* : votre mission n'a ni à plaire aux autres, ni à les impressionner. Elle n'a pas non plus à être logique ou « réaliste ». La poésie ou les métaphores sont les bienvenues. Elle ne vibrera peut-être que pour vous et c'est très bien car il s'agit ici d'un « *deal* » entre vous et vous, entre vous et l'univers. Personne ne vous donnera de bon point ni ne jugera si vous êtes dans votre mission.

Quand vous serez satisfait de votre œuvre, faites une dernière vérification. Lisez-la à voix haute et ressentez l'effet produit : votre mission vous donne-t-elle de l'envie, un moteur ? Vous permet-elle de vous recentrer sur l'essentiel et de vous connecter à ce qu'il y a de plus beau, de plus grand, et de plus noble en vous ? Surtout, avez-vous envie de la vivre, dès maintenant ? Car votre mission commence tout de suite et n'est conditionnée à rien.

Mettre en route votre mission

Il est fort possible que la mise en mouvement de votre mission de vie dans votre quotidien vous soit difficile. Or, une mission trouvée mais rangée dans un tiroir laisse un goût d'inaccompli.

Comme votre mission démarre maintenant, essayez d'identifier le plus petit premier pas possible grâce auquel vous allez la rendre concrète (quelle petite tâche, avec qui, que vais-je dire ou simplement faire de différent ou de nouveau ?). L'idée est ici de goûter et de démystifier votre vocation au travers d'un premier mouvement symbolique qui vous la rendra concrète et réaliste.

Puis, n'hésitez pas à partager votre mission, à votre premier cercle d'abord, puis élargissez. Ceci vous soutiendra dans votre démarche. Il est ensuite possible d'installer une pratique routinière pour vous assurer que votre mission reste bien présente dans votre quotidien.

Pratique pour rester au contact de sa mission

Régulièrement (une fois par semaine par exemple), posez-vous les questions suivantes :

1. « En quoi ai-je servi ma mission cette semaine ? Quels sont les petites ou grandes choses (actes, paroles, comportements) que j'ai réalisées ? Y ai-je trouvé du plaisir, de la joie ? »

....

Prenez le temps de *ressentir* ce que cela vous fait de constater cela.

2. « Qu'est-ce qui m'empêche d'être dans ma mission en ce moment ? Quels sont les freins ou les obstacles qui m'empêchent de la vivre encore davantage ? »

....

Prenez le temps de lister ces freins et d'en isoler ceux sur lesquels vous pouvez agir.

....

Avec le temps, votre mission deviendra tellement présente et vivante qu'elle en deviendra presque naturelle, inscrite dans la plupart des choix importants de votre vie.

★★★★★★

CONCLUSION : OSER VOTRE GRANDEUR

Les leaders inspirants et authentiques sont ceux dont l'engagement va au-delà de la recherche de performance ou d'excellence. Issu d'un niveau plus profond et plus intime, leur engagement s'ancre directement sur le sens qu'ils souhaitent donner à leur vie. Un sens qu'ils arrivent à transposer au cœur de leur action professionnelle pour en faire une boussole intérieure précieuse et une source d'énergie et de persévérance hors du commun.

Plus que jamais, notre monde a besoin de leaders qui osent répondre à leur appel intérieur et décident de les manifester au monde. En faisant cela, ils libèrent la grandeur de l'âme humaine.

> LA TROISIÈME APTITUDE SPIRITUELLE DU LEADER ÉCLAIRÉ CONSISTE À S'ALIGNER SUR SA MISSION DE VIE ET À LA VIVRE PLEINEMENT.

Voici peut-être la tâche la plus importante pour les leaders d'aujourd'hui : trouver, partager et avoir le courage de mettre en action leur vocation.

Si vous la trouvez, vous devez être prêt à la vivre. Votre devoir, c'est ensuite de questionner au service de quoi vous mettez son action. Votre responsabilité, c'est de dézoomer régulièrement de vous-même, de votre entreprise et de votre quotidien pour vous reconnecter à plus grand que vous… pour retrouver votre axe.

Si vous vous engagez dans cette voie, vous autoriserez les autres à faire de même. S'il vous ne le faites pas, les vocations resteront silencieuses et le monde, comme votre organisation, n'en bénéficieront pas.

6

NOTRE FINITUDE, NOTRE ALLIÉE POUR OSER

« Celui qui n'a pas pris de risques n'a pas vécu. »

Mère Teresa

UNE MISSION DE VIE INVITE À OSER PRENDRE SA PLACE et vivre sa grandeur d'être humain dans ce monde en pleine mutation. Et ce dernier demande aujourd'hui à chacun de façon désormais pressante de réinventer son engagement professionnel et citoyen.

Pourtant, pour la plupart d'entre nous, faire le premier petit pas, prendre la première décision s'avère souvent difficile. Comme il est difficile de mettre sa quête de sens au cœur de ses décisions, de ses paroles et de ses choix professionnels ! Il y a une grande peur à rompre avec les schémas du passé pour s'aventurer dans l'inconnu.

Mais il est une peur qui surclasse peut-être toutes les autres : c'est celle de notre propre fin. L'homme se distingue de la plupart des mammifères par la conscience aiguë de sa fin programmée. On peut considérer cela comme une malédiction ou au contraire comme l'une des ressources précieuses de notre intelligence spirituelle : et si nous faisions de notre finitude une alliée pour nous aider à entendre ce que la vie nous appelle à faire, pour redonner leur juste priorité aux choses et pour nous permettre d'entamer ou de poursuivre notre transformation ?

Si son travail d'introspection a aidé le leader éclairé à clarifier la direction qu'il souhaite donner à son existence, la conscience de la mort (et donc de la vie) peut l'aider à franchir les seuils les plus déterminants.

★★★★★★

Témoignage de Nicolas Hennon, leader de Kiabi Monde

J'ai rencontré Nicolas Hennon au siège de Kiabi Monde, à Lille, dont il est le leader (l'équivalent de directeur général Monde). Il m'a reçu au rez-de-chaussée, dans une petite salle anonyme, en toute simplicité. Nous ne nous étions jamais parlé, mais il m'avait donné sans hésiter son accord pour venir l'interviewer. Deux heures plus tard, nous nous prenions dans les bras, heureux de cette rencontre et nous encourageant mutuellement dans nos chemins respectifs.

J'ai 43 ans, deux enfants. Je me considérais comme un pur produit d'école de commerce, formé par la grande distribution. Cela fait maintenant sept ans que je suis dans une démarche de développement personnel dont le point de départ a été une véritable bascule de vie.
Alors que je devais partir pour le Portugal, Kiabi m'a proposé de prendre la direction de l'Italie, un pays où la filiale était en grande difficulté. Trois semaines après mon arrivée, je suis tombé malade et j'ai dû être hospitalisé. On m'annonça alors que j'avais une maladie orpheline génétique des reins et que je devais subir deux grosses opérations en quinze jours. Et là, ma vie m'a semblé s'effondrer : je me dis « ma vie est finie. Finie ma carrière et plus de carrière signifie plus d'argent, donc plus de réussite ». J'étais sur mon lit d'hôpital et je lisais alors *Chemin de vie* d'Elizabeth Kübler-Ross et ce passage particulier dans le livre : la grand-mère sur le point de partir dit à son petit-fils qu'elle n'est pas triste de mourir parce qu'elle part en s'étant pleinement réalisée. Celui-ci lui répond : « j'espère que quand je mourrai, je pourrai dire la même chose ». Et sa grand-mère de lui répondre : « pourquoi attendre ? ».

Ça a fait « tilt » et quand j'en parle, il y a encore de l'émotion…

Je venais juste de finaliser ma première mission de vie. Elle était sortie comme cela et je ne savais pas trop quoi en faire à ce moment-là : « accompagner des hommes, des entreprises, des organisations à se réaliser par une posture de dirigeant humaniste ».
Alors, je suis sorti de l'hôpital et, à ce moment précis, j'ai réalisé que je voulais aligner ma vie sur ma mission de vie. J'ai été animé d'une énergie

de vie, d'une énergie d'« en-vie ». À ce moment précis, j'ai vraiment recontacté mon enfant intérieur, un enfant joyeux, audacieux, qui rit, qui est inventif et joueur. Cet enfant n'avait jamais pu s'exprimer dans le manager. Il restait à la maison, il n'allait pas au travail. On disait parfois : Nicolas a de l'humour, il peut être fun de temps en temps. Je lui ai alors dit « vas-y » : je crois aujourd'hui que l'adulte peut beaucoup s'inspirer de l'enfant.

Je suis allé voir mes nouvelles équipes et voilà ce que je leur ai dit : « je ne connais pas votre pays, je ne parle pas italien et il est hors de question de fermer le pays. Voilà ce que je vis. Je ne vous connais pas, mais je tiens à vous dire que je ne suis pas le dirigeant que je veux être aujourd'hui. J'ai envie que l'on rebâtisse tout ensemble, mais en me rebâtissant avec vous. Je ne sais pas ce qu'il faut faire. Dites-moi ce qu'il faut faire ».

Ils ont dit « banco ! ». On a commencé à coconstruire le redressement mais aussi la relance de l'Italie. Cela faisait un moment que je réfléchissais au collaboratif, au partage de sens, de la décision... j'ai alors eu envie de le mettre en œuvre et de le vivre avec les collaborateurs. On a fait un séminaire avec deux cents personnes, environ un quart du pays et on s'est enfermé pendant trois jours. On a partagé les résultats, le bilan, le projet et on a tout coconstruit autour d'un cap commun : comment redresser le pays et au nom de quoi.

Ce séminaire a généré une énergie incroyable qu'aucune démarche descendante de changement n'aurait pu produire. Dans une démarche classique, j'aurais passé six mois à convaincre les équipes. Là, chacun est revenu sur son périmètre et a pris des décisions autour de ce cap commun décidé ensemble. La première finalité de la démarche était de survivre, la seconde était tournée vers l'avenir et a été baptisée : « Nous, libres et heureux, au nom du client ».

Dans ce pays où j'arrivais, il y a eu comme un alignement des planètes où j'ai pu aller au bureau comme je suis : en partageant mes émotions, en osant montrer mes fragilités, sans cacher ma maladie. L'accueil qui m'a été offert a été beau, bon, bienveillant, protecteur et avec un niveau de confiance partagé incroyable. On a vécu une expérience de vie exceptionnelle, à l'échelle de tout le pays.

En fait, cette authenticité que j'ai décidé de vivre, je crois que les gens n'attendent que cela. À mon départ, j'ai reçu tellement de témoignages de confiance, de marques d'amour. Aujourd'hui ma mission de vie a évolué vers une deuxième version : « vivre avec Amour et Humour des Transformations vers plus de Bonheur et de Valeur ». C'est une nouvelle étape. Cela n'enlève pas d'exigence.

Je crois que chacun peut être le propre outil de sa transformation. Le rôle du leader est simplement de créer les conditions de confiance, d'audace pour que le collaborateur ose être lui-même et fasse sa propre bascule.

Nous sommes encore peu nombreux à être ouvriers de la transformation, des entreprises, des ouvriers qui ont eu la chance de basculer pour oser. La plupart des nouvelles approches managériales sont orientées sur le « comment », rarement sur le vrai « pour quoi ». La dimension spirituelle de cette transformation est en réalité le vrai sujet car toute transformation profonde de l'entreprise n'est aujourd'hui possible que s'il y a une transformation de l'homme.

Les changements de process, de culture, de management... tout cela n'est que la conséquence d'hommes et de femmes qui ont ressenti le besoin de vivre autrement l'entreprise. Le changement de posture engendre un changement de leadership qui engendre un changement de relations, qui engendre un changement d'audace, de confiance, de subsidiarité, des pas de côté, des bascules de croyance et donc, *in fine*, l'entreprise évolue. On ne passe plus d'une entreprise d'un modèle A à un modèle B, mais à une entreprise vivante qui va être en évolution permanente, transversale et résiliente pour être capable de se réinventer sans cesse.

QUESTIONNER SA MORT POUR OSER CHANGER

Ce qui frappe dans le récit de Nicolas Hennon, c'est ce moment précis où il décide qu'il n'a plus de temps à perdre pour s'accomplir. Dans ce moment de vulnérabilité qu'est la maladie, il décide de ne plus jouer la montre, de ne plus négocier avec lui-même.

Chez ceux qui les ont vécus, on ne compte pas les déclics existentiels engendrés par un choc de vie (maladie grave, perte d'un proche, témoin d'un accident...). Ces expériences ont la caractéristique qu'elles nous mettent en contact brutal et direct avec la mort, et donc avec la réalité de notre propre finitude. À ces moments, il y a comme une prise de conscience soudaine et évidente car, derrière la mort, c'est bien la vie qui se rappelle à nous avec son message essentiel : notre temps nous est compté pour être et faire ce qui est vraiment important. L'épreuve de la mort ou de la maladie se transforme alors, pour celui qui sait la saisir, en une formidable opportunité de remettre le compteur à zéro, de changer de cap ou simplement d'oser davantage être soi.

Dans son célèbre discours devant les étudiants de Stanford[1], Steve Jobs, frappé par la découverte d'une citation sur la mort, eut ces mots: « *Depuis, au cours de ces trente-trois dernières années, je me suis regardé dans le miroir chaque matin et me suis demandé : si aujourd'hui était le dernier jour de ma vie, voudrais-je faire ce que je vais faire aujourd'hui ? Et chaque fois que la réponse était "non" pendant trop de jours consécutifs, je savais que j'avais besoin de changer quelque chose. Me rappeler que je peux mourir bientôt est l'outil le plus efficace que j'ai jamais trouvé pour m'aider à faire les grands choix dans ma vie.* »

Dans notre société occidentale, la mort est devenue taboue. Vous ne la côtoierez pas souvent au cours de votre vie : nous l'avons repoussée dans les enceintes des hôpitaux et des maisons de retraites pour cacher à nos yeux cette réalité intolérable et effrayante. Elle est devenue une forme d'abstraction alors qu'elle est l'une de facettes essentielles de notre humanité commune. Pris dans le tumulte de nos vies remplies et exigeantes, détournés de nous-mêmes par les quêtes extérieures de l'ego, c'est souvent au crépuscule de notre vie, lorsque vient l'heure du bilan, que certaines réalités se font jour.

De manière évidente et quelle que soit l'ampleur de votre réussite professionnelle, ce n'est pas de parts de marché ou de cours de bourse dont vous parlerez sur votre lit de mort. Et on ne connaît personne qui aurait dit « si j'avais su, j'aurais travaillé plus… ». Et pourtant, certains de nos objectifs professionnels sont tellement stimulants, tellement prenants qu'ils peuvent nous détourner de l'essentiel pendant de nombreuses années…

Il semblerait que l'on regrette davantage ce que l'on n'a pas fait que les erreurs que l'on a pu commettre. Comme si rien n'était pire que la procrastination ou l'inaction. Voici les cinq principaux regrets que recueillit Bronnie Ware[2], infirmière en soins palliatifs, auprès de centaines de personnes en fin de vie. Ces thématiques revenaient constamment.

1. Discours de Stanford prononcé en juin 2005 – https://www.youtube.com/watch?v=FVISNcjrj5s.
2. *Les 5 regrets des personnes en fin de vie*, 2012.

Les 5 regrets des personnes en fin de vie

1. « J'aurais aimé avoir le courage de vivre ma vie par moi-même, pas la vie que les autres voulaient que je vive. »

« C'est le regret le plus commun à tous. Quand les gens regardent avec clarté leur passé, la plupart réalisent qu'ils n'ont pas honoré la moitié de leurs rêves et ils doivent mourir en sachant que c'est en raison des choix qu'ils ont faits. »

2. « J'aurais aimé ne pas travailler si dur. »

3. « J'aurais aimé avoir le courage d'exprimer mes sentiments. »

4. « J'aurais aimé rester en contact avec mes amis. »

5. « J'aurais aimé m'autoriser à être plus heureux. »

Pour le leader éclairé, la mort – c'est-à-dire la conscience de sa propre finitude – est une alliée précieuse. Cette loi intangible le ramène à nouveau sur le chemin salutaire de l'humilité : quels que soient son pouvoir, son statut et ses responsabilités, elle lui rappelle que la sécurité que procurent des biens matériels ou un statut social sont illusoires devant le dépouillement progressif que représente la vieillesse puis la mort. Finalement, toutes ces choses que nous possédons et qui nous possèdent en retour (parce que nous avons peur de les perdre ou avons la charge de nous en occuper) ne sont-elles pas des entraves à vivre d'autres aspirations plus essentielles ?

Plutôt que répondre à l'angoisse existentielle de la mort par l'accumulation matérielle ou les réussites sociales, notre finitude ne nous invite-t-elle pas au contraire à nous alléger, à désencombrer notre vie pour faire de la place à ce qui importe vraiment ?

Alors, pour plonger en nous et nous rapprocher des aspirations de notre être, la mort est une ressource toujours à portée de soi ; sa présence est inscrite dans nos gènes et, quels que soient les recoins où vous avez pu la refouler, elle ne demandera qu'à vous aider à :

- Remettre vos priorités de vie au cœur de vos choix de vie et de vos choix professionnels.

- Voir que certaines choses sont appelées à mourir en vous : quels scénarios de vie, quels conditionnements, quelles peurs, quelle représentation/image de vous-même ?
- Penser votre action dans une perspective plus large car décollée du court-terme : que souhaitez-vous laisser en héritage ou, plus modestement, quelle empreinte souhaitez-vous laisser ? Que désirez-vous transmettre et comment passerez-vous le relais aux prochaines générations ?

Derrière les réponses issues de ce questionnement, vous trouverez peut-être quelque chose de plus important encore : l'élan pour passer à l'action. Cet élan vital est la source de l'audace du leader éclairé, celle qui se manifeste par ces impulsions souvent instinctives qui le poussent à prendre les chemins les moins empruntés et à les assumer.

Exercice d'introspection : écrire votre éloge funèbre

Cet exercice peut se pratiquer au cours d'un voyage ou d'une retraite ou, bien sûr, chez vous. Prévoyez un temps suffisant (minimum 30 minutes) et assurez-vous de ne pas être dérangé(e). Vous pouvez également mettre une musique douce. Assurez-vous surtout d'être au calme, l'esprit en paix. Puis lisez le texte suivant.

******

Vous faites un rêve. Dans ce rêve, vous vous rendez aux funérailles d'une personne qui était chère à vos yeux. Vous arrivez sur les lieux et vous dirigez vers le bâtiment funéraire. En traversant le vestibule, vous remarquez l'odeur des nombreuses fleurs qui décorent le lieu. Il y a également une douce musique harmonieuse et apaisante. Puis, vous arrivez dans une grande pièce au centre de laquelle se trouve le cercueil du défunt.

Cette pièce est pleine de monde, d'hommes et de femmes, de quelques enfants aussi. En les regardant, vous êtes surpris de constater que tous ces visages vous sont familiers. Vous êtes heureux de revoir les visages de ces personnes qui comptent à vos yeux, toutes réunies ici. Qui a pu rassembler aujourd'hui toutes ces personnes que vous aimez ou appréciez ? Vous vous approchez alors du cercueil pour voir le visage du défunt.

Ce visage vous est connu en effet. Ce visage, c'est le vôtre. La personne qui est présente dans ce cercueil, c'est VOUS. Vous êtes en train d'assister à vos propres funérailles. Et toutes ces personnes qui vous ont bien connu sont venues vous rendre hommage.

En vous rapprochant, vous les entendez parler de vous. Les gens expriment bien sûr de la tristesse à vous voir partir. Mais c'est surtout la joie qui domine, celle de vous avoir croisé au cours de leur vie. La joie aussi de savoir que vous avez eu la vie que vous souhaitiez avoir, que vous avez accompli ce qui vous était le plus cher. C'est ce que vous leur disiez souvent vers la fin de votre vie.

Ces personnes évoquent l'homme ou la femme que vous avez été, les qualités remarquables qui étaient les vôtres. Elles parlent aussi de vos actions, des grandes choses et des petites choses que vous avez accomplies. Beaucoup parlent de ce « petit plus » particulier que vous leur apportiez.

Parmi ces personnes, il y a les membres de votre famille. Vous remarquez aussi que vos amis les plus chers sont là aussi. Il y a un troisième groupe qui rassemble les collègues avec qui vous vous sentiez le plus proche. Ils parlent de ces qualités de leader qui étaient les vôtres ; des valeurs que vous incarniez et que vous aimiez défendre ou des engagements auxquels vous teniez. Tout cela les inspirait et faisait de vous quelqu'un d'unique à leurs yeux.

Dans quelques instants, trois personnes vont s'avancer et prendre la parole à tour de rôle. Il y a là votre plus proche parent, votre meilleur ami et le collègue dont vous étiez le plus proche. Ils sont tous les trois chargés de faire votre éloge funéraire. L'éloge de la vie pleine que vous avez eu la chance de vivre.

Prenez maintenant un temps de réflexion

Votre heure n'est pas venue, il vous reste encore du temps pour accomplir ce qui vous est le plus cher, et pour laisser le souvenir de l'homme ou de la femme que vous voulez être. Projetez-vous à la fin de votre vie en imaginant que tout est possible d'ici là.

Couchez sur le papier ce que vous aimeriez que votre famille, vos amis puis vos collègues gardent comme souvenir de vous, de vos actes, de ce que vous laissez comme trace ou héritage.

Quel parent, quel ami, quel collègue étiez-vous ? De quels succès, valeurs, réalisations aimeriez-vous qu'ils se rappellent ? Quel sens profond avez-vous donné à votre vie ? Qu'avez-vous transmis ou apporté de singulier aux autres, au monde ?

Quand vous aurez fini, relisez ce que vous avez écrit. Qu'est-ce qui vous sépare de ce bilan de vie idéal ?

NE PAS PASSER AU LARGE DE SA VIE

Convoquer l'idée de la mort pour retrouver le chemin de l'essentiel est pour certains douloureux ou, pour d'autres trop abstrait. Si tel est votre cas, je vous invite alors à considérer une autre peur que celle de la mort : celle de ne pas vivre.

Cette peur-là est silencieuse, se laisse peu saisir bien qu'elle soit bien là, invisible, dans ces périodes où nous avons le sentiment de perdre le contrôle de notre existence ou que cette dernière, faite d'obligations et de courses perpétuelles, nous paraît absurde. Cette peur, c'est celle de passer à côté des beautés et des joies véritables de la vie. Celle de se réveiller un jour pour constater qu'il est trop tard, que notre énergie nous a quitté ou que notre corps ne suit plus pour partir sur le sentier de l'aventure.

En hébreux, le mot «*hatta't*», à l'origine du mot «péché» n'est pas synonyme de transgression ou de faute morale comme cela a été interprété dans la Bible; il signifie «manquer sa cible» et renvoie à la notion d'«erreur»[1]. L'ultime erreur n'est-elle pas alors de rater le sens de l'existence, c'est-à-dire la raison primordiale pour laquelle nous sommes sur Terre? De nombreux courants spirituels, qu'ils soient religieux ou révélés par des ouvrages inspirés plus récents comme *Conversation avec Dieu*[2], partagent cette conception de l'existence: nous nous incarnons sur Terre pour faire des expériences. Pour faire l'expérience de notre corps, de notre esprit, de la matière... Dans cette conception, le monde, avec ses lois et sa beauté, nous offre un terrain de jeu extraordinaire dans lequel nous sommes invités à mettre en œuvre cette qualité unique dont dispose l'être humain et dont sont dépourvus les autres espèces: notre capacité à créer, c'est-à-dire à manifester dans le réel des idées ou des pensées immatérielles. C'est dans cette dimension créatrice que l'entrepreneuriat revêt une dimension profondément spirituelle: il n'existe pas d'entrepreneur qui n'ait, consciemment ou pas, interrogé son rapport à sa vie avant de prendre la décision de se lancer. Entreprendre, c'est aller tester sa capacité à matérialiser ses rêves dans le réel. C'est aller se mettre en contact direct avec la vie dans l'espoir qu'elle nous offre ses plus beaux cadeaux. Et il n'est possible de sentir ce contact qu'en osant prendre le risque de se mesurer à soi-même. Chacun d'entre nous, quels que soient ses atouts et ses limites, que son projet soit ambitieux ou modeste, a en lui cette capacité d'entreprendre, c'est-à-dire de saisir cette chance merveilleuse que nous offre la vie de nous révéler à nous-même.

1. Selon La Bible version Segond 21 de la Société biblique de Genève, la racine hébraïque du mot «péché» est *hatta't*, traduit par les juifs grecs d'Alexandrie par *hamartia* soit: l'«égarement», l'«erreur», puis «détournement», «éloignement de Dieu» (source: Wikipédia).
2. *Conversation avec Dieu*, Neal Donald Walsh, 2003.

« Si vous pensez que l'aventure est dangereuse, essayez la routine, elle est mortelle ! » nous rappelle avec humour Paulo Coelho. De manière plus directe, la question que chacun peut se poser est donc la suivante : *suis-je en train de vivre ou simplement de survivre ?* Suis-je en train de poursuivre mes rêves ou me suis-je laissé endormir ou anesthésier par le quotidien et son lot de petits et grands soucis – telle la grenouille que l'on immerge dans l'eau tiède et non-bouillante pour éviter qu'elle ne saute à l'extérieur de la casserole avant d'être cuite ?

Notre niveau de sécurité et de confort en Occident n'a jamais été aussi élevé et pourtant, beaucoup de nos contemporains ont peur de vivre. Chaque jour, huit cents millions de personnes se lèvent le matin avec moins de deux dollars pour survivre et nous qui sommes nantis avons peur de perdre notre emploi ou de faire un mauvais choix professionnel. Notre société moderne hyper-anxieuse et tournée vers le divertissement (au sens pascalien du terme, le divertissement est ce mouvement qui attire notre attention à l'extérieur de nous-même et détourne ainsi notre esprit de ce qui importe vraiment pour nous) contribue à saper sans relâche cette petite voix intérieure qui nous dit que nous ne goûtons pas au sel de la vie. Beaucoup de gens se contentent de survivre transformés en « fonctionnaires de vie » comme les nomment avec une férocité bienveillante Christiane Singer. Elles regardent au cinéma ou dans les magazines les bateaux partir à l'aventure sans jamais s'embarquer sur l'un d'entre eux.

Il faut donc prendre le risque de vivre. Pour ne pas prendre celui de ne pas avoir vécu. Et paradoxalement, se brancher sur sa propre fin nous y aide car, comme lorsque nous allons aux obsèques d'un proche, le rappel de notre finitude nous remet aussitôt dans le rythme juste de la vie et de ce qu'il est essentiel de faire de ce temps qui nous est compté.

En prenant le risque d'une vie plus aventureuse, exigeante et pleine, il devient alors possible de se mettre progressivement en paix avec la mort. *Il devient possible de trouver la mort avant qu'elle ne nous trouve* pour pouvoir, quand le moment sera arrivé, l'accueillir avec l'esprit et le cœur apaisés de celui qui a vécu une bonne vie.

CONCLUSION : RESTER BRANCHÉ SUR SA VIE POUR SE RÉINVENTER SANS CESSE

En témoignent les personnes interviewées dans ce livre, les leaders de notre époque sont appelés à renaître à eux-mêmes dans ce qui s'apparente davantage à une véritable mue, une renaissance pour certains, qu'à une simple évolution.

Il importe alors de regarder cette part de nous qui est pétrie de peur et résiste à cette transformation. Nous pensons que nous avons peur de l'inconnu, mais comment avoir peur de ce qu'on ne connaît pas ? En réalité, ce qui empêche la plupart des hommes et des femmes de s'engager ou de changer de direction de vie, c'est la peur de perdre ce qu'elles ont et pensent être. J'ai croisé de nombreuses personnes repoussant à demain cette introspection pourtant incontournable, justifiant du bout des lèvres qu'elles ne se sentaient pas encore prêtes. Beaucoup craignent d'avoir trop à perdre ou pensent que le constat sera douloureux. Beaucoup, surtout, méconnaissent cette loi du vivant :

Pour aller vers du neuf dans notre vie,
pour nous sentir plus vivant ou plus aligné,
alors souvent, quelque chose en nous doit d'abord mourir.

La vie n'est qu'un mouvement perpétuel : le « figé » est synonyme de mort, que celle-ci soit brutale ou, comme c'est plutôt le cas à notre époque et dans l'entreprise, plus insidieuse et silencieuse comme le manque de sens, le mal-être ou la dépression. Cette loi du changement nécessaire pour survivre est aujourd'hui acceptée comme un fait par les décideurs. Mais elle s'applique également pour eux et *en eux* : pour être pleinement vivant, le leader du XXIe siècle doit se réinventer, régulièrement. Il doit accepter de rester « branché » consciemment sur lui-même et sur le cours de son existence en se demandant : « suis-je en train de vivre ce qui est vraiment essentiel pour moi au regard de ma vie ? ».

Chez le leader éclairé, cette « vérification de vie » est à faire non pas une seule fois mais à chaque fois qu'il ressent un doute ou une perte de puissance dans son investissement ou dans son action. Ce réflexe est utile aux autres : c'est le rôle du leader-acteur du changement que de rester en contact avec ses élans de vie pour trouver en eux la motivation et la force pour continuer à soulever des montagnes. En ne négociant plus avec les exigences de son existence qu'il souhaite accomplie, il autorise ceux qui l'entourent à faire de même et à mobiliser, à leur tour, cette facette de leur intelligence spirituelle.

Partie

III UN CHEMIN D'ENGAGEMENT AU SERVICE D'UNE ENTREPRISE VIVANTE ET PORTEUSE D'IDÉAL

Passer du « je » au « nous »

7

PUISER EN SOI POUR INITIER LA TRANSFORMATION COLLECTIVE

« Le plus beau cadeau que vous pouvez offrir est celui de votre propre transformation. »

Lao-Tseu

Les deux précédentes parties de ce livre se sont attachées à éclairer le chemin de libération et d'alignement personnels que les hommes et les femmes de l'entreprise peuvent (et doivent) s'autoriser à prendre pour remettre le sens et la plénitude au centre de leur vie.

En quoi ce chemin emprunté pour soi ouvre-t-il quelque chose de différent pour les autres ? En quoi permet-il (et autorise-t-il) à changer concrètement les choses pour son équipe ou son entreprise ?

Dans le monde quantitatif et court-termiste de l'entreprise, l'emprise du quotidien assomme les individus et les détourne constamment de l'essentiel. C'est aux leaders qui ont (re)trouvé le chemin de leurs idéaux qu'incombe la responsabilité d'ouvrir de nouvelles voies. La lumière qu'ils portent vient de l'intérieur d'eux-mêmes et c'est grâce à elle qu'ils peuvent éclairer l'avenir.

Pour oser porter cette lumière, le point de départ consiste à considérer que les fruits de votre propre travail personnel peuvent bénéficier aux autres. Il consiste à expérimenter puis assumer pleinement que ce qui vient de votre cœur ou de vos tripes représente une source puissante et légitime pour initier la transformation de votre collectif. C'est ici que réside le passage du « je » au « nous ».

Ce sont précisément vos aspirations les plus hautes pour le monde – celles qui paradoxalement pourraient ne concerner que vous – qui vont vous guider et vous donner la force de dépasser les limites des modèles dominants pour proposer autre chose à ceux dont vous avez la responsabilité. Il vous appartient de partir de vous pour servir autrui, différemment.

Vous le constaterez : le chemin est ici celui des petits pas. Point de grande révolution ni de long discours mais certains passages presque obligés où vous aurez à vous dévoiler sans vous dissimuler derrière un rôle ou une stratégie quelconque de changement. Vous serez probablement amené à lâcher une certaine forme de pouvoir pour en découvrir une autre, plus subtile et plus belle. Ayant changé de regard sur vous-même, vous pourrez aussi questionner votre rôle en tant que manager et initier des relations d'un autre ordre avec vos équipes. Réactions enthousiastes et joies inattendues s'inviteront alors peut-être là où vous ne l'auriez jamais imaginé.

******

OSER LE PASSAGE DU « JE » AU « NOUS »

Témoignage de Bertrand Cunaud, co-fondateur de Kbane

J'ai rencontré Bertrand Cunaud au cours d'un cursus de formation centré sur la libération des entreprises et les transformations profondes. Bertrand est le co-fondateur de Kbane[1]*, une société dans laquelle il a mené des transformations audacieuses dans le secteur pourtant « viril » du bâtiment. Bertrand fait partie de ces dirigeants inspirants qui n'ont plus peur d'écouter leur sensibilité et de la partager.*

Le management a toujours fait vibrer quelque chose chez moi (l'idée d'accompagner, de faire réussir l'autre…). Mon moteur personnel de développement, c'est le progrès : il faut que je m'améliore, que je me sente en croissance. C'est une exigence personnelle et donc, sans doute, une sorte de remise en cause permanente qui font partie de moi. Avec ce regard et ce mode de fonctionnement, j'ai abordé mon expérience de management comme un aller-retour permanent entre ma pratique, mon vécu et une envie profonde de comprendre ce qui anime l'autre, ce qui anime une équipe.

1. www.kbane.com.

Le fait déclencheur pour moi, c'était il y a quatre ans, au moment où mon associé co-fondateur a décidé de quitter la direction opérationnelle de l'entreprise. J'avais déjà contacté des choses sur moi en matière de développement personnel. J'avais découvert à quel point les questions existentielles étaient vitales chez moi. Je me sentais remis en cause, dans mes échanges avec les autres, quand je rencontrais de l'incompréhension. Pour moi, le plus beau compliment, c'est quand on me dit «tu es aligné», aligné entre tes actes, tes valeurs, tes paroles et ce que tu donnes à voir. C'est avec ce prisme que je me regarde dans la glace, que je m'accorde ma propre valeur. Je réalise alors qu'une opportunité s'ouvre pour moi de mettre complètement ma patte, de porter ce qui m'est cher dans ma boîte. À ce moment aussi, c'est comme si «ma bande passante» – mon attention – s'était ouverte plus largement. Là, en trois jours, trois personnes dans trois contextes différents me parlent du bouquin de Getz[1]. Je me dis: «si ça fait trois fois en trois jours…».

Je plonge alors dans six mois d'exploration, en profondeur, avec son lot de lectures, de réflexion personnelle, de rencontres. Je rencontre notamment Alexandre Gérard de Chronoflex, je regarde la vidéo de Frédéric Laloux[2] quatre fois… Quand je relis la description du monde «Opale» de Laloux, j'ai des frissons: c'est dans ce monde-là que j'ai envie de vivre. J'ai envie de vivre à ce niveau de conscience qui libère de ses peurs, cette «*wholeness*» (plénitude) qui permet aux gens d'être pleinement eux-mêmes. Ça me parle énormément, c'est le monde auquel j'aspire. Et cela dépasse le simple cadre de ma boîte…

Chez les leaders décrits dans le livre de Laloux, c'est le mélange de confiance et de respect qu'ils instaurent qui me touche. Il n'y a pas d'échelle de valeur et aucun homme ne vaut plus que l'autre. L'égalité intrinsèque, le respect infini de l'autre en tant qu'homme, c'est ma vie.

Considérer l'entreprise comme un organisme vivant est également profondément inspirant pour moi. C'est le chemin que je souhaite et dans lequel je décide d'emmener mon collectif de «Kbaners».
Je comprends que pour aller dans ce type de démarche, je ne peux pas y aller seul et je décide de rejoindre alors le réseau EVH[3], cercle de dirigeants devenu essentiel dans ma vie, et après six mois, je ressens qu'il y a chez moi un alignement «tête – cœur – tripes». La tête me dit que, pour

1. Isaac Getz a largement contribué à populariser le modèle d'entreprise libérée, notamment via son ouvrage: *Liberté & Cie* (Isaac Getz et Brian M. Carney), 2012.
2. Conférence donnée par Frédéric Laloux en 2014 à Bruxelles, https://www.youtube.com/watch?v=NZKqPoQiaDE
3. www.reseau-evh.com.

accueillir les générations futures, il faut changer nos modes de fonctionnement et de management. Mon cœur semble me confirmer que j'aime les gens, en particulier que je vibre énormément quand une personne se reconnaît ses talents, exprime sa « puissance personnelle ». J'ai envie d'y contribuer. Les tripes enfin, ce sont mes valeurs. De ma mère, j'ai hérité des valeurs d'exigence et d'humilité. De mon père, celles d'humanité et de respect. Cela provoque beaucoup d'énergie et de vie en moi de voir des gens déployer leurs propres ailes.

Je crois qu'il y a une source de vie en chacun qui est très puissante. Cette source a des robinets qui sont plus ou moins fermés. Le sujet, c'est de les ouvrir. Ma foi dans l'homme, ma spiritualité réside ici. Aujourd'hui, j'ai cette conviction intime que les robinets peuvent être fermés pour différentes raisons (croyances, expériences de vie...). Mais à chaque fois que j'ouvre un peu le robinet pour moi, cela devient une drogue dure et j'ai envie d'ouvrir le robinet suivant. Et quand je goûte cela, par générosité, j'ai envie que les autres le goûtent à leur tour. J'ai envie de contribuer à aller chercher cette source en chacun. Après, bien sûr, je la raccorde à l'entreprise parce que je crois que plus il y a de vie, mieux l'entreprise fonctionne. « Entreprise vivante » me parle d'ailleurs désormais davantage qu' « entreprise libérante ».

J'ai une entreprise assez petite (deux cents personnes, une vingtaine de managers). Le chemin que j'ai pris a commencé par moi : c'est parce que je passais moi-même des paliers que je pouvais aider les autres. Ensuite, mon choix a été de mettre en mouvement des « je » avant de voir des effets sur le « nous ». J'ai commencé à mettre du « *wholeness* » dans certains moments de l'entreprise. Mon espérance était de faire bouger chacun, notamment les managers... Le truc fondateur pour l'entreprise a été de faire mon « *coming out* », d'oser exprimer ce « je veux » qui m'habitait : au cours d'un séminaire d'un jour et demi, j'ai partagé avec tous mes managers ce que j'avais exploré pendant six mois et exprimé mon envie d'aller vers cela. Cela a été un vrai point de départ car, dans les principes, tout le monde a adhéré. Et c'est devenu ensuite officiel.

J'ai alors proposé des portes d'entrée individuelles dans le terrain non visible du « je » : partage de lectures, de vidéos, partages personnels pour inviter les personnes, une à une. J'ai essayé de créer un environnement de permission et de protection à oser être soi et prendre des initiatives. J'ai couru le risque d'être vrai, de montrer mes émotions... parce que comme le dit Alexandre Jardin, « quand vous courez le risque d'être vrai, vous permettez à l'autre de l'être ». Une grande partie des managers a vécu un programme de formation important pour chacun. J'ai aussi pris des décisions symboliques et fortes : je n'ai plus de bureau, plus de voiture de fonction liée au statut, transparence économique totale sur les chiffres (sur le CA, la rentabilité).

Mes ressources pour maintenir mon cap, c'est d'abord un groupe de pairs qui m'apporte énormément de soutien. Pour me sentir vivant et rester connecté avec ce qui est nourrissant pour moi, j'essaye d'être avec des « vivants », c'est-à-dire des gens qui n'ont pas de projet sur moi, qui m'envisagent (et non pas me dévisagent) et qui portent sur moi un regard d'amour. J'ai écrit ainsi le nom de sept-huit personnes. J'ai des pairs qui sont devenus comme des « frères » pour moi. Il y a une deuxième ressource essentielle : mon équipe et les « Kbaners ». Quand j'ai une difficulté, je me sens désormais en confiance et en sécurité pour la partager… je crois à la force de la vulnérabilité.

Ce chemin est un chemin individuel et collectif. Évidemment, nous avons compris certaines choses en « marchant », j'ai fait beaucoup d'erreurs. Mais fondamentalement, jamais je ne regretterai de m'être engagé et d'y avoir engagé mon entreprise. Collectivement, je nous sens plus forts de ce que nous avons vécu depuis quatre ans. Nous avons désormais notre raison d'être : « agir pour prendre soin de vous, de votre maison et de notre planète » qui nous ressemble et que nous voulons vivre pleinement. Ce chemin parcouru ensemble, chemin de « je » et de « nous », est sans doute notre plus bel actif pour construire notre avenir. Je le sens.

Individuellement, je m'aime plus et c'est déjà pas mal (rires !). Je suis le même mais j'ai accepté des parties de moi, j'ai vu ma puissance. Je suis heureux de mon regard sur la vie, sur l'homme ; je suis plus apaisé vis-à-vis de moi ; j'ai écrit une phrase de « raison d'être personnelle » qui est un vrai socle de sens, de discernement, d'action pour ma vie de dirigeant et d'homme. Être inspirant par certains aspects, j'aime cela.

J'ai eu des moments intenses de doute mais je n'ai jamais lâché. C'est plus fort que moi d'y croire, d'avoir cette foi que plus la vie « circule » dans un collectif, plus c'est efficace durablement, pour chacun, pour le client, pour l'entreprise et pour le monde.

Mon rôle en tant que leader n'est pas de le théoriser ni de multiplier les conférences, c'est de le vivre, simplement, sincèrement, intensément.

Le point de départ, c'est d'écouter ce qui est vivant en vous

Ce qui est frappant dans le témoignage de Bertrand Cunaud, c'est qu'il décide d'assumer pleinement ses élans du cœur, la forme de fragilité qui l'accompagne, mais accueille aussi la puissance qui va de pair. Il assume que c'est une impulsion très personnelle qui l'a poussé à lancer son organisation dans sa transformation.

L'une des plus belles et délicates missions du leader éclairé se trouve là : à l'intersection entre le « je » et le « nous ». Ces leaders savent écouter le « je » (ce que je vis, ce qui m'anime, ce qui me fait rêver à l'échelle de ma vie) pour le mettre au service du « nous » que sont leurs équipes, leur organisation et la société dans son ensemble. Ils savent prêter attention à ce qui les traverse (émotions, aspirations, doutes, rêves) pour nourrir leurs décisions et initier le changement. Bien sûr, ils lisent, demandent des conseils et savent s'inspirer d'autrui mais, au final, la décision part d'eux.

Les premiers résultats obtenus leur donnant souvent raison, ils apprennent alors à considérer que leurs élans existentiels, si précieux pour eux-mêmes, sont aussi de formidables guides pour orienter leur action de leader. Ils découvrent souvent que ces ressources venues de l'intérieur bénéficient énormément aux autres. Ils assument le fait que si le monde auquel ils aspirent est par exemple un monde de fraternité et de beauté, alors ils peuvent s'autoriser à proposer à leurs équipes des moyens concrets pour faire grandir cette fraternité et cette beauté dans l'entreprise.

C'est donc à vous, dirigeant ou manager, qu'incombe cette belle responsabilité : assumer ce passage de l'« être » – qui correspond à ce qui vous rend pleinement vivant et résonne avec votre dimension spirituelle – au « faire » – qui correspond à ce que vous décidez d'ancrer dans le réel de votre organisation.

Dans cette transmission, vous serez aidé par un élan altruiste porteur et presque « naturel » : celui de donner et de partager. La plupart des leaders qui ont goûté à la plénitude que procure l'authenticité d'être soi, qui ont vécu les bouleversements que procure l'ouverture du cœur, qui ont senti leur âme se réveiller parce qu'ils ont contacté leur mission de vie ont, à un moment donné, l'envie de diffuser autour d'eux la joie véritable qu'ils ont rencontrée.

Les doutes à surmonter

Écouter notre intériorité n'est pas simple mais cela s'apprend. Oser l'inviter dans le cadre de nos responsabilités professionnelles représente par contre une véritable aventure.

D'abord parce qu'à nouveau, nous avons été conditionnés à cloisonner notre vie, considérant que les rêves que nous nourrissons en notre for intérieur n'ont pas leur place au travail qui, lui, est le lieu du raisonnable, du réaliste et du contraint. C'est comme si l'entreprise ne pouvait pas être un lieu de relations apaisées ou fraternelles parce qu'elle est aussi parfois un lieu de conflits et d'enjeux de pouvoir. Comme si la fulgurance ou l'exaltation que l'on peut contacter dans l'expérience exaltante d'un voyage, d'un stage de développement personnel ou d'une lecture inspirante ne pouvait survivre à la reprise du lundi matin, Il y a là des croyances profondément enracinées qui freinent inconsciemment ceux qui veulent importer leurs élans de vie et leurs aspirations essentielles au cœur de leur travail.

Mais il y a aussi une peur, tangible, qui peut vous empêcher de sauter le pas et vous faire refouler ces aspirations personnelles qui sont pourtant la matière première de la réinvention de l'entreprise : la peur de ne pas être compris ou d'être jugé. Car celui qui veut proposer un changement de paradigme authentique dans son équipe ou dans son organisation ne peut faire l'économie du dévoilement de ce qui l'anime, intimement.

Point de vigilance

Enfin, il y a le doute : ces projets qui sont chers à votre âme, ces changements de cap radicaux que vous avez peut-être en tête, de quel droit pouvez-vous les imposer aux autres, à votre équipe ? Les autres n'ont-ils pas eux aussi leurs valeurs, leurs propres envies ou leur propre mission à vivre ? Et les décisions que vous serez amené à prendre pour le « nous » en écoutant le « je » seront-elles couronnées de succès ou vous entraîneront-elles dans des mésaventures ou des impasses ?

Rappelez-vous alors qu'il n'est pas question ici d'imposer vos désirs ou vos envies à votre équipe, il s'agit plutôt de les écouter pleinement car ils ont quelque chose de différent, de noble et de profondément inspirant à apporter au collectif.

BASCULES INTÉRIEURES PRÉALABLES

En tant que leader éclairé, vous êtes appelé à exercer un nouveau type de pouvoir. Ce pouvoir ne s'appuiera plus sur des attributs extrinsèques (comme un titre, des procédures ou une autorité hiérarchique) : vous devez prendre le risque de l'enraciner dans qui vous êtes en tant que personne. Vous devez oser le brancher à cette source lumineuse qui émane de votre cœur et de votre être.

Il s'agit ici d'un déplacement intérieur qui n'est pas aisé à opérer car il remet peut-être en cause la manière d'exercer le pouvoir qui a été la vôtre jusqu'ici. Pour vous aider, il est utile de considérer deux mécanismes qui ont façonné et imprégné des générations de décideurs et à coup sûr influencé le manager que vous êtes : le *besoin de contrôle* et une forme de *toute-puissance.* Tous deux représentent des freins qu'il faudra d'abord lever *en vous* avant d'accéder à un pouvoir plus subtil, moins visible, mais ô combien plus pérenne et bénéfique aux autres.

Lâcher le contrôle pour créer la confiance

Le pouvoir traditionnel du manager s'exerce souvent par le contrôle. Et derrière le besoin de contrôle se cache la peur.

Cette peur est celle de faillir, de ne pas être à la hauteur des objectifs et des obligations de son département ou de son entreprise. Si elle est compréhensible et parfois utile, elle dessert désormais à la fois le manager qui la subit et l'organisation dont il est responsable.

Le besoin de contrôler repose en effet sur la croyance qu'il faut vérifier ce que font les autres pour garantir le fonctionnement de l'ensemble (et donc, par extension que les autres ne sont pas fiables). Ce besoin est très *coûteux* en temps et en procédures pour le manager-contrôleur. Il l'est aussi pour l'entreprise : à l'ère de l'intelligence collective et de l'agilité, tout contrôler revient à infantiliser les collaborateurs et empêche le déploiement de leur plein potentiel.

Le besoin de contrôle (être omniprésent) se traduit par la nécessité de tout savoir (être omniscient). La croyance sous-jacente est ici qu'il faut avoir le maximum d'informations pour pouvoir décider avec justesse. Si être au courant de tout s'avère désormais illusoire (vous arrivez à peine à lire tous vos emails), ce besoin de savoir a contribué à freiner la spontanéité des idées, plaçant les managers dans une forme d'inconfort dès que les informations rationnelles manquent pour étayer une décision.

Le contrôle exacerbé contribue donc à alimenter une culture de la peur, du non-droit à l'erreur et une prépondérance des décisions sûres et raisonnables. Très concrètement pour vous, outre le fait qu'il remplit votre agenda de tâches et de réunions que vous pensez indispensables, il vous empêche peut-être aussi de vivre des relations plus vraies avec vos collaborateurs (peuvent-ils être complètement eux-mêmes avec un manager qui, souvent, les surveille ?).

Pour le leader éclairé qui a travaillé sur ses propres peurs et renforcé sa sécurité intérieure, un autre chemin s'ouvre alors : passer de la peur à la confiance. En limitant délibérément votre contrôle, vous commencerez, *de facto* et sans grande déclaration, à créer les conditions d'une confiance partagée avec vos équipes qui constituera le ciment indispensable de la transformation collective.

Libérez-vous de la toute-puissance

La seconde chose que vous devez revisiter concerne votre pouvoir décisionnel.

Témoignage d'Alexandre Gérard, co-animateur d'Inov-on

J'avais contacté Alexandre Gérard car il a fait le choix assumé de témoigner et de partager activement l'aventure personnelle et collective qu'il a vécue en libérant son entreprise Inov-On[1]*. Le débit est rapide, notre entretien passionnant et je le quitte enthousiasmé par son authenticité et son énergie.*

Dès l'âge de 14 ans, j'ai su que je deviendrai entrepreneur. Je *ne* sais pas l'expliquer parce qu'il n'y en a pas dans ma famille. Et, je ne le dis pas souvent, j'avais aussi une deuxième conviction à l'époque : celle que j'étais amené à servir un jour quelque chose de plus grand que moi. Je me suis lancé sans aucune autre expérience, avec seulement l'envie et j'ai eu la chance de passer de 1 à 350 salariés, créant progressivement une dizaine d'entreprises au sein d'un groupe.
À cette époque, tous les lundis, j'animais neuf comités de direction, un par boîte. J'étais devenu une machine. Je n'ai jamais été un patron

1. www.inov-on.com

napoléonien car j'ai plutôt l'intuition que le «je» marche moins bien que le «on» et que le pouvoir pour le pouvoir ne sert à rien. C'est vrai que j'ai un rapport au temps qui fatigue tout le monde (je veux que tout aille vite), mais je n'ai pas de rêve de grandeur. Mais je ne peux pas dire non plus que je n'étais pas fier de moi.

La crise arrive alors. Pour la première fois, nous faisons de la décroissance. Rien ne m'avait jamais résisté, je n'étais pas prêt psychologiquement. Nous avons été obligés de licencier plus de soixante personnes. On l'a fait aussi humainement que possible mais j'ai vécu cela comme un échec. Quinze ans de sacrifices et il ne restait pas grand-chose. Je suis resté finalement sur mes deux jambes mais une question m'a alors obsédé: «que faire pour ne jamais revivre ça?». Je me suis mis en quête de réponses. On dit que «quand l'élève est prêt, le maître apparaît» et me voici invité à une conférence dont le titre était «l'entreprise du XXIe siècle existe, nous l'avons rencontrée». Si tu veux agiter un chiffon rouge, il n'y a pas mieux pour moi à ce moment-là…

Quand je découvre le petit papy qui rentre sur scène, je me dis, rempli de préjugés, «c'est quoi ce truc, là?». Il ouvre la bouche, je l'écoute pendant quinze minutes et je suis transcendé. Je vais le voir à la fin de la conférence et je lui dis: «ce que vous avez dit m'a percuté, je sais que c'est vraiment ça que je veux faire». Et il me répond en substance: «démerde-toi tout seul». Sa réaction génère chez moi une grande colère. La colère, c'est l'énergie du changement. J'achète son bouquin que je lis deux fois dans les semaines suivantes.

Ma lecture va générer deux constats. D'abord, j'ai géré ma boîte pour les «3 % qui trichent» pendant quinze ans. En mettant des règles contrôlantes pour ces 3 %, je tuais les initiatives de tous les autres. Je prends aussi conscience qu'en prenant toutes les décisions, j'ai confisqué tout le pouvoir, nous privant ainsi de notre intelligence collective. La seconde prise de conscience, c'est que tout n'est pas lié à la crise mais à moi… J'offre le bouquin à mon équipe qui le lit et nous nous retrouvons au vert pour en discuter. Nous prenons alors la décision de libérer l'organisation. Nous avons préféré commencer à agir sans rien dire aux équipes qui n'en pouvaient plus de tous nos plans de redressement. Dire fait rire, faire fait taire. On a fait les choses en se disant qu'on les expliquerait plus tard.

Dans ce changement de paradigme organisationnel, je comprends alors que le travail sur soi est essentiel. Un ami ancien dirigeant, qui devint ensuite coach, va m'accompagner dans ma transformation. Il va m'aider à travailler ma part d'ombre, mes croyances et aussi ma finitude en me posant la question: « qu'est-ce que tu veux faire du reste de ta vie ? ».

Ce dont je suis le plus fier, c'est d'avoir réussi à travailler suffisamment sur moi pour être capable de lâcher la boîte pour faire le tour du monde. Je suis passé d'un « je me sens d'un indispensable absolu » à « je suis prêt à tout lâcher ». Quand j'avais vingt ans, je me disais qu'à quarante, je changerai de vie et j'irais parcourir le monde sur un bateau. Et j'avais quarante-et-un ans en 2011. C'était impossible de partir, ma femme n'aime pas le bateau. On en a parlé avec les enfants, ma fille aînée ne voulait pas partir, elle en faisait des cauchemars. On s'est fait coacher familialement avec des chevaux et on est partis après huit mois de préparation.

Ce voyage m'a mis au clair avec mes croyances. Je croyais que je devais travailler quinze heures par jour pour que ça marche, que je devais être au centre, etc. Quand je suis revenu, l'entreprise fonctionnait toujours bien sans moi. Et finalement, je n'ai jamais repris la place que j'avais avant.

Il y a trois ans, au cours d'une rencontre avec des visiteurs venus découvrir notre entreprise, j'ai assisté à une conversation qui m'a fait l'effet d'une bombe. Mon collaborateur leur disait: « vous ne vous rendez pas compte à quel point les transformations de la boîte ont des implications sur moi. J'arrive à dire à mes enfants: ce n'est pas grave, tu vas trouver des solutions ». C'est alors que j'ai compris que nos façons d'être ont des implications sur nos familles, nos clients, nos fournisseurs.

Si la libération d'entreprise a autant d'impact sur les personnes, c'est qu'il se passe quelque chose. Je me dis que les entreprises ont leur part à faire dans la transformation sociétale. Les solutions ne viendront pas des politiques, des élites, des systèmes paritaires ni des médias... Par contre, elles peuvent venir de nous et maintenant. Je suis excité et enivré, avec la conscience d'être un témoin privilégié. Je passe mon temps à raconter l'histoire du colibri[1]. On peut tous faire notre part. Personnellement, c'est comme une mission.

Aujourd'hui, en tant que patron, j'ai plusieurs rôles dont le premier est de rappeler la vision, la vision au cœur de l'action. C'est fondamental car elle s'évapore si on ne la rappelle pas régulièrement. On remet « l'église au milieu du village », régulièrement, et cela se fait par des

1. Fable africaine (racontée notamment par Pierre Rabhi) incitant chaque être humain à faire sa part dans le monde, à l'instar d'un colibri essayant d'éteindre modestement mais courageusement un incendie de forêt en transportant de l'eau avec son bec.

questions : on demande aux collaborateurs de nous expliquer, de nous rappeler la vision. Ensuite, je tâche de créer les conditions permettant aux équipes de se réaliser pleinement (et pas que professionnellement) et de prendre du plaisir. Notre première valeur, c'est la « performance par le bonheur ». Enfin, je suis le gardien de la liberté dans l'organisation. Certains tentent parfois de rétablir un système hiérarchique et je veille à ce que cela ne se produise pas.

Le plus difficile à lâcher était en moi, assis sur des « drivers »[1] « dépêche-toi » et « sois parfait ». Je crois qu'il faut être prêt à lâcher sur le « vite », le « rapide ». Il faut vivre ce changement en soi. J'ai compris que ce n'est pas que les gens n'aiment pas changer, c'est qu'ils n'aiment pas qu'on les change. Que d'efforts j'ai dû faire pour « ne pas agir » ! C'était très compliqué pour moi.

Mon objectif a besoin d'une pureté d'intention, qui n'est pas la recherche de la performance économique. Le monde X, c'est comment je fais pour réussir dans la vie, le monde Y, c'est comment je fais pour réussir ma vie. Je me suis apaisé. Je travaille encore trop, beaucoup trop. Mon job, c'est de mettre de l'input, de donner de l'inertie. Je veux faire ma part là-dessus. Aujourd'hui, l'énergie est présente et je vais pouvoir passer la main. Je forme à l'accompagnement ceux de mes coéquipiers qui en ont le désir. Je reste en veille comme un jardinier bienveillant sur ses légumes et je leur laisse le temps de pousser et de grandir.

L'exemple d'Alexandre Gérard, patron hyperactif, décideur infaillible et indispensable qui arrive un jour à lâcher les rênes de toutes ses entreprises pour partir voyager, illustre parfaitement cette seconde étape préalable à laquelle le leader éclairé est invité : vous devrez reconsidérer le périmètre de votre pouvoir décisionnel.

L'héritage des modèles hiérarchiques du passé fait encore peser aujourd'hui une responsabilité écrasante sur les épaules du « chef ». Pour beaucoup, le leader doit encore être celui qui détient la vision, possède des certitudes et prend toutes les grandes décisions. Les collaborateurs (et les citoyens) continuent de projeter inconsciemment sur leur chef cette image irréelle et porteuse d'attentes démesurées. L'ego du responsable

1. Issus de l'Analyse Transactionnelle, les drivers (ou « messages contraignants ») sont des messages inconscients acquis au cours de l'enfance qui influencent notre comportement ou nos réactions (notamment en situation de stress). Ils sont au nombre de cinq : « sois parfait », « dépêche-toi », « fais plaisir », « sois fort » et « fais des efforts ».

fait ensuite le reste pour lui faire accepter ce fardeau : d'abord parce que le pouvoir est grisant en soi et flatte l'orgueil. Ensuite parce que l'ego alimente une autre peur chez lui : que restera-t-il au manager – qui a déjà partiellement ou totalement quitté l'opérationnel – s'il renonce aussi à son pouvoir décisionnel ? Ne risque-t-il pas de devenir inutile et de disparaître ?

Ainsi, de nombreux responsables d'entreprise se retrouvent aujourd'hui pris au piège pernicieux de la toute-puissance : elle est très lourde à porter, mais ils ont peur de la quitter.

Si vous souhaitez pouvoir accueillir le pouvoir différent du leader éclairé, vous devrez prendre conscience du coût de cette toute-puissance et vous en libérer progressivement.

Cela nécessitera du courage, une remise en cause personnelle et peut-être, comme la plupart des leaders interrogés dans ce livre, un accompagnement par un professionnel. Mais la démarche vous procurera un allègement considérable et libérateur, tout en étant hautement bénéfique pour ceux que vous encadrez.

Voici quelques repères pour quitter la toute-puissance :

- *Refusez le costume de l'emploi.* Par votre travail sur votre rapport personnel au pouvoir, vous pouvez soulever avec discernement le joug de cette image enfermante du leader omnipotent et apprendre à ne plus vous y conformer. Vous pouvez reconnaître vos difficultés et vos souffrances et quitter la posture sacrificielle qui vous semblait peut-être inhérente à la fonction.
- *Libérez-vous du poids excessif de la responsabilité.* En ayant pris la mesure de la complexité du monde, de ses incertitudes et des aléas de la vie elle-même, vous pouvez, sans nier les responsabilités qui sont les vôtres, apprendre à vous en détacher, reconnaissant humblement que beaucoup de choses vous échappent. Une responsabilité trop écrasante ne sert personne : elle vous empêche de vous mettre à l'écoute de vous-même, de respecter votre propre équilibre et

d'économiser votre énergie pour peser là où vous pouvez vraiment agir.

– *Branchez-vous sur les bénéfices à lâcher le pouvoir.* Concentrer dans vos mains tout le pouvoir est devenu incompatible avec la recherche d'agilité et de résilience. Les compétences au sein de votre équipe sont souvent déjà là, le sens des responsabilités et la conscience professionnelle aussi. Un management paternaliste et infantilisant limite (voire éteint) les potentialités des collaborateurs. Donner le maximum de pouvoir décisionnel aux équipes les plus proches du terrain est la clé de la subsidiarité.

Ouvrez-vous à la puissance de la position basse

Il y a un troisième domaine dans lequel vous pouvez opérer une bascule intérieure essentielle : celui des relations avec votre équipe.

Une machine à décider de tout

Stéphane est le dirigeant d'un grand groupe de 15 000 collaborateurs en forte croissance. Il me confia un jour en séance qu'il ne se souvenait pas, au cours des quatre dernières années, avoir participé à une réunion sans avoir été en accord avec la décision finalement prise, décision qu'il avait soit influencée, soit prise de manière plus autoritaire. « Je suis devenu au fil de ma carrière une machine à décider de tout. C'est ce qu'on attendait de moi ». Stéphane entama son coaching parce que ce mode de fonctionnement était devenu épuisant pour lui mais aussi limitant pour son organisation en quête d'agilité et de subsidiarité. Face aux défis à venir, il voulait pouvoir s'appuyer sur son équipe. Secrètement, il aspirait aussi à vivre d'autres relations et rêvait d'une véritable aventure humaine.

Position haute

Pour beaucoup de managers, leur leadership s'exerce avant tout dans leur capacité à convaincre. Leur rôle est d'embarquer les autres vers les décisions qu'ils pensent être les meilleures. Beaucoup ont traduit ce rôle dans une posture « haute » que l'on pourrait qualifier aussi de dominante. Même s'il y met les formes apparentes du dialogue, un leader en posture haute a tendance à imposer ses idées, à occuper l'espace, à prendre beaucoup la parole et aime diriger les échanges. Cette posture très dirigiste est parfois nécessaire, souvent efficace, mais elle a aussi des inconvénients : le leader en posture haute a du mal à entendre (et encore plus à susciter) la contradiction. Il ronge parfois son frein en se forçant à écouter les autres. Si ses collaborateurs sont libres de leur parole et s'opposent à ses idées, il doit les convaincre et argumenter à nouveau avant, éventuellement, de passer en force. S'ils se sont soumis à son autorité, il se retrouve alors seul à porter la dynamique d'équipe, seul à prendre des décisions parfois difficiles et incertaines. Parce que nos prédécesseurs faisaient ainsi, nous sommes nombreux à avoir considéré cette position haute comme la posture naturelle d'un leader.

Cette position haute est cependant très coûteuse : elle consomme une énergie considérable, isole des autres (qui peuvent se sentir méprisés ou négligés), alimente une insécurité intérieure née de la solitude tout en empêchant les autres de grandir. *Et vous ? Avez-vous aussi parfois l'impression de « tout porter » seul(e) ?*

Il est probablement possible de conserver cette posture haute tout au long d'une carrière, d'être ainsi reconnu professionnellement pour son autorité incontestée (bien que bâtie en partie sur une forme de crainte). Mais au fond de nous, notre être aspire peut-être à autre chose… *Notre être aspire à une autre qualité de relation, y compris au travail. Si vous ressentez en vous cette forme d'incomplétude et de solitude dans votre rôle de leader, prenez-le temps d'écouter cette petite voix qui vous dit qu'il est possible de vivre autre chose avec vos collègues, sans pour autant abandonner les responsabilités qui sont les vôtres.*

Quand vous vous êtes débarrassé du contrôle et de la toute-puissance, vous pouvez quitter la position haute pour activer la puissance humble de la position basse.

Position basse

La position basse représente un mouvement intérieur authentique qui consiste à offrir délibérément et sans condition l'espace à votre (vos) interlocuteur(s). Elle s'ancre dans une attitude d'ouverture totale dans laquelle le leader se met volontairement « en réduction ».

Un leader en posture basse n'exerce plus de pression ni ne « porte » plus la dynamique de l'échange. Il n'est pas non plus obnubilé par la nécessité d'obtenir des résultats à l'issue de la réunion ni de donner des réponses ou des solutions. Dégagé de cette obligation de résultat, il peut se consacrer pleinement à l'instant présent, à ses interlocuteurs pour leur offrir une écoute et une attention d'une qualité supérieures.

La position basse n'a donc rien d'une manœuvre communicationnelle pour donner l'illusion de l'écoute. Elle est authentique car elle repose sur l'intention volontaire du leader de *lâcher-prise pour laisser venir.* Un manager en posture haute est tendu intérieurement vers un résultat à atteindre, celui en position basse est apaisé et prêt à accueillir la parole de chacun.

Voici quelques exemples d'un manager en position basse :

- Il sait observer, parler peu, favoriser la contradiction sans peur d'être remis en cause dans son rôle.
- Il sait demander aux autres de le challenger ou d'enrichir ses idées.
- Il ose dire « je ne sais pas » quand c'est le cas et demander de l'aide à son équipe.
- Il privilégie les questions aux solutions et aux conseils. Il offre des pistes ou un feed-back avec détachement et sans vouloir convaincre.
- Il adopte une posture de « service », au cours des échanges, se détachant de ses propres convictions (et de son ego) pour rester collé à l'intérêt du projet et du collectif.
- Il sait, avec discernement, laisser les autres prendre le risque de leurs décisions, même s'il y est défavorable, car il considère que les apprentissages qu'ils en feront priment sur leurs erreurs éventuelles.

Faites-en l'expérience, une première fois, lors d'une réunion ou d'un entretien (de préférence sans enjeu) : partez sans a priori, sans décision déjà prise, ni stratégie précise. Ouvrez-vous à l'autre, laissez-le prendre toute la place et diriger l'entretien. Essayez de privilégier l'écoute active (celle qui consiste à réellement écouter sans être déjà en train de penser à ce que vous allez répondre). Relancez l'échange avec des questions ouvertes et gardez-vous de donner à tout prix une solution. Alors, peut-être serez-vous surpris de voir les solutions émerger d'elles-mêmes : votre collaborateur a en lui de nombreuses ressources, votre simple écoute va peut-être l'aider à conscientiser de nouvelles idées. Car bien souvent, les personnes ne viennent pas chercher des solutions ni même des conseils, mais simplement un espace pour se déposer elles-mêmes, prendre du recul ou obtenir un simple feed-back.

Pour le leader comme pour son équipe, les bénéfices de la posture basse sont insoupçonnés et souvent surprenants.

Ils sont visibles en termes de gain en énergie (le leader ne se consume plus à « porter » les échanges), mais ils le sont encore davantage sur un plan plus personnel : la position basse autorise le partage des questionnements, des vulnérabilités et des besoins. Et cette autorisation pour l'autre vaut aussi pour lui. Une femme leader témoignait ainsi : « *Je n'ai plus peur de partager mes doutes. Et quand je suis en difficulté, je sais que je ne suis plus seule et que j'ai toute mon équipe à qui je peux demander de l'aide* ». Dans cette ouverture, vous ne perdrez rien en autorité, la source de celle-ci se sera simplement élargie : vous serez celui ou celle qui sait créer les conditions pour l'expression pleine de chacun.

Pour une équipe, la posture basse du leader est le catalyseur indispensable de l'intelligence collective. D'abord parce que celle-ci repose sur la condition évidente que rien n'est décidé. Ensuite parce qu'elle permet une contribution bien plus forte de chacun : « En s'appuyant sur une affirmation de soi ajustée qui n'a besoin de "manger" personne pour exister, le responsable en posture basse construit le futur avec l'énergie et la créativité de l'autre » constatent Christophe Le Buhan et Jacques Santini[1] qui ont accompagné de nombreux managers dans cette bascule de posture. À force de pratiquer la posture basse, il n'est pas impossible que vous finissiez par participer à des réunions sans même prendre la parole, voire, comme ce directeur que j'avais rencontré, à laisser volontairement une réunion d'équipe se faire sans vous... Vous aurez développé une telle confiance dans la capacité de vos collaborateurs à faire émerger des idées, des solutions et des décisions sans votre intervention que vous en viendrez naturellement à vous interroger sur les vertus et l'impact de votre présence même.

Dans le passage du « je » au « nous » au cours duquel vous initierez la transformation de votre organisation, la posture basse vous sera précieuse pour commencer

1. *Les fondements humains du leadership*, Éditions Démos.

à bâtir le rêve collectif. Dans la sécurité et la sérénité intérieures de la position basse, vous pourrez partager ce que vous avez dans le cœur sans chercher à convaincre. Vous pourrez partager votre rêve et votre idéal sans l'imposer aux autres. Vous pourrez accueillir leur réactions, positives comme craintives, tout en restant ouvert et centré sur l'intention positive et altruiste qui vous anime. Vous leur offrirez la possibilité d'écouter en eux ce que vos envies de changement éveillent *pour eux*. Vous leur donnerez la possibilité à leur tour de s'engager pleinement à vos côtés parce qu'ils auront vérifié que cela résonne et fait pleinement sens aussi pour eux.

INITIER LA TRANSFORMATION DE VOTRE ENTREPRISE

Votre transformation personnelle est la matière première du changement. Si vous souhaitez évoluer vers une organisation ou une équipe plus humaine, plus durable et « augmentée » (voir chapitre 9), c'est à vous qu'incombe la mission d'initier le mouvement. Le travail intérieur que vous aurez réalisé en sera le premier levier.

« L'exemplarité n'est pas une façon d'influencer les autres, c'est la seule » nous rappelle cette citation d'Albert Schweitzer. Ici, il ne s'agit pas d'être exemplaire dans une quelconque obligation comportementale ou morale (ce serait remettre un nouveau masque), il s'agit de l'être en incarnant et en assumant pleinement vos aspirations et votre désir de changement.

Les principaux changements à opérer dans les organisations ne relèvent plus de la technique, ils relèvent de l'humain. Les principales barrières qui empêchent le collectif de (re)trouver toute sa puissance ne peuvent être traversées au départ que par un petit nombre de volontés individuelles. Les collaborateurs ont développé une sensibilité particulière aux projets de changement : quand ces derniers ne sont que rationnels ou nécessaires, ils manquent de souffle. Quand les managers et les dirigeants s'exonèrent de la part qui les concernent, ils sont désincarnés. Les équipes ont besoin de sentir un supplément d'âme significatif et authentique pour s'engager à leur tour.

Si les politiques de Responsabilité Sociale et Environnementale ou les politiques de Qualité de Vie au Travail restent aujourd'hui limitées et non stratégiques, c'est parce la plupart des dirigeants n'en ont, en fait, pas ressenti le bien-fondé « dans leur chair ». Quand les libérations d'entreprises échouent, c'est que le responsable n'y a vu qu'une nouvelle méthode managériale propice à augmenter la performance. Les échecs l'ont démontré : pas de libération d'équipe réussie sans libération préalable de son leader.

C'est donc à vous qu'il importe d'ouvrir la voie, de prendre le risque du dévoilement et de tomber le masque en premier.

Si vous tombez le masque, les autres verront que c'est possible. Si vous vous autorisez à partager vos émotions, les autres, petit à petit, s'y mettront. Si vous osez partager vos rêves, les autres s'autoriseront à partager les leurs. Vous ne pourrez pas demander à autrui de faire les premiers pas : c'est bien à vous d'incarner dans une parole nouvelle ou dans un comportement différent le commencement de l'évolution que vous leur proposez.

Bien sûr, cette prise de risque vous exposera à de l'inconfort, à des mésaventures, à des moments angoissants peut-être. Mais vous y trouverez aussi, à n'en point douter, des victoires sur vous-même et des moments de grâce que vous ne soupçonnez pas possibles dans la sphère professionnelle.

Car il est une constante chez les pionniers éclairés : ils ne peuvent pas garder leur transformation pour eux-mêmes. D'abord parce qu'ils sont comme poussés à vouloir faire vivre aux autres la beauté de ce qu'ils ont rencontré. Ensuite, parce qu'ils n'ont en quelque sorte pas le choix : dissimuler leur évolution personnelle et leurs aspirations à leurs équipes les conduira vers une autre forme de tiraillement et de solitude qu'ils refusent. Ils ont une nécessité d'alignement qui ne les quitte plus.

Pour poser les premières pierres de cette nouvelle aventure, vous n'avez pas de long discours à faire ni de stratégie à « vendre » *: il vous faudra surtout incarner, vivre et partager ce qui vous anime désormais.*

Voici deux façons d'initier concrètement et en douceur la transformation de votre organisation :

- oser faire votre « *coming-out* spirituel » ;
- autoriser la parole vraie et l'expression des ressentis.

« *Coming-out* spirituel » : oser parler de soi pour ouvrir la voie

Cette étape, qui n'est pas nécessairement la première, n'est pas la plus facile. Pour celui qui cultive les bienfaits de l'humilité, elle peut même sembler paradoxale et donner le sentiment de se mettre en avant. Mais tôt ou tard, vous aurez à parler de vous de manière intime. Cela vous incombe car c'est aujourd'hui devenu une nécessité : compte-tenu de la nature de ce qui vous anime, vous ne pourrez embarquer vos équipes vers l'inconnu par la simple logique des idées.

Dans son discours à HEC en 2016[1], Emmanuel Faber, Directeur général du groupe Danone a marqué les esprits autant qu'il a touché les cœurs : il a parlé de lui, de son enfance, de ses rêves d'avenir et de notre « devoir d'utopie » pour les générations à venir. Aujourd'hui, cette articulation est nécessaire : partir de soi et parler de soi, en toute authenticité, pour ensuite évoquer ses désirs vibrants pour son entreprise et pour le monde. L'un ne va pas sans l'autre pour cette raison : *vos collaborateurs ont besoin de savoir à quelle profondeur s'enracinent vos désirs. Ils ont besoin de savoir si vous vous êtes engagé vous-même corps et âme pour les vivre.*

Ils souhaitent entr'apercevoir cette espérance qui vous pousse à prendre le risque du dévoilement pour partager vos aspirations au grand jour. Inconsciemment, ils veulent savoir à quelle source vous vous abreuvez et quelle a été la fêlure initiale qui a laissé passer la lumière.

---

1. https://www.youtube.com/watch?v=Jx-X8teJAfA

Votre responsabilité en tant que leader éclairé est donc d'oser témoigner de cette intériorité qui est vôtre. À bien des égards, vous êtes appelé à faire votre «coming-out spirituel». Il ne s'agit pas ici de perdre toute forme de pudeur ou de faire un grand déballage public de vos souffrances ou de vos joies, encore moins de parler de convictions religieuses. Il s'agit davantage de partager par quel processus personnel vous avez décidé de rompre avec les schémas et les croyances du passé et ce que vous en attendez pour vous-même en termes d'accomplissement.

Relater sa bascule personnelle

Lorsque j'ai commencé à intervenir auprès de leaders et à donner des conférences, j'ai ressenti que je devais relater ma propre bascule personnelle (comme je le fais d'ailleurs dans cet ouvrage) car je ressentais intuitivement que cela pouvait être utile aux autres. Mais parler de moi a été l'une des choses les plus difficiles à faire. Étant conscient de ne disposer d'aucune certitude, habitué à convaincre et à séduire, j'avais peur de ne pas trouver le ton juste. Je me sentais illégitime en partant d'expériences personnelles pour étayer des convictions que je pense valable pour beaucoup d'entre nous («mon expérience à moi n'était-elle pas par nature singulière?»). Je ne soupçonnais pas qu'au fond, mon cheminement personnel allait impacter au moins autant que mes idées.

Pour vous lancer la première fois, choisissez un auditoire bienveillant où vous vous sentirez en sécurité et clarifiez au préalable votre point de départ: quel a été votre «levier personnel», celui qui a vous donné l'envie, l'impulsion et la volonté de changer? Était-ce, comme ce dirigeant qui décida de libérer son entreprise parce qu'il réalisa un jour que certains salariés étaient en souffrance au travail, une réaction à une situation à laquelle vous voulez mettre fin? Est-ce un rêve que vous voulez voir advenir pour vous, pour vos collègues? Est-ce votre désir ardent de faire votre part dans l'évolution du monde? Puisez dans votre mission de vie comme dans votre éloge funèbre ce qui est le plus vivant pour vous. Mettez des mots sur vos déclics personnels.

Dans cet exercice de dévoilement, gardez à l'esprit que les mots n'ont au final qu'une importance relative: les personnes ressentent quand votre parole vient du cœur. Rappelez-vous qu'il n'est nul besoin ici de convaincre qui que ce soit, ni de trouver la formule ou le raisonnement parfaits pour être compris. Si vous désirez partager l'expérience de vie, l'illumination ou l'épreuve qui vous ont amené à vouloir vivre et créer autre chose dans votre organisation, faites-le en toute simplicité dans un mouvement de don. N'ayez pas envie de changer les autres, de les faire adhérer à quoi que soit : soyez détaché de toute attente à leur encontre et de tout résultat à obtenir. Sans arrière-pensée, partagez leur plutôt cette flamme nouvelle qui vous habite. Montrez leur l'homme ou la femme qui se cache derrière le manager, laissez-leur entr'apercevoir l'enfant qui se cache derrière les rêves.

Peut-être n'aurez-vous pas immédiatement les réactions visibles que vous escomptiez mais n'en tirez aucune conclusion : ce type de discours n'est pas encore monnaie courante en entreprise et, bien souvent, les gens ne savent pas comment réagir. Mais soyez confiant et patient car la graine est semée. Et même si elle ne pousse pas comme vous pourriez l'espérer, vous aurez, vous-même, en rendant visible à autrui ce qui vous anime d'essentiel, fait un grand pas de plus dans votre alignement personnel.

Activer le potentiel de la parole vraie

Témoignage de Thierry Perrier, ex-président de Guichon Valves

Au moment de notre entretien, Thierry Perrier, 54 ans, vient de quitter l'entreprise Guichon Valves[1] *qu'il avait rachetée 14 ans auparavant. Nous nous étions connus au cours d'une retraite que j'animais en Normandie et j'avais découvert alors tout ce que Thierry avait osé mettre en place dans cette PME industrielle et internationale : gouvernance partagée, salle de méditation, vélos électriques, ruches sur les toits mais aussi et avant tout une conception des relations humaines d'une autre nature.*

À 23 ans, j'ai vécu une expérience de vie fondatrice en passant un an au Brésil, dans une ONG. C'était une sorte de job de « missionnaire » qui a semé chez moi des graines de conscience. Il fallait cinq jours (dont trois jours de bateau) pour arriver sur les lieux ! J'étais attiré par le côté « aventure » dans la forêt amazonienne, le côté sauvage au service d'une bonne cause même si celle-ci n'était pas forcément très conscientisée. Ce fut un changement de référentiel total pour moi ainsi qu'une rencontre incroyable avec le monde végétal et animal. En fait, cette aventure faisait

---

1. www.guichon-valves.com/

écho avec mes envies d'enfant. J'ai fait ce premier choix d'adulte pour aller à la découverte de moi-même, de commencer à retirer des pelures de l'oignon.

À 26 ans, j'ai pris la décision importante de quitter Paris pour aller vivre à Annecy, pour me rapprocher de la nature. L'alpinisme m'a procuré des moments et des joies inoubliables, des moments de très forts engagements avec les autres, accroché à la paroi pendant des nuits. D'autres expériences (dont un voyage en Inde) ont forgé en moi ce désir de dépasser les filtres culturels pour aller à la rencontre véritable de l'autre, dans l'intime.

À partir de 45 ans, je me suis investi dans l'approche bouddhiste qui est venue mettre des mots sur tout cela. Le lien, l'interdépendance sont quelque chose d'essentiel pour moi. Nous sommes tous liés. Les choses, individuellement, sont dépourvues d'existence. Cette philosophie m'a apporté une certaine douceur car j'ai été très longtemps dans la performance et l'exigence. J'y ai vu une capacité à me regarder autrement: le lotus fleurit mais ses racines, elles, poussent dans la boue. On peut aller regarder ses zones d'ombre en étant bienveillant avec soi-même. J'ai suivi au monastère de Karma Ling des enseignements qui m'ont vraiment parlé.

En 2014, j'ai fait une formation au coaching, formation très identitaire qui m'a amené à me poser les questions de «qui je suis» et «qui je veux être» pour aller vers mes envies et ma vocation. Cette formation a été un accélérateur. J'ai beaucoup travaillé sur les regrets de fin de vie et je me suis alors dit: «je n'ai pas envie de crever avant de rendre ce que la vie m'a donné et ce que tous ces gens m'ont donné et transmis. Je me suis mis à chialer quand j'ai réalisé que si je mourais demain, je ne pourrais pas rendre au monde tout ce qu'il m'avait donné». Je considère que j'ai eu beaucoup de chance dans ma vie. J'ai une gratitude énorme et un besoin impérieux de rendre. J'ai aussi découvert une espèce de «kiff» émotionnel très fort à donner; à tel point que je me suis demandé si ce n'était pas une drogue…

J'ai envie de rendre aussi à la Nature pour tous ces moments d'harmonie et de plénitude qu'elle m'a donné. Contempler un paysage me procure quelque chose pour lequel je n'arrive pas à mettre des mots. J'ai juste envie que cela continue, que cela ne soit pas détruit. C'est aussi très lié au monde auquel je veux contribuer, celui d'une paix économique, de relations apaisées. J'ai envie d'amener cette conscience sur une relation apaisée à soi, aux autres, dans les organisations et dans une conscience écologique.

Je recherche aussi depuis toujours des rencontres d'âme à âme. Cela me nourrit et me met dans un état de ravissement. Cela m'invite à donner le meilleur de moi-même dans la rencontre. Quand une relation se banalise, il faut que je me réinvente, que je remette une bûche. Dépasser les conditionnements pour rencontrer l'autre, c'est merveilleux. Je me sens nourri par ce type de rencontre. Chacun vit un peu en moi après.

Dans l'entreprise, j'ai beaucoup valorisé la diversité. Tout le monde a sa place, tout le monde est différent. Nous avons notamment beaucoup féminisé l'entreprise. Dans notre boîte, les rares femmes occupaient surtout des postes de secrétaires. Aujourd'hui, il y a trois hommes et trois femmes dans le comité de direction. Ce dont je suis fier, c'est que l'on s'est vraiment intéressé aux personnes. J'ai cet exemple du recrutement d'une femme de ménage à qui nous avons demandé ce qu'elle savait faire mais aussi voulait faire. Au final, nous l'avons embauchée en production, puis elle est devenue responsable du magasin. On ne reste pas figé sur la formation initiale des gens, on regarde plutôt où la personne va donner le meilleur d'elle-même pour le bien de l'entreprise. On a fini par externaliser complètement le ménage…

Je crois qu'il est essentiel de porter ce regard qui fait grandir. Il y a derrière cela une notion d'amour, même si c'est un « gros » terme et que j'ai du mal à l'employer. Mais, *in fine*, c'est bien de cela dont on parle. Alors, parce qu'un escalier se balaye par le haut, c'est bien au leader de démarrer : par un geste, un regard, une parole qui fait grandir, un droit à l'erreur. C'est aussi ce pardon envers la personne, même si tu es en colère contre elle car cela fait trois fois que tu lui dis la même chose. Il y a une question centrale autour de la présence ou comment cultiver non seulement une disponibilité mais une qualité de présence à l'autre.

En interne, nous sommes allés sur deux valeurs clés : l'enthousiasme et l'authenticité. On a traduit ces valeurs en comportements après un vrai travail de chaque service. Ces valeurs sont concrètes : les entretiens annuels ou les embauches sont basés dessus. Quand on parle d'enthousiasme, c'est d'ouverture, de curiosité à l'autre, de la façon de se ressourcer. Dans l'authenticité, c'est le fait d'être soi-même. Et être soi-même, c'est aussi pouvoir dire « aujourd'hui, j'ai mal dormi alors je ne peux pas être enthousiaste. Ne m'embêtez pas et je ferme ma porte » et c'est très bien comme ça. Il y a une autorisation de parole et une autorisation de ressenti.

Bien sûr, cela a pris du temps. Je me souviens la première fois où on a demandé à un soudeur en réunion : « si tu étais un animal, lequel serais-tu ? ». Le gars a répondu : « vous avez fumé la moquette ? Je vais vous faire le canard ». Ou quand on dit en fin de réunion : « Avec quoi repartez-vous, comment vous sentez-vous ? », la réponse était au début

« c'était une bonne réunion ». Alors, on répond « mais toi, comment tu te sens ? ». Et la seconde réponse fuse : « faites c.. avec vos questions ! » (*Rires.*)

C'est moi qui ai lancé ou soutenu ces deux valeurs. J'ai dû être exemplaire dans ce travail dans lequel il y a une notion de permission : je leur ai montré des doutes dans des situations où, les premières années, je ne me serais jamais autorisé à cela. J'avais tout pouvoir dans ma boîte, je pouvais décider de tout mais je me suis autorisé à douter de moi-même, à regarder mes ombres... Ça, c'est mon boulot intérieur. Mais de façon plus pragmatique, je me suis aperçu que, si moi je pouvais bosser 70 heures par semaine (je n'en suis pas forcément fier aujourd'hui), cela ne suivait pas derrière. J'ai réalisé que si je ne montrais pas moi-même des signes de faiblesse et de doute, les autres ne s'ouvriraient jamais. En fait, j'apportais trop d'énergie, plaçant les autres dans un système de dépendance. Je me suis aperçu que laisser de la place crée un appel d'air pour les autres.

Ensuite, il y a une dimension de pilotage par le sens. Que ce soit en mode hiérarchique, transverse ou projet, on ne peut plus diriger les personnes sans le sens. J'ai posé ainsi la question : d'accord, nous produisons des vannes mais comment peut-on s'impliquer personnellement pour y mettre du sens ? Nous avons alors dépassé la notion de rapport qualité/prix pour aller vers le fait que notre produit va durer 30 ou 40 ans et qu'il consommera ainsi moins d'énergie, moins de transport et moins de matière. On a ainsi réinscrit notre métier dans une perspective plus large. Il est important de redonner aussi le sens des missions de chacun. Trop souvent, on démarre les réunions bille-en-tête sur les choses à faire ou à décider. Il faut savoir régulièrement remettre le sens au centre : « pourquoi sommes-nous là ? » Cela ne prend que deux minutes. Puis, en posant le cadre juste pour des échanges, chacun peut sentir qu'il appartient au groupe et qu'il sera écouté : nous démarrons par une inclusion puis nous rappelons que nous allons échanger des représentations. C'est le souci du sens permanent. Sinon, on oublie vite pourquoi on fait ce qu'on fait.

Le développement personnel est aujourd'hui devenu non négociable dans l'entreprise. Ma responsable Développement du Capital Humain va même plus loin que moi désormais. Nous assumons le questionnement existentiel : « qu'est-ce que je suis venu faire ici sur cette Terre et, donc, qu'est-ce que je veux faire ? » avec le risque que certains, un jour, ne se retrouvent plus dans le projet.

Mon conseil aux décideurs qui hésitent, c'est : « osez ». On n'embarque pas tout le monde mais il y a souvent des bonnes surprises. La première étape, c'est oser faire le premier petit pas.

La passion de Thierry pour les relations profondes, soutenue par une gratitude immense qui le pousse à redonner ce qu'il a reçu, lui a permis d'initier une transformation surprenante dans son entreprise. Écoutant ce besoin qu'il a chevillé en lui, il a progressivement installé avec ses équipes une autre façon de se parler, de se regarder. Ce qui s'est traduit en rituels et en processus très concrets ainsi qu'en projets collectifs enthousiasmants. Il a écouté ce à quoi il aspirait et a osé franchir le pas de le proposer aux autres, sans l'imposer et avec beaucoup de respect, mais sans s'arrêter non plus aux premières réactions.

Soyons cohérents, les entreprises du XXIe siècle recherchent aujourd'hui un niveau d'engagement très élevé, attendent des collaborateurs des idées disruptives voire utopistes et ont besoin d'une agilité et d'une résilience collective indispensables pour survivre. S'il faut donc aujourd'hui mobiliser le cœur en plus de la tête et des bras, il n'est plus possible de continuer à exclure les émotions (qui permettent de mobiliser l'intelligence du cœur) ni les aspirations personnelles de chacun : émotions et aspirations sont le terreau d'un engagement plus complet et d'idées radicalement nouvelles.

Oui mais voilà, l'entreprise n'a jamais été un lieu d'expression vraiment libre de la parole : compétition, conformité, peur du jugement, crainte des conséquences politiques ou d'une éventuelle sanction ont habitué les collaborateurs à mesurer leur parole et à contenir les élans du cœur.

Pour activer le potentiel cœur de votre équipe et installer progressivement une parole plus libre et fertile, commencer par l'expression des *ressentis* individuels représente une première étape accessible et merveilleuse à la fois.

À nouveau, c'est au leader qui a travaillé sur lui d'ouvrir la voie. Parce qu'il gommé la peur que les choses lui échappent et bâti une sécurité intérieure qui lui permet de partager comment il se sent lui-même, il peut instaurer le climat propice pour que chacun dans son équipe puisse s'exprimer à son tour, pleinement, en tant qu'être humain avant que collaborateur. Avec un immense respect pour la pudeur et les limites de chacun, c'est à lui de commencer une réunion ou un entretien *autrement* pour que, petit à petit et avec le temps, chacun se sente suffisamment en confiance pour écouter en lui et partager ce qui le traverse. Car ce qui le traverse, que cela soit positif ou négatif, est une richesse potentielle pour tous.

Un simple temps dédié à cela suffit et c'est au leader de le proposer dans l'espoir de le propager. Des entreprises pionnières proposent ainsi un tour de « météo intérieure » avant d'attaquer l'objet de la réunion proprement dit. Il s'agit d'offrir un temps de reconnexion à soi (au « je ») – qui peut être l'objet d'un court moment méditatif ou de silence préalable – pour savoir ce qui est vivant en soi à cet instant : « à cet instant précis, quelle est ma météo intérieure ? Quelle(s) sont les émotions, états d'âme qui me traversent ? ». Cette reconnexion à soi que chacun partage à voix haute permet la (re)connexion au « nous », au collectif.

Il ne s'agit donc pas ici d'un simple « *ice breaker* » comme l'utilisent parfois certains consultants. Il s'agit d'aider la personne à contacter et oser partager ce qu'elle *ressent*. Pour certains, cela sera plus difficile que pour d'autres car l'accès à leurs émotions ne leur est pas facile mais ce n'est pas grave : la magie opérera aussi pour ceux qui s'exprimeront peu car ils seront nourris par l'expression des autres et les résonnances qu'elle créera pour eux.

La première fois, ce sera peut-être (mais pas obligatoirement) à vous de prendre la parole en premier. Prenez conscience que, dans ce registre, c'est vous qui donnerez le « la », le niveau de profondeur et d'authenticité que vous autorisez à tous car vous vous l'appliquez à vous-même. Plus vous irez loin, plus vos collaborateurs pourront vous emboîter le pas. C'est à vous d'oser mettre des mots sur vos émotions, de montrer une sensibilité voire une fragilité que vous n'aviez peut-être pas pris l'habitude de partager. Dans cet exercice, restez toujours vous-même ! Ne surjouez rien, cela équivaudrait à enlever un masque pour en remettre un autre et, de toute façon, vous ne feriez pas illusion longtemps. Donnez-vous aussi le temps et le droit d'y aller vous aussi à petits pas en exprimant peut-être que cela ne vous est pas facile non plus. N'oubliez-pas qu'il ne s'agit pas ici de permettre aux gens de « se lâcher » : il s'agit de les autoriser à inviter progressivement et en conscience leurs états d'âme et leurs ressentis parce qu'ils sont précieux pour le collectif.

Le partage des ressentis génère une égalité intrinsèque de fait entre les participants, qui se relient ainsi les uns aux autres en partageant un bout de leur humanité commune que sont leurs sentiments ou leurs petits et grands tracas. *Cette qualité d'échange et de lien est nouvelle dans l'entreprise mais ne vous y trompez pas, elle est en réalité profondément transformatrice pour une organisation.* Elle répond à ce besoin humain que nous partageons tous : nous aspirons à être aimés, à être accueillis inconditionnellement. Nous voulons sentir que nous ne sommes pas inadéquats, que nous n'avons pas besoin de changer quoi que soit ni de nous améliorer sans cesse par peur de ne pas être aimés. Quand nous sentons cette qualité d'accueil inconditionnel de notre personne, la peur cède la place à la confiance et nous pouvons alors librement exprimer nos envies, nos doutes, nos espoirs et nos idées sur les sujets professionnels qui nous concernent.

Travaillez en cercle !

Une réunion avec un cercle de chaises (donc sans table en « U » ni rien d'autre au milieu) matérialise concrètement l'égalité intrinsèque propice à la parole vraie :

- dans un cercle, chacun a sa place et peut être vu de tous (il est aussi plus difficile de se « cacher ») ;
- il n'y a personne au centre, donc pas de chef ;
- chacun est invité à parler à son tour avec un temps de parole défini, avec, toujours, la possibilité de passer son tour.

Symboliquement, le cercle active notre inconscient collectif symbolique : il relie chacun dans un tout plus grand, l'espace au centre représentant l'espace commun du collectif dans lequel chacun peut venir déposer ses sentiments, ses états d'âme, ses besoins et, bien sûr, ses idées.

Même si c'est bien à lui de prendre le premier risque, libérer la parole vraie apporte au leader éclairé bien plus qu'il ne lui coûte. La joie de pouvoir être lui-même d'abord. Puis celle de voir les autres progressivement faire de même. Il constatera que les non-dits, qui freinent tant d'équipes, pourront s'exprimer en toute sécurité. La nature des liens sera considérablement enrichie.

N'ayant plus à consacrer de l'énergie à dissimuler ce qu'il vit, branché sur ce qu'il ressent dans l'instant présent, le leader peut alors découvrir un autre cadeau : le pouvoir de la simple *présence*.

Offrir votre présence

Avez-vous déjà rencontré une personne dont la présence semble emplir toute la pièce dans laquelle elle rentre ? Je ne parle pas ici de l'entrée d'un chef redouté ni d'une personnalité connue qui imposent le silence par leur autorité ou leur prestige. Je fais plutôt référence à cette présence silencieuse et sereine qu'incarnent parfois des « sages » ou des maîtres spirituels. Il en émane une solidité et une paix qui inspirent la confiance alors qu'ils n'ont même pas encore pris la parole. Cette parole est d'ailleurs souvent pesée et riche et se combine avec une attitude et une énergie d'ensemble qui marquent souvent les esprits avec une empreinte profonde.

La plupart des leaders d'entreprise, même ceux censés être moins accaparés par l'opérationnel, offrent une qualité de présence et d'attention médiocre à leurs interlocuteurs. Pressés par le rendez-vous suivant, coupés de leurs propres ressentis corporels et émotionnels, souvent agités par le besoin compulsif de décider, *ils négligent la puissance de la présence* (et font sans le savoir un mauvais usage de leur énergie et de leur temps). Ils sont physiquement dans la pièce mais ne sont pas pleinement et totalement attentifs à ce qui va se jouer dans l'instant présent, en eux-mêmes et chez l'autre.

En tant qu'être humain, rappelez-vous que l'une des plus belles choses que vous pouvez offrir à un autre être humain, c'est votre présence, pleine, entière et attentive. Une qualité de présence fait une grande différence :

- elle signifie aux autres à quel point ils sont important à vos yeux ;
- elle vous permet de rester au contact de vous-même pour continuer à montrer à vos collaborateurs le chemin en partageant vos ressentis et pas simplement vos idées ;
- elle vous permet de rester vigilant à conserver une position basse propice aux échanges fertiles et profonds.

À bien des égards, la qualité de présence est la marque visible des leaders éclairés. Elle traduit autrement que par des mots et des actes le travail intérieur réalisé. Elle manifeste concrètement la patience, l'ancrage et l'ouverture qui seront nécessaires à la transformation du collectif. Elle y concourt aussi directement car la qualité de présence est contagieuse :

votre propre présence a la faculté invisible de réveiller celle des autres. Elle a la capacité silencieuse de les inviter à leur tour à écouter en eux ce qui les anime.

Pour vous rendre présent, il faudra d'abord vous rendre compte que vous ne l'êtes pas. C'est l'un des objectifs des pratiques méditatives comme la pleine conscience : nous aider à prendre conscience que, très souvent, nous ne sommes pas à ce que nous faisons. Notre esprit est ailleurs, en train de vagabonder, ruminant le passé ou imaginant l'avenir. Un état intérieur agité – par des pensées et des émotions – nous empêche de nous brancher véritablement sur l'autre et sur le présent. Il nous empêche aussi d'accueillir le « neuf ».

Comment faire pour démarrer une réunion avec une belle qualité de présence ?

Une haute qualité de présence ne s'acquiert pas en un jour mais au fil d'une certaine pratique. Vous pouvez commencer dès maintenant à la cultiver en adoptant quelques habitudes simples avant de démarrer un entretien ou une réunion :

- Offrez-vous un *sas de décompression* avant de démarrer : une pause pour respirer, un moment d'inactivité, une « minute de rien », une courte marche. Il existe une pléthore d'outils de centrage destiné à calmer le flot des pensées. Beaucoup d'entre eux passent par l'écoute des sensations corporelles, ce qui a la vertu de refocaliser l'esprit sur le présent.
- Avant de démarrer, reconnectez-vous à votre intention pour cette réunion. Si l'enjeu est important, rebranchez-vous sur votre mission de vie.
- Abordez le moment qui s'ouvre sans attente : vous connecterez ainsi la sérénité de celui qui n'a rien à atteindre ni à vendre.
- Suspendez votre jugement : rendez-vous disponible pour accueillir chacun comme il est, chaque idée, chaque surprise.
- Régulièrement au cours des échanges, revenez à vous et vérifiez que nous n'avez pas été aspiré « hors de vous » par les échanges. N'hésitez-pas à vous offrir des micro-pauses ou de courts temps de silence pour cela.

CONCLUSION : VOTRE VÉRITABLE POUVOIR ÉMANE DE VOUS

Votre véritable pouvoir n'émane que d'une seule source : vous-même. C'est de votre propre transformation personnelle qu'émanera celle de votre entreprise.

Après avoir remis l'ego à sa juste place et clarifié votre mission de vie, votre chemin d'humilité vous invitera logiquement à vous libérer de la toute-puissance et à endosser une position basse d'humilité au service de vos équipes.

Vous détenez alors le pouvoir de traduire les élans formidables et généreux qui vous traversent en nouvelles voies pour votre organisation. Votre rôle, c'est d'oser écouter ce que vous ressentez pour le faire advenir dans le réel.

Vous êtes une passerelle vivante entre l'être et le faire. Votre devoir est de garder le cœur ouvert même dans l'adversité pour rester au plus proche de vos élans existentiels car ceux-ci vous montrent la voie à emprunter.

Pour cela, vous devez assumer votre rôle d'éclaireur et chérir ce canal que vous avez ouvert en vous. Vous devez le faire car c'est nécessaire et utile aux autres. En faisant cela, vous commencerez à endosser réellement la dimension spirituelle de votre rôle de leader.

8

ENDOSSER LA DIMENSION SPIRITUELLE DU LEADERSHIP

Je sais qu'il est possible que des leaders utilisent leur pouvoir
et leur influence, leur discernement et leur compassion,
pour aider les gens à retrouver la compréhension
de que ce qui fait de nous des êtres humains.

Margaret Wheatley

L'ENTHOUSIASME QU'A SUSCITÉ EN VOUS VOTRE LIBÉRATION personnelle vous a permis de trouver le courage nécessaire pour faire souffler un vent d'humanité nouveau dans votre organisation. Vous avez ouvert la voie de sa transformation profonde.

Mais vous pouvez aller plus loin.

Si vous poursuivez votre travail d'intériorité, si vous restez au plus proche de vous-même et de votre mission, vous pouvez ajouter une véritable dimension spirituelle à votre rôle de manager ou de dirigeant.

Vous pouvez enrichir votre façon de décider, développer votre capacité à insuffler du sens et hisser vos équipes au meilleur d'elles-mêmes. Vous pouvez devenir un leader capable de ressentir l'invisible et de vous laisser traverser par des intuitions puissantes et précieuses pour guider votre entreprise dans l'incertitude de l'avenir.

Ce leadership spirituel, votre entreprise en a besoin pour accéder à un nouveau stade de développement et de conscience. Mais vous êtes aussi appelé à rayonner au-delà : la société tout entière peut bénéficier de la parole différente de leaders branchés sur leurs aspirations les plus hautes.

★★★★★★

OUVRIR L'ENTREPRISE À L'INTELLIGENCE SPIRITUELLE

Chaque individu cultive en lui, de façon plus ou moins consciente, une certaine dimension spirituelle. Chez les managers d'entreprise, elle est donc également présente mais pour la grande majorité d'entre eux, elle n'est pas conscientisée. Elle relève du domaine strictement personnel, comme un «jardin secret» que l'on cultive «à côté», sans lien direct avec son engagement professionnel.

Ce cloisonnement étanche entre nos aspirations existentielles et ce que nous faisons et pensons dans le cadre de notre travail est en train de se fissurer, lentement mais sûrement, car nous sommes doublement perdus :

- Nous sommes désalignés en tant qu'individus car cette part spirituelle qui sommeille en nous ne peut se satisfaire d'un travail dont le sens profond nous échappe et qui contribue au sentiment d'alimenter parfois un modèle de société à bout de souffle.
- Notre sommes désorientés en tant que manager car l'incertitude de l'avenir et la complexité de l'environnement dépassent désormais nos seules facultés intellectuelles. Planifier, organiser, gérer, contrôler, évaluer ne suffisent plus. Il faut désormais réapprendre à rêver demain pour redonner de la perspective et du sens à l'aventure collective.

Alors, de façon subtile et imperceptible, notre intelligence spirituelle se rappelle à nous. Si elle se manifeste souvent d'abord de façon négative en générant du mal-être, de la frustration ou un sentiment diffus d'incomplétude, elle n'en est pas moins une ressource précieuse présente en nous. Les aptitudes qu'elle nous confère peuvent et doivent être mises à profit pour le bien de tous.

Nous rentrons dans une nouvelle phase de l'évolution des organisations humaines : une phase où il devient nécessaire et urgent de permettre aux individus d'inviter toute leur humanité au travail et à ce titre, toutes leurs intelligences.

Cette évolution rejoint le «paradigme de la personne entière» décrit par Stephen Covey[1] comme une vision de l'homme au travail qui lui permettrait de mobiliser ses quatre intelligences : l'intelligence rationnelle, l'intelligence émotionnelle, l'intelligence du corps et l'intelligence spirituelle qu'il décrit comme la plus importante de toutes : «l'intelligence spirituelle est la plus centrale et la plus fondamentale de toutes car elle est la source de guidage des trois autres». Frédéric Laloux évoque lui aussi la dimension spirituelle dans la notion de «*wholeness*» («complétude») qu'il a observé dans les organisations opales[2] : la possibilité pour les personnes de laisser s'exprimer ce qu'il nomme leur «moi profond» et leurs aspirations.

Faisant abstraction de toute référence à la religion, la recherche sur l'intelligence spirituelle progresse depuis la fin des années 90. L'un des premiers ouvrages à cerner cette notion est celui de Danah Zohar[3] qui évoque le quotient spirituel (en référence aux quotients intellectuel et émotionnel bien connus), en détaillant douze principes sous-jacents pouvant le caractériser chez un leader :

Les 12 dimensions du quotient spirituel selon Danah Zohar

1. *Conscience de soi* : savoir ce en quoi on croit, ses valeurs et ce qui nous motive profondément.
2. *Spontanéité* : vivre dans l'instant présent et être réceptif à ce qui se présente à nous.
3. *Être guidé par une vision et des valeurs* : agir selon des principes et des croyances claires et vivre en cohérence avec elles.
4. *Approche holistique* : voir une vision large des schémas, des relations et des interconnexions et posséder un fort sentiment d'appartenance.
5. *Compassion* : avoir la capacité de «ressentir avec» et de l'empathie.
6. *Célébrer la diversité* : valoriser les autres pour leurs différences.
7. *Indépendance* : être capable de faire face à la foule et d'avoir ses propres convictions.
8. *Humilité* : avoir le sens d'être un acteur dans une pièce bien plus grande que soi, avoir conscience de sa véritable place dans l'ordre du monde.

☞

1. *La 8e habitude* – Stephen Covey.
2. Organisation opale : ce terme est utilisé par Frédéric Laloux pour qualifier les entreprises fonctionnant selon des paradigmes caractérisant le stade ultime possible de leur évolution.
3. Danah Zohar et Ian Marshall, *SQ : Connecting With Our Spiritual Intelligence* – 2000.

☞

9. *Questionner régulièrement le «pourquoi» fondamental*: besoin d'aller à la source de la compréhension des choses.
10. *Capacité à recadrer les choses*: savoir prendre du recul par rapport à une situation ou un problème pour voir la situation dans son ensemble dans une perspective plus large.
11. *Acceptation de l'adversité*: apprendre et grandir des échecs, des revers et de la souffrance.
12. *Sentiment de vocation*: sentiment d'être appelé à servir, à redonner quelque chose.

Plus que jamais, la spiritualité a besoin d'investir le champ du management et la gouvernance des organisations. Mais le décréter ne servira à rien : les personnes ne sauront ni comment faire (le chemin) ni ce qui est réellement permis par l'entreprise (l'autorisation de l'emprunter). Une fois de plus, l'exemple prévaudra sur tout discours ; c'est donc aux leaders éclairés qu'il revient d'incarner dans leur parole, leur comportement et leur décisions cette autorisation spirituelle nouvelle dans l'entreprise.

Bien sûr, cette dimension nouvelle du leadership peut vous faire peur. Le mot «spirituel» parait encore incongru et risqué en entreprise. Vous n'avez sûrement pas envie d'être qualifié de gourou, de «perché» ou d'illuminé. Aucun des leaders interviewés dans ce livre ne m'a témoigné ce type de mésaventure. À vrai dire, la plupart d'entre eux n'utilisent le vocable «spirituel» qu'avec parcimonie. Mais ils en ont intégré l'essence dans leur regard, leur façon d'être, de décider et d'impacter le monde. Il semble qu'endosser la dimension spirituelle du leadership se fasse progressivement. Le chemin est surement sans fin mais il donne accès à des aptitudes surprenantes.

ENDOSSER LA DIMENSION SPIRITUELLE POUR SERVIR VOTRE ENTREPRISE

Aider chacun à se découvrir et à s'accomplir

Si, au cours de votre évolution personnelle, vous vous êtes débarrassé des couches de l'ego pour accéder à la singularité de votre être, alors, inévitablement, votre regard sur l'autre changera. *Car quels que soient notre âge ou notre éducation, notre sexe ou notre statut social, sur un plan spirituel, nous sommes tous d'égale valeur.* Chacun recèle en lui des trésors inestimables qu'il peut découvrir et offrir au monde.

Nos habitudes mentales (notamment notre irrépressible besoin de classer les gens en les jugeant) nous ont souvent amenés à étiqueter les personnes avec lesquelles nous travaillons (en fonction de leurs compétences, de leur caractère, de leur âge...) les enfermant ainsi dans une image réductrice d'elles-mêmes. En tant que leader éclairé, il vous est possible de *changer votre regard.* Riche de votre propre redécouverte de vous-même, vous pouvez, par un simple décalage de perception, réapprendre à voir la personne entière derrière le collègue. En cultivant une attitude bienveillante et ouverte, vous pouvez voir en elle des choses qu'elle ne distingue pas elle-même. Vous pouvez poser sur elle un regard révélateur de potentialités, comme pour lui dire : « je vois – en toi comme en moi – une source extraordinaire de richesse. Je vois un être, avec toutes ses lumières et ses ombres, ses forces et ses limites. Et j'accueille tout cela sans jugement ».

> LA QUATRIÈME APTITUDE SPIRITUELLE
> DU LEADER ÉCLAIRÉ CONSISTE À AIDER L'AUTRE
> À SE DÉCOUVRIR ET À S'ACCOMPLIR PAR SON TRAVAIL.

Aider l'autre à découvrir sa singularité

Faire grandir ses collaborateurs fait depuis longtemps partie des motivations (et des responsabilités) des managers. Mais votre rôle n'est pas ici d'aider l'autre à devenir plus performant, plus polyvalent ou plus communiquant. Ce n'est pas non plus d'investir en lui de manière intéressée pour en faire le collaborateur idéal de demain. Il s'agit ici d'aller au-delà. *Votre rôle, c'est d'éveiller ce qu'il y a de meilleur en lui en tant qu'être humain.* C'est de lui permettre d'entr'apercevoir la richesse de ce cocktail unique de talents, de qualités et peut-être de blessures qu'il possède et qu'il peut offrir au monde. C'est lui donner l'autorisation et l'envie de l'explorer. En faisant cela, vous ne faites que l'inviter à prendre le chemin que vous avez emprunté pour vous-même : un chemin de connaissance et d'alignement avec soi dont la finalité n'est pas simplement professionnelle mais bien existentielle.

En partageant avec l'autre ce que vous voyez de lui, vous l'aidez à se révéler à lui-même. En lui confiant une tâche, un poste, un rôle à jouer dans le collectif qui ne répond pas à une simple logique de compétence mais qui correspond à cette singularité qui est la sienne, vous l'aidez à s'approprier ces facettes de lui-même qu'il ne se connaissait pas ou n'osait pas montrer.

Point de vigilance

Dans cette intention spirituelle pour l'autre, veillez à ne pas avoir de projet sur lui. Gardez-vous d'avoir des attentes en matière de résultats. Cultivez l'attitude « 100 % désir, 0 % attente ». N'endossez pas non plus une responsabilité vis-à-vis de la personne : chacun est responsable de son propre développement spirituel. Votre rôle se limite ici à ouvrir une porte, c'est à l'autre de décider de la franchir. Aucun manager n'a l'autorisation morale de demander à autrui de s'accomplir. De toute façon, imposer quoi que ce soit dans ce domaine serait contre-productif : on ne tire pas une plante pour la faire pousser, on lui offre la meilleure terre, on veille à son ensoleillement et on l'arrose.

Il n'existe ni recette ni méthode reconnue pour aider l'autre à s'accomplir. Mais le point de départ sera toujours le regard que vous posez sur l'autre et la pureté de l'intention altruiste et désintéressée que vous avez à son égard. Si la tâche vous paraît ardue, si vous ne savez comment vous y prendre, à nouveau, puisez-en vous, dans votre propre histoire : vous aussi, dans votre vie, vous avez rencontré des hommes et des femmes qui ont posé sur vous ce regard qui révèle et fait grandir.

Temps de réflexion : ceux qui ont vu en vous vos potentialités

- Reparcourez votre histoire personnelle et identifiez trois ou quatre personnes (de votre entourage familial, amical ou professionnel) qui ont marqué votre vie parce qu'elles ont « pesé » de façon bienveillante sur votre croissance personnelle. Identifiez ces personnes qui « croyaient en vous », en votre potentiel en devenir.
- Fermez les yeux et laissez venir des moments particuliers vécus avec ces personnes et prenez le temps de les regoûter.
- Que vous offraient ces personnes dans ces moments-là ? Quelles attitudes, quels actes, quelle écoute vous donnaient-elles ? Que ressentiez-vous de rare ?

On reconnaît un véritable leader au nombre de leaders qu'il a contribué à révéler à eux-mêmes. Endosser la dimension spirituelle du leadership, c'est accepter que vous pouvez jouer ce rôle d'éveilleur des personnes à elles-mêmes.

Ceci n'a rien d'une tâche pesante à assumer, c'est au contraire un cadeau rare que peut vous faire la vie : celui d'être le témoin humble et privilégié de la croissance de l'autre en tant que personne.

Aider l'autre à s'accomplir

Mais la connaissance de soi, aussi belle soit-elle, ne constitue pas une fin en soi. Elle est une étape première et indispensable pour accéder au stade suivant de l'évolution personnelle que constitue l'accomplissement de soi.

Alors, si vous vous autorisez, en tant que leader, à vous accomplir par le travail, si vous avez décidé d'y vivre au maximum votre mission de vie et d'être utile aux autres, vous pouvez montrer la voie à ceux qui vous entourent : ils ont eux aussi la possibilité et les capacités de rêver leur vie et de chercher à bâtir le monde auquel ils aspirent.

Lors d'une conférence intitulée « Leaders en vérité » qui avaient rassemblé des dirigeants et managers à Lille en novembre 2017, Nicolas Hennon, leader de Kiabi Monde, démarra son témoignage très personnel en déclamant devant cinq cents personnes ce qu'était sa mission de vie. Elle ne mentionnait ni l'entreprise, ni le travail. C'était sa façon à lui de montrer que toute son action de dirigeant était subordonnée à quelque chose de plus essentiel et de non négociable : donner un sens à sa vie.

Voici la deuxième dimension de votre responsabilité spirituelle : inspirer les autres pour qu'ils aient envie de chercher et de trouver leur propre mission de vie.

C'est ce que Stephen Covey qualifie de « huitième habitude » : en tant que leader, « *vous êtes invité à trouver votre voix et à aider les autres à trouver la leur* ». Les aider, c'est d'abord leur faire part de votre propre mission. C'est leur montrer dans les faits que celle-ci est bien vivante et que vous cherchez régulièrement à y ajuster vos actes et vos choix essentiels.

Vous pouvez alors proposer à ceux qui le souhaitent d'aller à la rencontre de leur propre mission de vie et les accompagner ensuite pour qu'ils puissent ensuite la rendre tangible dans l'entreprise. Ce sera à vous de soutenir et de protéger cette possibilité nouvelle offerte aux collaborateurs, d'en assumer la cohérence avec la mission collective et les valeurs de l'entreprise. Proposer sans imposer, à nouveau.

Une manière concrète d'ouvrir cette voie à un collaborateur consiste à lui donner accès à un stage spécifique (de type « retraite ») ou à une formation longue incluant un accompagnement individuel de haut niveau. L'accompagnement proposé doit dépasser la seule dimension du développement personnel (se connaître et se déployer en tant que personne) pour oser aborder la dimension existentielle de la personne (s'accomplir en se mettant au service d'une vocation qui la dépasse). S'il est essentiel que les accompagnants soient expérimentés et puissent s'appuyer sur leur propre parcours de vie, il n'est pas nécessairement utile d'aborder la spiritualité en tant que telle car de nombreuses approches issues de la psychologie convergent vers cette dimension supérieure de l'être. La méthodologie bâtie par l'Institut Aristote[1] fondé par Stéphane Dieutre, représente une approche à la fois profonde et en phase avec les réalités d'entreprise. Basée sur la psychologie positive, elle accompagne aujourd'hui des cadres et des équipes dans la connaissance de leur singularité en tant que personne pour aboutir avec le temps à l'énoncé de leur vocation.

En invitant de la sorte la dimension spirituelle des personnes dans le champ de l'entreprise, vous contribuerez à faire émerger cette nouvelle réalité : le leadership strictement professionnel n'est plus adapté à notre époque.

Ce dont les entreprises ont besoin, c'est d'un « leadership de vie », c'est d'hommes et de femmes alignés et cultivant le désir et l'audace de vivre leur existence avec passion et sans concession sur ce qui est essentiel pour eux.

1. www.institut-aristote.com

Ceux qui bâtiront l'avenir de l'entreprise de demain seront des collaborateurs engagés autour de projets qui satisfont leur tête, nourrissent leur cœur et alimentent directement leur projet de vie.

Décider au plan spirituel

Au fur et à mesure de mes entretiens avec les leaders de ce livre, j'ai constaté à quel point la dimension « instinctive » ou intuitive était importante dans les décisions les plus audacieuses qu'ils avaient eues à prendre. Certaines d'entre elles donnaient l'impression d'émerger comme des « élans » ou des « évidences » difficilement explicables et qui, pourtant, s'étaient révélés justes, voire exceptionnels en termes de conséquences positives pour leur organisation.

Nous voilà ici au plus près de l'impact potentiel du leadership éclairé : traduire les élans suscités par votre évolution personnelle jusque dans les décisions stratégiques de votre organisation.

Décider avec le cœur

Témoignage de Pierre-Yves Antras, directeur général de Haute-Savoie Habitat

J'ai rencontré Pierre-Yves Antras en 2016 au cours de la première retraite de leaders que j'ai animée. Il m'a raconté avoir reçu l'invitation à ce séminaire au moment même où il recherchait un moment de recul pour faire le point sur son projet d'entreprise. Né en Algérie, Pierre-Yves a 56 ans et dirige Haute-Savoie Habitat[1], un organisme de logement social au sein duquel sont menés depuis plusieurs années des changements culturels et organisationnels très profonds.

Dans mon rôle de dirigeant, je reste marqué par cette notion de retraite, le fait de s'autoriser à prendre des temps de recul particuliers. Il y a cinq ans, je suis parti trois jours à la montagne, sans connexion, pour méditer et travailler parallèlement. J'avais posé l'intention claire de faire émerger les prémices du projet d'entreprise et je recherchais une méthode similaire à celle de l'écrivain. Je savais que cette démarche serait fertile à titre personnel mais j'étais aussi certain qu'elle le serait pour l'entreprise car je crois qu'il y a, de fait, une porosité de plus en plus grande entre la vie privée et la vie professionnelle.

Il en a émergé un projet que nous avons lancé et baptisé « Cap Confiance », un projet qui s'inscrit dans la continuité de notre histoire et non suite à

1. www.hautesavoiehabitat.fr

une situation compliquée particulière. L'idée est de placer la confiance au centre de la relation avec nos parties prenantes : nos locataires, les administrateurs, les entreprises partenaires avec qui nous travaillons pour développer le logement social et, bien sûr, les salariés. En désirant mettre cette confiance au centre, nous nous sommes forcément rapprochés des concepts de l'entreprise libérée. Nous avons ainsi supprimé la totalité des systèmes de contrôle. Par exemple, la notion de pointeuse a été supprimée, les gens sont en autogestion pour leurs jours de repos et les cadres ne se mêlent plus de la gestion du temps. Ce qui nous semble clé, c'est de donner les moyens à chacun de s'exprimer et de proposer des idées. Et notre rôle en tant que manager, c'est d'écouter et de donner les moyens de le faire. C'est une logique gagnant-gagnant car le salarié peut s'impliquer, être dans une forme de responsabilité et l'entreprise avance grâce à cela.

Il y a un an environ, malgré les progrès et tous les projets menés, j'ai ressenti que nous arrivions à une forme de nouveau palier à franchir dans cette transformation de l'entreprise. Personnellement, je me disais au fond de moi : « j'en ai marre d'être suivi sans être compris ». On avait des super réussites mais je constatais que nous devions sans cesse recommencer à expliquer les choses qui me semblaient évidentes. Par exemple, cette évidence d'écouter ce que dit l'autre, de l'accompagner pour qu'il se pose la bonne question, de favoriser la logique participative. Même en comité de direction était parfois émise l'idée que c'était quand même plus simple de décider comme avant… Ce qui, à moi, me semblait évident ne l'était donc pas pour les autres. C'étaient comme s'ils ne le voyaient pas. Il fallait sans cesse remettre l'ouvrage sur le métier, avec l'impression parfois de revenir en arrière.

Alors, j'ai décidé de participer au voyage de décideurs que proposait Monasterra dans le désert. Je voyais dans cette immersion de huit jours une possibilité d'aller au-delà. Et je souhaitais, une nouvelle fois, y trouver des réponses pour le projet de l'entreprise. Le jour où nous sommes entrés véritablement dans le désert et dans les dunes m'a profondément marqué. Je revois bien cette journée où j'avais décidé de marcher seul. J'ai ressenti à ce moment-là en moi l'impression très nette d'être revenu dans un lieu que je connaissais déjà, de renouer avec des racines très personnelles. Je me suis dit que, si je revenais, c'est que j'avais des choses à trouver. Et je me suis donc mis à écouter. Je n'étais pas venu dans une démarche personnelle, elle était davantage professionnelle mais j'ai compris que je devais lâcher, écouter et accepter de recevoir. C'est peut-être ce « conditionnement » que je me suis donné qui a expliqué une réceptivité si forte.

C'est à ce moment-là que j'ai réalisé que l'objet de ma quête était de trouver ce qu'il fallait faire pour être davantage compris dans ce projet de libération. L'éclairage qui m'est apparu alors m'a paru évident: oui, nous avions contribué à la libération des esprits, maintenant il nous fallait aller ailleurs. Et cet ailleurs, c'était le cœur. Je me suis alors moi-même ouvert à mes émotions, mettant en sourdine l'esprit. C'est dans le désert que j'ai réalisé qu'après avoir ouvert les esprits, il fallait maintenant ouvrir les cœurs. Cette image du renard du petit Prince de Saint-Exupéry s'est alors imposée à moi assez vite. Elle revint quand je constatai, la dernière nuit du voyage où nous dormions chacun au pied de sa dune, que des traces de fennec étaient apparues autour de moi au petit matin. Belle synchronicité. L'expérience du désert a été pour moi l'interrupteur qui m'a permis de voir clair.

Je suis revenu dans l'entreprise avec une grande sécurité intérieure pour la suite. J'avais demandé comment faire pour être compris, le désert m'avait dit: «parle autrement, avec le cœur». J'ai annoncé d'abord à mon comité de direction puis à l'ensemble des managers: «nous allons désormais ouvrir le canal cœur. Je ne sais pas comment nous allons le faire mais je sais que c'est cela que nous devons faire».

Nous avons alors commencé à préparer cette retraite de trois jours avec l'ensemble des quarante managers, comité de direction inclus. Même si je continuais à ce stade à ne pas être compris, 38 personnes sur 40 se sont inscrites. J'ai offert le *Petit Prince* à chaque participant et nous avons vécu ensuite cette retraite merveilleuse qui a ouvert énormément de choses. Ce super moment a touché les gens, libéré des pépites et a amené chaque manager à prendre des engagements vis à vis de lui-même et de son équipe. Les salariés nous ont souvent témoigné par la suite qu'ils avaient senti qu'il s'était passé quelque chose, que leurs managers avaient changé.

Pour poursuivre ce mouvement et aider les managers à devenir des passeurs de cette ouverture du cœur, nous avons nommé en interne une «Coach des Cœurs et de la Libération» à temps plein. À ce jour, elle a coaché 70 personnes, ce qui signifie que les gens ont compris son rôle en interne et qu'elle est précieuse pour régler des situations relationnelles compliquées.

On arrive aujourd'hui à des choses fantastiques, à la fois dans le domaine des relations entre les personnes, sur la simplicité, sur l'authenticité et le lien fait entre leur vie professionnelle et privée. Je suis surpris de la vitesse des changements, cela «prend» encore plus vite que ce que j'imaginais. Cela répond à un tel besoin, à une telle attente chez les personnes... Désormais, je ne suis plus tout seul, les autres avancent aussi. C'est même eux qui m'entraînent désormais.

> Quand j'ai reçu la lettre que je m'étais écrite dans le désert six mois plus tôt, j'ai constaté que j'avais mis en marche presque tous les éléments du plan d'action que j'avais écrit dans les dunes.
>
> Je crois que l'ouverture du cœur permet de voir les pépites et les richesses qu'il y a chez autrui, et de ce fait, d'être moins en conflit avec lui. Tout ceci fait de l'entreprise un écosystème apaisé qui, à son échelle, diffuse la relation apaisée à l'autre et dans la société. Nous sommes allés vers la libération de l'entreprise, ce qui est cohérent par rapport à la constitution de notre pays. Nous cultivons l'égalité, et, d'une certaine manière, sa citoyenneté, grâce à l'ouverture du cœur.

Le récit de Pierre-Yves frappe par la place laissée à l'intuition du cœur. Au moment où il décide d'embarquer tous ses managers dans la démarche, il n'y a pas de calcul ni d'objectif à atteindre. Ce qui ne l'empêche d'être convaincu, intérieurement, que c'est la bonne voie.

Manifestement, nous sommes arrivés à un point de l'histoire des organisations où «décider uniquement avec la tête» ne suffit plus. Même si les élites ont du mal à le reconnaître, l'incertitude et la complexité du monde des affaires sont devenus telles que notre intelligence rationnelle touche ses limites. Comme je l'ai déjà évoqué, les entreprises naviguent à vue, avec des business plans et des tableaux de bord qui ne permettent plus d'appréhender la complexité de leur réalité.

Décider avec la seule intelligence rationnelle, c'est continuer à privilégier des schémas et des croyances de l'«ancien monde» alors que tout ou presque a changé. C'est aussi et souvent privilégier l'économique au détriment du social, le profit devant le sens, l'investissement calculé au détriment du risque porteur d'espoir et d'aventure.

Or, voici une réalité de notre époque: nous avons des seuils à franchir, des sauts dans l'inconnu à faire. Un vieux modèle de performance se meurt et nous avons besoin de leaders éclairés qui savent guider leurs entreprises vers un autre nouveau monde plus équitable et plus durable.

Bien sûr, de nombreuses décisions quotidiennes et opérationnelles requièrent l'usage de notre mental. Il ne s'agit pas de négliger l'intellect en lui enlevant toute importance mais plutôt de remettre les choses dans le bon sens:

La vocation du leader éclairé est d'apprendre à remettre le rationnel au service des élans du cœur et des appels de l'âme. Au lieu de chercher systématiquement la meilleure décision logique, le leader éclairé est celui qui prend le temps d'une courte pause pour faire un détour par le cœur et par l'âme.

Changer « d'altitude »

Décider au plan spirituel, c'est accepter d'enlever ses lunettes rationnelles pour se poser la question : au nom de quel enjeu supérieur collectif dois-je prendre cette décision ? À titre personnel, une décision peut être prise au service de ses plus hautes valeurs personnelles ou de sa mission de vie. Pour une entreprise, elle peut l'être en se référant à la raison d'être de l'entreprise (si, bien sûr, celles-ci sont vivantes et non pas seulement « marketing »).

Franchir un seuil et oser des actes de « foi »

Le mot « leadership » provient du vieil anglais « *leath* » qui signifie deux choses : embarquer des personnes avec soi dans un projet commun mais aussi – et c'est moins connu – « franchir un seuil ».

Est donc leader celui qui accepte cette réalité du vivant : pour laisser la place à un renouveau, il faut d'abord savoir laisser mourir une ancienne réalité. Certaines de nos vieilles représentations des choses doivent donc mourir pour que nous puissions accueillir les possibilités de l'avenir.

Cette notion de seuil signifie qu'il n'y a pas de retour en arrière, qu'il y a un « après » où la réalité ne sera plus la même. Alors, bien sûr, entrer dans un tel espace génère de la peur, pour soi comme pour son organisation. Une peur qui peut empêcher de prendre des décisions nécessaires ou vitales pour l'avenir. Une peur qui peut brider les plus beaux élans du cœur.

Le leader éclairé est celui qui sait trouver en lui les ressources intérieures pour oser franchir ce seuil, non pas en moulinant des chiffres ou des hypothèses pour se rassurer, mais en acceptant pleinement qu'il ne sait pas tout. Il ne cherche pas à contrôler l'incertain mais adopte au contraire une posture d'ouverture pour accepter ses intuitions ou ses élans comme étant les signes de la direction à prendre.

Dans votre cheminement, vous serez, à un moment ou à un autre, amenés à prendre des décisions qui ressembleront à un « acte de foi ».

Une telle décision n'a rien de religieux, elle n'est simplement pas étayée par la raison mais par quelque chose de très différent : elle est soutenue par la confiance en la vie et en ses appels. Et la certitude irrationnelle qui en émane provient de la pureté de l'intention qui vous anime, une intention nécessairement tournée vers le bien d'autrui.

Comment savoir si cette impulsion vient de l'âme ? Lorsqu'elle surgit, prenez le temps de voir ce qu'elle fait résonner en vous. Si une idée géniale satisfait l'intellect (et peut nous remplir de joie), une décision qui provient de l'être nous fait vibrer au plus profond de nous-même. Elle s'impose comme une évidence car elle nous donne un sentiment d'alignement total avec nous-même. Et, malgré son aspect fou ou déraisonnable, elle nous paraît juste et réalisable.

Écrire ou non ce livre ?

Pendant de longs mois, j'ai négocié avec moi-même : mon désir d'écrire un livre sur mes découvertes (ce livre que vous tenez entre les mains) se heurtait à mes peurs de ne pas y arriver. Pour le perfectionniste que je suis, écrire un livre, c'était l'Everest. En août 2016, en Corse, je suis parti marcher seul une journée avec cette question en moi : dois-je ou non écrire ce bouquin ? Assis sur un rocher, la réponse est tombée d'un bloc, sans appel mais accompagnée d'un sentiment d'exaltation intense. Je n'avais aucune idée de ce que cela signifierait comme sacrifices ni comme joies, mais j'ai su que je devais le faire. Durant les deux ans de l'écriture, je me suis souvent senti écrasé par l'ampleur de la tâche mais, de façon surprenante, ma volonté d'aller au bout ne s'est jamais totalement éteinte.

Des décisions de cette nature, vous en avez peut-être déjà prises dans votre vie personnelle. L'enjeu est ici d'oser ajouter cette corde à votre arc de leader, en multipliant les conditions propices pour faire émerger ces élans de l'âme.

Accéder à la zone de « non-peur » pour décider

La peur s'invite toujours dans les décisions importantes. Dans ce domaine, elle est probablement votre compagne depuis longtemps car elle a une fonction : vous alerter sur l'importance de ce qui se joue dans la situation. La première attitude à adopter n'est pas de la refouler ni de la combattre mais plutôt de l'accueillir.

Accueillir sa peur

Dans la tradition des samouraïs, on enseignait aux hommes à reconnaître la peur, à l'accueillir et à l'emmener avec eux à la bataille. Le samouraï utilisait son sabre pour se représenter visuellement sa peur. À mesure qu'il le sortait de son fourreau, il entrait plus profondément en contact avec elle et la faisait grandir. Quand la lame était intégralement sortie, il la visualisait à son extrémité. Au moment où il élevait son sabre au-dessus de sa tête, il la regardait un instant puis abaissait son arme pour trancher l'air devant lui, ouvrant ainsi le chemin de la bataille. Le guerrier accueillait ainsi sa peur et l'emmenait avec lui.

« *Tout ce à quoi l'on résiste persiste, tout ce que j'embrasse s'efface* » écrivit Jung. Alors, commencez par embrasser votre peur et mobilisez votre courage. Le mot « courage » vient de « cœur – agir » et signifie donc « agir avec le cœur ». Le leader courageux n'est pas dépourvu de peur, il commence par la mettre devant lui, mais ne se laisse pas empêcher par elle car il garde son cœur ouvert.

Mais vous rencontrerez aussi des bifurcations où l'ouverture du cœur ne suffira pas à vous libérer de la peur de faire le mauvais choix. Dans ces moments-là, votre intelligence spirituelle peut vous permettre d'accéder à un état intérieur où la peur n'existe plus. Je l'ai à plusieurs reprises entr'aperçu chez ces décideurs qui œuvrent sans relâche pour changer le monde.

Ceux qui se lancent dans une nouvelle aventure enthousiasmante (un nouveau poste, une nouvelle entreprise) expérimentent parfois un « espace de non-peur » où tout paraît possible à celui qui est porté par ses rêves. Cette sensation n'est pas l'apanage de l'insouciance des premiers temps, elle est toujours là, accessible quand vous douterez ou rencontrerez des épreuves sur votre chemin. Il suffira juste de changer de perspective pour considérer ces situations difficiles à l'aune de ce qui importe vraiment car la peur n'est pas durable pour celui qui sait rester branché sur les élans de son être.

La peur ne perdure pas pour celui qui est attentif à vivre au présent sa mission de vie. Les conséquences potentiellement mauvaises d'un choix disparaissent si l'on sait que, au-delà des résultats à court terme, on a agi en cohérence avec sa vocation pour faire sa part pour le monde.

La peur d'agir ou de se tromper ne résiste pas non plus longtemps à celui qui sait mettre son choix dans la perspective de sa propre finitude. Car, au fond, comment se tromper réellement si notre décision nous permet de vivre l'essentiel dans ce temps qui nous est compté ?

Enfin, la peur du mauvais choix s'estompe quand le leader sait qu'il agit au nom de la vocation supérieure de son entreprise si celle-ci contribue au bien commun.

Voici un trait commun aux leaders éclairés : *il y a, au fond d'eux, un endroit qui n'a plus peur parce qu'ils ont arrêté de négocier avec l'essentiel.* Quand ils doutent, c'est en se connectant à cet espace intérieur de non-peur qu'ils retrouvent la force de continuer à poursuivre leurs idéaux. Et cette maîtrise de la peur, fortement ressentie par leur entourage, en fait des personnes hautement inspirantes, rassurantes et dignes d'être suivies.

En écoutant les élans de leur cœur, en acceptant que certaines des décisions essentielles ne viennent pas du mental mais de leur être, les leaders éclairés savent que, lorsqu'ils se reconnectent à « plus grand qu'eux-mêmes », ils peuvent faire les choix justes.

Ils utilisent alors une cinquième aptitude spirituelle :

> CINQUIÈME APTITUDE SPIRITUELLE : SAVOIR SE RELIER À PLUS GRAND QUE SOI POUR S'AFFRANCHIR DE LA PEUR ET DÉCIDER SELON LES ÉLANS DE SON ÂME.

Favoriser l'émergence du « neuf » et susciter volontairement des émergences

> *« La vie ne se révèle qu'à ceux dont les sens sont vigilants et s'avancent félins, tendus vers le moindre signal. »*
>
> Christiane Singer

Il existe en nous-même, quand nous y prêtons attention, un état de conscience propice à l'apparition d'un autre niveau de réalité. Vous avez, vous aussi, probablement fait l'expérience de ces moments où, comme au réveil d'une sieste, une sorte de voile se soulève sur la banalité apparente des choses pour nous donner accès à une perception différente de nous-même ou de notre environnement. Cet état nous permet parfois de voir des signes révélateurs, d'avoir une prise de conscience limpide ou d'être traversés par des intuitions ou des idées particulièrement fortes.

Pour le leader ouvert d'esprit, confiant en la vie et sachant s'autoriser des moments adéquats pour le percevoir, cet état de perception modifiée recèle une source de sagesse et de connaissances à la fois surprenante et riche.

Accéder au temps des opportunités

Pour les Grecs anciens, il existait deux types de temps : le *chronos* et le *kairos*. Notre culture occidentale actuelle, prise dans sa fuite en avant d'accumulation, s'est immergée totalement dans le premier et a perdu le deuxième de vue.

Le *chronos* correspond au temps linéaire « physique » qui s'écoule, seconde après seconde, jour après jour, selon une mécanique parfaite et mathématique, celle qui dicte nos vies modernes. Il sous-entend que l'action se déroule dans une continuité d'un point A vers un point B à atteindre. Les managers connaissent bien le chronos, omniprésent dans les échéances qui sont celles de l'entreprise dont les journées ne font malheureusement que 24 heures.

Le *kairos*, lui, ne se présente qu'à celui qui sait le saisir. Il correspond au temps « opportun », celui de l'instant « t » de l'opportunité qui naît d'une attention profonde à ce qui se présente à soi. Celui qui rentre dans le kairos sait rentrer dans une profondeur de présence qui lui permet de saisir des surgissements temporels inattendus : signaux, coïncidences, intuitions… Mais il ne s'agit pas uniquement de les constater, il faut savoir s'en saisir : le kairos représente à la fois le temps du discernement et celui de l'action juste. Celle-ci découle de la capacité à interpréter un élément surprenant et à l'intégrer dans son propre contexte comme un élément supplémentaire et fiable pour guider sa réflexion ou ses décisions. Le kairos est inaccessible aux personnes pressées par le temps ou les résultats. Il ne s'offre qu'à celui qui sait faire taire momentanément le brouhaha des pensées pour s'ouvrir à l'instant présent et à l'expérience directe (non filtrée par le mental) du réel.

Une part de notre intelligence spirituelle se niche ici, dans notre capacité à être attentif aux signaux du monde. Endosser la dimension spirituelle du leadership, c'est oser s'offrir dans sa journée des interstices d'inaction pour se laisser l'opportunité de percevoir ces signaux. C'est aussi inscrire dans son agenda de véritables temps de retrait pour se laisser surprendre par ce qui peut en émerger. C'est accepter que ce temps alloué sera peut-être perdu ou « improductif », mais qu'il nous apportera peut-être aussi du précieux et du neuf. Se donner l'opportunité d'accéder au kairos, c'est s'ouvrir à la sérendipité et aux synchronicités.

Favoriser la sérendipité et prêter attention aux synchronicités

La notion de sérendipité renvoie au fait de trouver autre chose que ce que l'on cherchait. Un quart à un tiers des prix Nobel de chimie et de physique en seraient issu. La sérendipité ne provient pas uniquement du hasard, elle est rendue possible par l'interprétation de l'observateur qui voit dans les résultats surprenants une idée ou une piste nouvelle à explorer (« Le hasard ne favorise que les esprits préparés » écrivit Louis Pasteur). Elle est l'exploitation créative de l'imprévu et, à ce titre, une des clés dans tout processus d'innovation qui veut sortir des sentiers battus.

La notion de synchronicité, quant à elle, correspond à la survenue simultanée d'au moins deux évènements (un seul ne suffit pas) qui ne présentent pas de lien de cause à effet apparents entre eux, mais dont l'association a un sens pour la personne qui les perçoit. Une synchronicité ne peut survenir qu'à la condition que cette dernière ait déjà un questionnement ou une préoccupation présente à l'esprit. En faisant écho à ce questionnement, l'évènement (le signe) porte alors un sens évident pour celui qui sait y être attentif. Plusieurs leaders interrogés dans ce livre ont relaté de telles synchronicités parce qu'ils y étaient ouverts, sans pour autant les rechercher. Le lâcher-prise (par opposition à l'envie de vouloir forcer les choses) et l'attention à ce qui survient sont les ingrédients à cultiver pour favoriser l'apparition de synchronicités.

Sérendipité et synchronicités ne font pas bon ménage avec la rationalité de rigueur en entreprise. Mais ils existent pourtant et continuent d'alimenter des recherches scientifiques. C'est votre rôle de leader que de cultiver cette confiance que la vie peut parfois apporter des indices et des réponses précieux pour votre équipe ou votre organisation.

Se brancher à la Source pour entrevoir le futur qui cherche à émerger : la théorie U

Il est aussi possible de créer *volontairement* les conditions propices pour que le « nouveau » émerge.

Parmi les travaux les plus aboutis concernant notre faculté à trouver en nous des idées et des intuitions remarquables figurent incontestablement ceux d'Otto Scharmer dans ce qui a été baptisé la théorie U. J'utilise cette approche depuis plusieurs années dans des séminaires de leaders et je suis à chaque fois surpris par les résultats qu'elle produit pour chaque participant comme pour le collectif.

Ce processus est radicalement novateur par sa dimension spirituelle. Il est aujourd'hui utilisé dans le monde entier, notamment par ceux qui cherchent à réorienter le capitalisme vers le bien commun en trouvant des solutions nouvelles aux grands problèmes sociétaux. La théorie U est en rupture avec les processus traditionnellement de créativité et de prospective dans la mesure où il invite à envisager le futur (le nôtre ou celui de notre organisation) non plus en fonction de ce que nous savons – c'est-à-dire en « téléchargeant » nos connaissances et nos modes de pensées habituels – mais en nous mettant à l'écoute du « futur émergent ».

L'approche sous-entend que, pour inventer le monde de demain et trouver des modèles et des idées réellement à la hauteur des enjeux de notre époque, il est nécessaire d'atteindre une zone plus profonde de notre conscience. Il ne s'agit pas tant de prendre des décisions ou (d'utiliser un processus d'idéation structuré) que de s'ouvrir à une sagesse provenant de l'intérieur de nous-même.

En poursuivant les travaux et recherches scientifiques initiées par leur prédécesseurs, Otto Scharmer et son équipe du Presencing Institute ont modélisé les étapes par lesquelles un individu ou un groupe peut se connecter à qu'ils ont baptisé la « Source ».

La Source est une autre facette de cette intelligence spirituelle que nous partageons tous et revêt une dimension à la fois individuelle et collective :

– La dimension individuelle est celle de notre être, cette partie de nous au-delà du mental qui « sait » quelle est notre véritable nature et ce à quoi nous aspirons au fond de nous-même. Nous y connecter nous rebranche sur le mouvement de notre vie et nous apporte des idées ou une direction nouvelles avec lesquelles nous nous sentons vivant et aligné.
– La dimension collective de la Source fait à la fois référence au « champ » que créent les membres du groupe en partageant une intention commune (celle qui les unit dans leur projet) et à l'existence d'un inconscient collectif global détenant toute la connaissance du monde.

Selon la théorie U, la Source devient accessible lorsque nous sommes pleinement présent à nous-même, aux autres et au monde (elle appelle cet état le « *presencing* », contraction des mots « *presence* » et « *sensing* ») et elle se révèle à nous au travers d'un processus en 6 étapes illustré dans le schéma suivant.

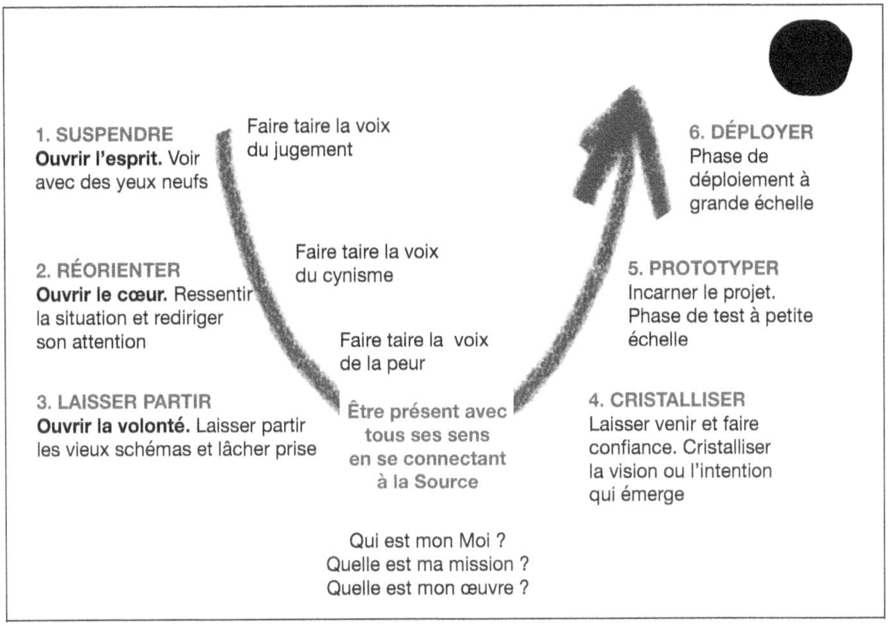

La Théorie U d'après Otto Scharmer

Le processus nous engage à faire taire les différentes voix qui habituellement censurent nos inspirations, nos idées ou nos élans du cœur (respectivement les voix du jugement, du cynisme et de la peur) et à cultiver trois attitudes inverses : ouvrir l'esprit (*open mind*), ouvrir le cœur (*open heart*) et avoir le courage d'aller là où nous ne sommes jamais allés en ouvrant notre volonté (*open will*).

Dans mon expérience d'accompagnement de groupes, j'ai constaté à quel point l'ouverture du cœur et de la volonté étaient clés dans le processus. L'ouverture du cœur, permise par un cadre de sécurité et de confiance décidé ensemble, invite chacun à accéder à ses sentiments et à reconnaître les émotions qui l'habitent. Que la quête soit personnelle (comme se réaligner, faire un choix important…) ou collective (se projeter à 10 ans, redéfinir une vision ou une mission…), favoriser cette intelligence du cœur permet d'ôter les lunettes froides et critiques du mental pour inviter à la place des qualités d'empathie, de compassion ou d'altruisme vis-à-vis de soi-même ou des autres (qu'il s'agisse de salariés, de clients, des générations futures ou de la Terre). Il s'agit donc d'appréhender le problème ou la situation souhaitée *à partir du cœur*. Des conversations profondes et personnelles, des marches empathiques ou des partages en cercle où les ressentis sont préférés aux idées représentent des modalités possibles pour autoriser progressivement cette perception par le cœur.

L'ouverture de la volonté se fait en quelque sorte en deux temps. Elle invite d'abord à regarder en face les vieilles représentations (de soi ou de son équipe, d'un mode de fonctionnement...) qui sont appelées à « mourir » et à voir les peurs associées à ce changement. Il est possible d'utiliser ici une étape symbolique matérialisant cette peur (en l'écrivant sur un papier ou sur une pierre) pour ensuite s'en débarrasser par un geste lui aussi symbolique mais psychologiquement libérateur (comme déchirer son papier en conscience). En ayant fait ainsi de la place en soi, il devient alors possible de s'ouvrir au « nouveau » et aux émergences. L'attitude à cultiver consiste à ce moment à lâcher prise avec tout objectif (ou tout volonté de contrôle) pour accepter de se laisser porter et traverser par les idées, les intuitions ou les élans de vie. C'est dans ce mouvement d'humilité où l'on s'abandonne à plus grand que soi que le canal avec la Source peut s'ouvrir.

C'est à cet endroit précis qu'intervient la dimension spirituelle : celui qui fait confiance à la vie, renouant avec sa faculté d'émerveillement, peut se saisir de ces émergences pour les traduire en pistes concrètes pour lui-même, pour son équipe ou son organisation. Il peut alors les « cristalliser » (étape 4) dans une première action pour enfin, le cas échéant, les prototyper et les déployer (étapes 5 et 6).

Joseph Jaworski, l'un des pères de la théorie U et grand penseur du leadership outre-Atlantique, écrit ces mots[1] :

> *« Lorsque vous recevez des messages forts, écoutez-les. Ne vous posez surtout pas de questions, restez ouvert et laissez-vous être utilisé comme une force de la nature (...). Le leader en phase IV pense qu'il existe une intelligence cachée dans l'univers capable de nous guider et de nous préparer aux émergences. Ces leaders associent leur compréhension cognitive du monde à un sens personnel aigu du possible ; autrement dit, il s'agit du pouvoir d'actualiser les potentiels latents et cachés de l'univers. Cette vision intègre le pouvoir de changer le monde tel que nous le connaissons. »*

1. Joseph Jaworski, *Source*, Colligence, 2012.

J'ai été immédiatement séduit par la théorie U mais je n'ai pu lui donner de crédit véritable (et l'avoir véritablement comprise) qu'après l'avoir vécu moi-même. Les résultats sont surprenants tant sur le plan personnel (le voyage permet de faire par exemple une première mouture de mission de vie) que sur le plan de la production des « idées » par le groupe. De plus, lorsque l'on s'est rencontré au niveau de cette humanité que nous partageons tous, les relations ne sont plus les mêmes et le niveau d'autorisation à être soi et à exprimer ses rêves et ses désirs est très élevé.

★★★★★★

Que les occasions se présentent d'elles-mêmes (sérendipité et synchronicités) ou qu'elles soient favorisées par un processus volontaire (théorie U), toutes nécessitent de la part du leader une présence et une attention pour capter les émergences, s'en saisir pour son équipe ou son organisation. Cette disposition d'esprit particulière constitue la sixième aptitude des leaders éclairés :

> SIXIÈME APTITUDE SPIRITUELLE : ÊTRE ATTENTIF AUX SIGNES ET À SES ÉLANS INTÉRIEURS POUR LES TRADUIRE EN PISTES NOUVELLES POUR SON ORGANISATION.

Faire circuler la Vie dans votre organisation

Pendant une douzaine d'années, je suis intervenu dans les entreprises pour résoudre les problèmes de souffrance au travail (dépression, suicide, burn-out). On pourrait penser que cette souffrance ne provient que d'organisations dysfonctionnelles car génératrices d'un stress trop important. Mais cette dimension mortifère incite à regarder une réalité plus profonde : *la vie ne circule plus, ou plus assez, dans les organisations.* Elles ne sont pas assez vivantes parce qu'elles coupent les individus d'une partie d'eux-mêmes et empêchent l'expression de leur pleine humanité au travail. Elles bloquent la circulation de la vie parce qu'elles ont adopté des structures hiérarchiques, optimisées, contrôlées, formes figées que l'on ne retrouve nulle part dans le domaine du vivant où, à l'inverse, le changement, le libre-arbitre, l'imprévu ou le hasard sont les lois essentielles.

Il est aujourd'hui nécessaire d'apprendre à regarder son organisation à un autre niveau. Si l'on accepte que l'organisation est avant tout constituée d'hommes et de femmes, il est donc cohérent de la considérer comme une entité vivante. Et donc d'en faire une lecture selon certaines lois du vivant.

La question du « cadre » de fonctionnement est l'une des dimensions à regarder de près car trop de cadre tue le vivant. Comme le mentionne Margaret Wheatley[1] dans son ouvrage de référence sur l'application des nouvelles connaissances scientifiques au monde de l'entreprise, tout système vivant doit avoir la capacité de s'auto-organiser, notamment pour s'adapter aux modifications de son environnement. Avec cette grille de lecture vivante de l'organisation, le niveau de procédures, d'outils ou de reporting se pose donc. L'idée d'un cadre strict (et non négociable) concernant la raison d'être et le cap de l'entreprise peut cohabiter avec celle d'un cadre au contraire très léger sur la façon de s'organiser pour l'atteindre.

Le deuxième aspect à regarder de près est celui de la « reliance ». Vos salariés sont des êtres humains et ont en commun un besoin « horizontal » de spirituel qui consiste à se sentir relié aux autres et au monde. Pour être vivante, l'entreprise doit également être en prise directe avec son environnement et interagir avec lui, sous peine de s'isoler et de dépérir. Le fonctionnement général de l'organisation (autocentré ou ouvert sur l'extérieur), la qualité des liens avec les parties prenantes avec qui elle est en interaction (fournisseurs, clients, administrations...) sont donc à considérer.

L'une des grilles de lecture du leadership spirituel consiste donc à regarder son entreprise et ses équipes au prisme de cette question : où la vie circule-t-elle pleinement et où en est-elle empêchée ?

1. *Leadership and the new science*, 1999.

ENDOSSER LA DIMENSION SPIRITUELLE POUR SERVIR LA SOCIÉTÉ

Si votre cheminement spirituel profite à votre organisation, il peut rayonner bien au-delà de celle-ci. De façon presque naturelle, votre évolution vous amènera à considérer l'impact que vous pouvez avoir à l'*extérieur* de votre entreprise.

Car votre rôle en tant que leader éclairé, c'est d'oser aller au bout de votre propre chemin de sagesse pour mieux servir le monde. C'est de vous accomplir et de servir.

★★★★★★

Témoignage de Séverine Perron, fondatrice de AsWeAre

J'ai fait la rencontre de Séverine Perron au village des Pruniers, la communauté bouddhiste fondée par le maître zen Thich Nhat Hanh non loin de Bordeaux. Nous sommes restés en lien, notamment grâce à la lettre très inspirée qu'elle publie régulièrement. Son entreprise, AsWeAre[1]*, accompagne les organisations pour remettre l'humain au cœur de l'entreprise en aidant celles-ci à créer de la valeur dans un but sociétal. Nous nous retrouvons deux ans après notre retraite commune dans un café parisien.*

La philosophie, la méditation, le voyage… Tout cela m'appelle depuis que j'ai 13-14 ans. Mes parents sont des terriens très pragmatiques, dans le don, mais pas portés, comme je le suis, sur le sens.

Depuis un an et demi, j'ai choisi de vivre dans des montagnes, dans la nature pas loin d'un lac, dans une maison, un lieu assez isolé. Cela m'a permis de me poser et de m'ancrer. La ville m'absorbe énormément d'énergie et revenir à la nature est essentiel et m'amène une prise de hauteur. Cela fait partie de mon « ADN ». La Nature me permet de cultiver ma capacité à m'émerveiller : un lever ou un coucher de soleil, ce sont des ré-enchantements permanents. Quand je vois que c'est le chaos autour de moi, je m'interroge sur le chaos qui est en moi au lieu d'accuser l'extérieur. Alors, je débranche tout pendant trois jours, je « décompense », je lâche, je me reconnecte à la nature, à sa beauté, je ne cherche pas la solution… et quand j'ai le sentiment que je me suis apaisée, que l'énergie revient, tout devient plus clair et j'écris alors mes engagements

1. https://asweare.fr.

vis-à-vis de moi-même. Ça, je le fais régulièrement, j'en ai vraiment besoin. Comme une forme de purification, y compris au niveau du corps (avec du jeûne, des diètes de plantes...). Quand je suis sur un rythme plus dense, je fais des micro-moments.

J'ai été typiquement une petite fille assez solitaire et sensible – pas ce que l'on pense de moi aujourd'hui – et c'est là ma faille personnelle d'enfant qui a manqué de présence et s'est auto-construite. Comme j'ai une grosse capacité de travail, ce besoin d'être appréciée m'a amenée à me perdre jusqu'à ce que mon corps se rappelle à moi.

Lors d'une rencontre avec un chaman en 2012, j'ai complètement « craqué ». Cela a été une vraie renaissance avec un retour très marqué du sacré dans ma vie. À cette époque, j'étais plutôt dans une phase de reconnexion à moi, à mes aspirations. Je passais encore beaucoup les choses au filtre du mental. Il m'a fait vivre une expérience très forte et ce cadeau que j'ai reçu, j'ai ressenti le besoin de le redonner.

Je suis convaincue qu'il y a un sens profond à la vie, une mission que l'on a à incarner. Je me suis posé les questions quant à vivre dans un monastère, j'ai des enfants et donc c'est exclu. Alors, je me suis dit que je devais ancrer ma spiritualité dans le quotidien. L'entrepreneuriat est pour cela une très belle voie car il offre beaucoup de liberté.

L'entrepreneuriat pour moi fait partie de mon cheminement personnel. C'est à la fois un travail de libération personnelle et une façon de donner du sens à mon action. Pour moi, cette voie exige d'être juste avec soi, donc avec les autres. Sinon c'est un peu du vent. J'ai cette exigence-là sinon, mon petit yoga, ma petite méditation dans mon coin, ça sert à quoi ? Quand on crée sa boîte, on a souvent le besoin de reconnaissance (pour moi, c'était un défi que je voulais relever) mais ça ne suffit pas ou plus, je crois. Il faut aller chercher autre chose aujourd'hui, au-delà des besoins personnels à combler. Car ces besoins nous ont amené dans le matérialisme, dans l'ego, le pouvoir et nous sommes aujourd'hui au paroxysme de cela. Malgré toute l'intelligence dont nous disposons, celle-ci n'est pas encore mise au service d'une sagesse. La pureté de l'intention est le point de départ de tout. L'intention juste amène une pensée juste, puis une action juste. Je suis convaincue de cela.

Ce qui m'anime, c'est que chacun trouve sa place dans le monde, trouve la mission pour laquelle il s'incarne en tant qu'âme et qu'il la concrétise sur cette terre. Ma propre mission est encore un peu diffuse. Je sais déjà que plus je suis proche de moi, de ma vérité dans ma façon d'être, plus je suis inspirante pour les autres, sans pour autant chercher à les impressionner. C'est d'abord comme cela que je vais apporter un changement. Après, j'ai cette énergie et cette douceur qui peut aider les autres à changer, à ouvrir leur chemin. Je fais cela en tête-à-tête, avec simplicité. J'ai parfois simplement à être. À d'autres moments, j'ai le sentiment d'être en croisade. Dans un monde économique, où tout doit être mesuré, packagé, tout cela se dit difficilement.

Je me suis longtemps dit: «je suis trop perchée» ou «je suis trop terre-à-terre». Et il faut les deux aujourd'hui je crois: rêver pour ensuite incarner ce rêve dans un engagement fort. C'est exactement ce que je suis avec ma capacité à faire le lien entre les deux: tu rêves et tu incarnes ton rêve. Je me suis appliqué cela à moi-même et je l'amène aux autres. J'ai un discours à la fois bienveillant et exigeant.

Je crois que beaucoup de dirigeants ne savent pas comment se réaligner avec eux-mêmes. La première étape consiste souvent à les aider à travailler à se poser, à travailler la véritable présence et leur écoute. La plupart ont une capacité d'attention extrêmement limitée. Ils ont toujours l'impression qu'ils peuvent atteindre et avoir les choses qu'ils veulent. Tout doit avoir un objectif à atteindre, un résultat, une distinction en guise de reconnaissance extérieure, y compris la transformation de soi.

En fait, l'entrepreneuriat est puissant parce le chef d'entreprise, dans sa transformation, peut faire redescendre sa mission dans la raison d'être de son entreprise. Les médias nous parlent beaucoup de *success stories* et de levées de fond mais l'enjeu n'est pas là. Ou alors nous récréerons une autre société capitaliste, élitiste ou un petit nombre de start-up se partageront le gâteau. Le risque est de détourner des intentions positives à la base, de financiariser des projets qui vont ensuite retourner vers un schéma qui n'est pas le bon pour notre société. Il faut donc que les entrepreneurs s'emparent du terrain du jeu pour le bien commun avec une responsabilité éthique forte. Car si un dirigeant le fait, tous ses collaborateurs vont le faire. Ils vont le faire avec leurs enfants, leurs communautés, dans leurs actions au quotidien...

J'amène chez mes clients des conférenciers qui relatent des aventures incroyables. Je le fais car ils m'ont fait rêver et font rêver les autres. La question implicite qui est posée est: «et si moi aussi, j'allais au bout de mes rêves?». Pas besoin d'être un aventurier, un chef d'entreprise peut avoir ce pouvoir d'inspiration par cette capacité à aller au bout de lui-même. Aller au bout de ses engagements, quels qu'ils soient, c'est ça qui est beau. Certains le font en traversant un continent ou un océan mais au fond, on peut tous le faire. Mais ce n'est pas uniquement d'atteindre ses rêves qui compte: le chemin compte autant que le but. C'est aussi dans la difficulté et la discipline que l'on se révèle et se construit.

Le partage que je peux faire, c'est peut-être d'accepter pleinement l'aventure dans laquelle ils veulent s'engager, avec ce qu'elle a de réaliste et d'irréaliste, de positif et de négatif. C'est un vécu avant tout expérientiel et la première chose va peut-être être de lâcher le mental qui idéalise et se projette sans cesse ou compare, se limitant ainsi au connu. C'est difficile pour un dirigeant qui a souvent la tête bien faite et une force d'action. La plupart des dirigeants avec qui j'ai eu la chance de travailler depuis plus de 18 ans sont des éclaireurs, des visionnaires et, en ce sens, ils reçoivent le « souffle de l'esprit ». Ce qui les fera puissants n'est pas l'énergie à tout prix ni la volonté mais leur faculté à savoir rester centrés, connectés à soi, aux autres, à la nature.

Garder les pieds sur terre et la tête dans les étoiles. La clé, c'est le temps retrouvé. Laisser des espaces blancs. J'invite à chacun, quel que soit son rang, sa réussite, son palmarès, à régulièrement faire un checkup, en pleine nature, avec la simple question : « pourquoi je fais ce que je fais aujourd'hui ? » en tant qu'être humain. Un arrêt sur image salutaire quand on est toujours dans la course, pour reconsidérer honnêtement le sens de son action. Cette question du « pour quoi ? » nous concerne tous. Après, le « comment » appartient à chacun. La seconde question vous donnera la réponse d'une page de l'histoire à tourner ou à réécrire : « est-ce que ce que je fais me rend heureux ? ». Nous sommes là, je crois, sur cette terre, pour être profondément heureux et vivre dans la joie, quoi que nous fassions et qui que nous soyons.

Aller au bout de ses engagements, au bout de son aventure existentielle… Il y a chez les leaders éclairés une flamme particulière qui brûle à l'intérieur et qui les pousse à s'accomplir pleinement. Et parce qu'il existe des étapes dans le cheminement spirituel, cette quête d'accomplissement les amène tôt ou tard à vouloir influencer positivement le monde. Sans se crisper sur des objectifs à atteindre, ni oublier d'y trouver de la joie pour soi.

Assumer son noble leadership pour faire une différence positive pour le monde

Différents types de leadership d'entreprise ont jalonné l'histoire et continuent de coexister aujourd'hui au sein des entreprises. On peut schématiquement en distinguer trois, présentés ici par ordre d'apparition :

- Le *leadership autoritaire* émergea à l'ère industrielle. Le leader est ici un « chef » dont l'autorité est principalement basée sur le pouvoir hiérarchique. Il fonctionne sur la base du « *command and control* » (j'ordonne et vous obéissez) et véhicule l'idée d'un leader infaillible et souvent paternaliste.

– Le *leadership transactionnel et charismatique* lui a succédé. Devant la nécessité d'obtenir davantage d'engagement des individus, les managers ont adopté un leadership plus souple, plus « donnant-donnant » avec leurs collaborateurs. Ce leadership repose sur une forme de charisme visible dans une capacité à donner envie et à emporter l'adhésion. Il montre ses limites par la dimension égotique qui le caractérise (le leader continuant malgré tout souvent à servir d'abord ses propres intérêts).
– Les années 1970 ont marqué un véritable tournant avec l'émergence du *leadership serviteur* théorisé par Robert Greenleaf[1]. Dans cette nouvelle approche qui s'est largement répandue depuis, notamment au sein des entreprises en quête d'agilité, ce ne sont plus les collaborateurs qui servent les intérêts de leur leader mais ce dernier qui se met à l'écoute de leurs besoins. Avec cette inversion dans la relation, la notion de service (serviteur) l'emporte sur celle de guide (leader) et ce dernier, mettant en sourdine son ego, trouve sa réussite dans la croissance de ses collaborateurs. Le « je dirige » est remplacé par le « je sers » et se rapproche d'une posture de coach destinée à accompagner le collaborateur plutôt qu'à décider pour lui.

Bien que cette dernière évolution soit marquante et influence de nombreux référentiels de leadership d'entreprise, elle n'est plus suffisante pour répondre aux défis du XXIe siècle. Car notre époque a besoin de leaders dont le cheminement personnel leur permet de penser leur rôle au-delà des limites de leur entreprise. Elle appelle des leaders dont le niveau de connaissance d'eux-mêmes et la poursuite de leur mission personnelle leur permet d'accéder à un « noble leadership » porteur d'une sagesse nouvelle.

Ce noble leadership ne correspond pas à un nouveau modèle qu'il conviendrait d'épouser comme une nouvelle recette faite de compétences, de qualités requises ou de postures à acquérir. Il en est tout le contraire.

---

1. *The Servant as a leader*, 1970.

Votre noble leadership s'enracine dans votre singularité, dans ce qui fait de vous un exemplaire unique dans tout l'univers : vos aspirations, vos rêves, votre cocktail de talents et tout ce que vous avez découvert en vous détachant de l'ego pour aller à la rencontre de votre moi véritable et de votre mission de vie.

Votre noble leadership s'enracine dans votre désir d'alignement personnel et d'authenticité. Il se traduit par une quête de cohérence permanente entre vos aspirations et vos petits actes du quotidien. Il est un phare pour les autres car il est l'expression de la plus belle version de vous-même : celle qui vous autorise à exprimer tout votre potentiel créateur au service de quelque chose de noble et de grand.

Il existe une multitude d'entrepreneurs audacieux, de managers ayant des valeurs humanistes et de dirigeants compétents mais ils ne suffiront pas : *ceux qui changeront le monde, ceux qui trouveront la lucidité et la force intérieure pour s'extraire du modèle dominant et inventer l'entreprise de demain sont ces hommes et ces femmes qui auront découvert qui ils sont véritablement et quel est le rôle singulier qu'ils sont amenés à jouer pour leur communauté ou pour la société.*

En tant que leader éclairé, cette évolution spirituelle qui vous a rapproché de vous-même vous invitera à endosser pleinement ce noble leadership qui est en vous. Et c'est en l'endossant pleinement que vous ferez une différence positive pour le monde.

Cette différence positive, c'est votre valeur ajoutée de leader éclairé pour le monde. C'est ce que vous apportez quand vous vous autorisez à vivre dans votre engagement professionnel ce que vous aspirez à vivre et à accomplir sur cette terre.

Prise de conscience

Jean-Paul est le dirigeant d'une grande entreprise que j'accompagnais depuis quelques mois. Les premières séances lui avaient permis d'entamer un réalignement entre la personne qu'il était et le dirigeant qu'il donnait à voir. Ayant petit à petit déposé son « masque », s'étant libéré d'un scénario répétitif de l'ego qui l'avait amené à gravir des échelons sans vraiment savoir en questionner la raison, il commença alors à entrevoir un pouvoir d'action d'une autre nature : il pouvait d'abord influencer les autres par ses idées ou ses prises de positions (chacun de ses posts sur les réseaux sociaux était vu au moins 10 000 fois). Il décida d'initier une politique RSE si ambitieuse qu'elle impacterait les millions de clients passant dans ses magasins. Jean-Paul avait toujours eu le pouvoir de cela mais il ne s'était jamais autorisé à l'exercer. Son travail personnel venait de l'amener à considérer son rôle de leader à partir d'un autre niveau de conscience.

Les leaders éclairés savent ainsi allier l'humilité (la mise à distance de l'ego), l'exigence du sens qui guide l'action juste (leur mission et celle de l'entreprise) avec l'ambition d'impacter le monde. Ils se posent régulièrement la question : suis-je à la meilleure place pour donner le meilleur de moi-même, m'accomplir en tant que personne tout en agissant positivement pour ce monde auquel j'aspire ?

Cette introspection régulière vous conduira peut-être à réévaluer plus fréquemment vos choix professionnels, suscitant des dilemmes qui n'existaient pas auparavant. Et cela sera normal : vous devez rester au plus près de ce que vous ressentez, à l'écoute des moments d'inconfort (ils signifient que quelque chose s'est peut-être désaligné en vous) et des signes de la vie qui vous appellent peut-être ailleurs.

Porter sa voix

J'ai été surpris par la simplicité avec laquelle les personnes interrogées dans ce livre ont accepté d'y contribuer. J'ai eu le sentiment que témoigner de leur cheminement personnel était à la fois évident et cohérent pour eux. J'ai constaté que la plupart d'entre eux s'exprimaient dans les médias avec une liberté de parole peu fréquente. Plusieurs s'étaient organisés pour accueillir dans leurs locaux les entreprises désireuses de découvrir ce qu'ils avaient expérimenté, sans peur d'être copiés ni critiqués.

Le leader éclairé ne sera pas complet s'il garde pour lui les fruits de ses découvertes. Il ne sera pas pleinement accompli s'il ne s'autorise pas à témoigner à visage découvert de ce qui a changé en lui ou de ce en quoi il croit profondément pour demain.

Nous avons aujourd'hui besoin de leaders qui pensent et font autrement, et qui osent le faire savoir. Il ne s'agit pas de prosélytisme. Il n'y a aucune leçon à donner et personne à convaincre car personne ne détient de vérité sur l'entreprise de demain. Il s'agit juste de témoigner, avec une voix qui s'assume différente, haute et claire.

Si vous avancez dans votre leadership spirituel, vous éprouverez vous aussi le besoin de sortir de ces discours convenus où l'on ne s'autorise pas à parler de soi ou de ses valeurs de peur de porter atteinte à l'image de l'entreprise ou de perdre des clients.Vous aurez envie de parler avec le cœur, de partager ce qui vous anime et cet essentiel qui n'est pour vous plus négociable. Quitte à ne pas plaire à tous.

L'heure du politiquement correct est révolue. Les outils actuels, réseaux sociaux en tête, donnent pour la première fois dans l'histoire de l'humanité, la possibilité à chaque individu d'exprimer qui il est et ce à quoi il aspire.

Après avoir trouvé sa voie, le leader porteur d'un rêve chevillé au corps, peut faire porter sa voix bien au-delà des limites de son entreprise.

Dans cet exercice, chacun son style et sa pudeur. Trempez d'abord délicatement le pied pour voir la température de l'eau ou plongez dedans. Prenez vous-même la parole ou faites parler vos collaborateurs. Quelle que soit la méthode, il y aura des risques (d'être jugé ou incompris), mais vous y gagnerez à titre personnel un niveau supplémentaire d'alignement intérieur et probablement aussi le sentiment accru de faire votre part.

Poursuivre son chemin spirituel pour accéder à d'autres niveaux de conscience

Richard Barret, consultant internationalement reconnu, a développé un modèle aujourd'hui déployé dans des milliers d'entreprise à travers le monde. La pertinence de son travail dans le domaine du leadership réside dans ses travaux d'approfondissement du besoin d'accomplissement décrit par Maslow. En s'appuyant sur les différents états de conscience établie par la philosophie millénaire des védas (les textes sacrés de l'hindouisme), Barrett distingue **sept niveaux de**

conscience qui peuvent représenter autant de stades de développement de la personne[1].

Les trois premiers niveaux de conscience correspondent aux quatre premiers niveaux des besoins humains de la pyramide de Maslow :

- Niveau 1 – « Survie ». Satisfaire ses besoins physiologiques et de sécurité.
- Niveau 2 – « Relations et appartenance ». Satisfaire son besoin d'appartenance pour se sentir aimé et respecté.
- Niveau 3 – « Estime de soi et différenciation ». Satisfaire son besoin de se sentir bien avec soi-même, de gérer sa vie et d'être fier de ses performances.

Barrett distingue ensuite quatre niveaux de conscience (qu'il qualifie aussi de « besoins de croissance ») :

- Niveau 4 – « Transformation ». L'individu éprouve le besoin d'explorer qui il est et d'accroître son autonomie, sa liberté et son indépendance en développant ses dons et ses talents. Son développement passe par un processus d'« individuation » grâce auquel il peut se libérer des aspects de ses conditionnements culturels et personnels qu'il se reconnaît et qui ne lui servent plus.
- Niveau 5 – « Cohésion interne ». L'individu cherche à découvrir son moi authentique pour trouver un sens à sa vie en étant aligné avec son but ultime (sa mission de vie) et en construisant une vision du futur qu'il souhaite créer. Il recherche l'accomplissement de soi en s'efforçant d'être pleinement aligné avec qui il est et en réalisant tout son potentiel.
- Niveau 6 – « Faire une différence ». L'individu cherche à accomplir sa mission de vie en collaborant avec d'autres pour faire une différence positive pour le monde plus grande que ce qu'il ne peut accomplir seul. Il recherche l'intégration en s'alignant avec d'autres personnes partageant le même esprit et une mission similaire.
- Niveau 7 – « Être au service ». La personne consacre sa vie au service désintéressé et au bien-être de l'humanité. Elle cherche à

1. *L'entreprise inspirée par les valeurs,* 2014.

accomplir son destin en donnant à la planète et aux générations futures en retour.

Dans ce modèle, les trois premiers niveaux de conscience sont focalisés sur la satisfaction des besoins de l'ego. Le niveau 4, d'ordre mental, est celui de la transformation. Les trois niveaux supérieurs sont focalisés sur la satisfaction des besoins de notre âme et relèvent donc du spirituel. Selon Barrett, «*Tout le monde n'atteint pas les stades les plus élevés. De nombreuses personnes ne vont pas plus loin que le niveau 3 de la différenciation et restent bloquées par le conditionnement social et culturel qu'elles ont vécu pendant leur enfance.*»

Ce modèle donne des repères précieux pour le leader éclairé. J'ai accompagné de nombreux leaders désirant atteindre le niveau 5 (alignement avec soi et réalisation de son potentiel unique) et je crois qu'atteindre ce «palier» est actuellement le besoin le plus répandu. J'ai aussi observé des embryons de réseaux de leaders ayant atteint le stade 6 et désireux de s'unir pour agir ensemble, en dehors de toute considération corporatiste ou politique. Les développer constitue l'un des grands challenges des années à venir.

Si vous voulez continuer à servir votre entreprise et par extension la société, alors, aussi paradoxal que cela puisse paraître, vous devez chercher à vous accomplir sans relâche. Vous devez continuer à «investir» dans votre développement spirituel.

CONCLUSION : VOTRE DEVOIR, C'EST D'ÊTRE

Là où l'entreprise invite à aller toujours plus vite pour faire toujours plus, votre mission à vous est de rester connecté à vous-même même au cœur de la tempête.

Alors que tant de salariés sont pris dans la dictature des tâches à accomplir, emportés par un temps devenu incontrôlable, coupés d'une part d'eux-mêmes et du sens de ce qu'ils font, vous devez en tant que leader rester au contact de la Vie.

Pour endosser puis cultiver la dimension spirituelle du leadership, votre devoir, c'est d'être.

Être pour pouvoir observer ce qui se joue dans votre organisation, là où la vie a besoin de circuler à nouveau. Être pour pouvoir saisir les signes qui s'offrent à celui qui est présent à l'instant. Être pour pouvoir vous laisser traverser par ce que la vie vous appelle à faire. Votre devoir d'être, c'est continuer votre chemin d'évolution spirituelle avec l'assurance qu'il sera fertile pour les autres.

Endosser progressivement cette dimension spirituelle du leadership ne fera pas de vous un gourou. Car vous n'avez ni à revendiquer au grand jour cette responsabilité, ni à la porter comme une nécessité morale ou nécessaire pour votre entreprise.

Le leader éclairé n'est pas au-dessus des autres grâce à une quelconque hauteur de vue que pourraient lui conférer son intelligence supérieure ou une compréhension plus fine des enjeux du monde.

Les entreprises ne manquent pas de têtes bien faites, elles manquent de sages. Le leader éclairé en entreprise n'est pas celui qui sait, il est celui qui est.

En accédant pour vous-même à d'autres niveaux de conscience vous pourrez alors guider votre organisation vers son prochain stade d'évolution, celui d'une entreprise augmentée et pleinement vivante.

9

VERS UNE ENTREPRISE AUGMENTÉE ET PLEINEMENT VIVANTE

« Si tu veux construire un bateau,
ne rassemble pas tes hommes et femmes
pour leur donner des ordres, pour expliquer
chaque détail, pour leur dire où trouver chaque chose…
Si tu veux construire un bateau, fais naître
dans le cœur de tes hommes et femmes
le désir de la mer. »

Antoine de Saint Exupéry

IMAGINEZ UNE ENTREPRISE OÙ CHAQUE EMPLOYÉ peut s'accomplir en tant qu'être humain et ressentir un sentiment de fraternité avec ses collègues.

Imaginez une organisation où la singularité de chacun est reconnue des autres et permet d'atteindre une performance collective hors du commun.

Imaginez une entreprise dont la raison d'être est si forte et partagée par tous qu'elle en devient une épopée humaine qui nourrit en profondeur l'existence de chacun.

Imaginez, enfin, une entreprise reliée au monde comme une entité vivante est reliée à son environnement : interdépendante, résiliente et soucieuse de contribuer au bien commun.

Quand on donne l'autorisation et les moyens aux personnes de s'accomplir, que l'on assume une dimension spirituelle et sociétale forte, cela donne des entreprises différentes, des aventures humaines extraordinaires qui peuvent changer la vie de leurs collaborateurs et impacter positivement sur le monde.

L'entreprise de demain sera une entreprise augmentée non par des technologies ou une digitalisation avancée, mais par des hommes et des femmes qui décideront en conscience d'y engager leur humanité au service d'une noble cause.

******

L'ENTREPRISE AUGMENTÉE PAR SES ÊTRES HUMAINS

Après avoir connu l'économie industrielle puis l'économie du savoir (fin du XXe siècle), nous voici entrés dans l'économie de l'humain. Les robots ont remplacé nos bras, l'intelligence artificielle est en passe de remplacer notre tête. Mais aucun programme informatique ne pourra remplacer nos cœurs ni nos âmes. *Ce qui fait de nous des êtres humains – nos émotions, nos désirs, nos élans existentiels et notre quête de sens – constituera la richesse la plus précieuse de l'entreprise de demain.*

La libération de tout le potentiel humain constitue la nouvelle frontière des organisations. Petit à petit se fait jour la possibilité d'une collaboration nouvelle entre l'entreprise et la personne : un nouveau « contrat de travail » où la personne pourra, si elle le souhaite, exprimer toutes les facettes de son être.

L'entreprise de demain sera augmentée car ses collaborateurs pourront :

- découvrir la singularité et l'étendue de leur potentiel intellectuel, émotionnel et spirituel ;
- engager ce potentiel singulier au sein d'une intelligence collective elle-même au service d'un projet commun ;
- devenir le moteur de leur propre croissance et de leurs projets ;
- vivre une fraternité de cœur et de sens ;
- rééquilibrer leur polarité féminine et masculine.

La singularité de chacun nourrit le projet commun

Comme nous l'avons vu dans le chapitre précédent, votre rôle de leader éclairé est d'ouvrir la voie en aidant vos collaborateurs à découvrir leur singularité et à s'accomplir pleinement. Bien que cette mission contienne une dimension altruiste évidente, elle correspond aussi à une véritable logique d'efficience collective encore méconnue par la plupart des entreprises.

Don et contre-don au cœur de la richesse de demain

En aidant un collaborateur à découvrir ses qualités et ses zones d'excellence et en lui permettant de les mobiliser librement dans son travail, vous lui faites prendre conscience de sa singularité et de tout ce qu'il peut apporter au collectif. Par effet miroir, si toute une équipe fait ce même travail, chacun prend alors conscience de toute la singularité de l'autre. L'équipe peut alors entrer dans un cercle vertueux de complémentarités où la coopération s'installe sur des bases nouvelles : plus je me connais, plus je réalise ce que j'apporte d'unique au collectif, moins je me compare, moins je me sens en concurrence avec l'autre, moins j'ai peur de lui demander son aide.

Michel Hervé, fondateur du groupe Hervé et, à maints égards, pionnier français de nouvelles formes d'organisation m'a fait part de cette pratique d'équipe concrète :

Se réunir uniquement pour se connaître mieux

Le groupe Hervé (3 000 personnes) est organisé en équipes d'une vingtaine de personnes. Cette taille leur paraît appropriée et maximale pour que chaque personne puisse être reconnue par ses pairs et se sentir appartenir au groupe. Chaque équipe est animée par un leader-catalyseur dont l'une des missions consiste à faire apparaître les différences entre les personnes. Pour cela, une fois par mois, il a la responsabilité d'organiser une demi-journée d'équipe n'ayant ni objectif précis, ni sujet opérationnel à traiter. Sa seule finalité est de permettre aux personnes d'échanger entre elles pour se connaître encore davantage. Elle est de faire réaliser à chacun ce que l'autre peut lui apporter (et ce qu'il apporte lui aussi de singulier à l'autre).

Faire émerger les différences individuelles entre les personnes peut enrichir sensiblement le fonctionnement d'une équipe en permettant de rentrer dans une logique de don/contre-don très fertile : connaissant les talents et les compétences de mes collègues (et étant assuré qu'ils connaissent les miennes), je vais pouvoir y recourir plus facilement lorsque j'en ai besoin (et offrir les miens en retour). Cette mise en commun de talents génère une grande efficience collective car la somme des singularités des personnes dépasse de loin la somme des compétences qui leur sont (re)connues (de par leur fonction ou leur formation). Comme la psychologie positive nous l'apprend, elle génère de surcroît du plaisir et un sentiment d'utilité renforcé chez celui qui peut exercer ainsi l'un de ses talents.

Permettre l'expression de cette somme de singularités invitera l'intelligence spirituelle au cœur même des projets : vos collaborateurs s'autoriseront progressivement à partager leurs aspirations, leurs rêves et leurs intuitions. Cette autorisation nouvelle est probablement l'une des clés des innovations de demain : l'intelligence rationnelle ne suffira pas pour inventer un futur différent. À partir des désirs du cœur et de l'âme peuvent naître des idées uniques et audacieuses. Ce qui peut se traduire, pour l'entreprise, par l'ouverture d'espaces stratégiques vierges (de type « océan bleu »).

En tant que leader, c'est à vous qu'il reviendra de préserver cet équilibre subtil : nourrir ce qui unit le collectif (le projet d'entreprise, les valeurs, etc.) tout en permettant l'expression maximale du singulier de chacun.

Offrir aux collaborateurs des moyens de connaissance de soi

Si un management attentif et individualisé permet d'aider un collaborateur à prendre conscience de sa singularité, il y a une partie du travail de découverte de soi qu'il est seul à pouvoir réaliser.

La plupart des entreprises engagées dans cette voie proposent ainsi des formations ou des parcours de plus en plus avancés dans le domaine communément appelé du « développement personnel ». L'innovation réside moins ici dans les stages ou les outils proposés (comme la PNL, la Communication NonViolente, la psychologie positive ou des profils de personnalité comme l'Ennéagramme) que dans la philosophie avec laquelle ils sont offerts : ils sont proposés avec l'intention assumée d'aider chacun à entamer (ou poursuivre) un travail de connaissance de soi dont les fruits dépasseront probablement la seule sphère du travail et d'utilité au collectif. Ce travail peut aller loin, être complété par une approche individuelle (comme du coaching) et aboutir à de profonds changements chez la personne. En toute logique et comme l'ont déjà fait certaines entreprises françaises, il peut aller jusqu'à permettre à chaque collaborateur de rechercher quelle est sa propre mission de vie.

Avant de vous engager dans cette voie, vous devez cependant clarifier un point : que se passera-t-il si votre collaborateur prend conscience d'une insatisfaction (ou d'une souffrance) et conclut à la nécessité de faire autre chose ailleurs ? En aidant chacun à se connaître et à se réaliser, vous faites le pari que la plénitude de chaque collaborateur recèle un potentiel infini pour votre organisation. Et ce pari ne souffre pas de condition suspensive sous peine d'être, à un moment ou un autre, manipulatoire. Vérifiez que vous êtes prêt à accepter cela et que vous pourrez accueillir sans tiraillement intérieur le départ d'un collaborateur apprécié vers ce qui est peut-être meilleur pour lui.

Tous humains, tous leaders

J'ai eu l'occasion de contribuer récemment à l'élaboration d'un référentiel de leadership qui me semble particulièrement représentatif de ce qui se joue aujourd'hui. Ce grand groupe français de 100 000 collaborateurs a intitulé sa vision : « 100 000 leaders ». Quel que soit leur statut, tous les employés de ce groupe sont invités à devenir des leaders. Et cet objectif ne relève pas d'un discours RH bien huilé, il relève d'une approche complète de la personne à qui il est proposé d'« être utile à soi, aux autres et au monde ».

Toute personne peut-elle être un leader ? Oui, sans conteste.

Pour accepter cette réalité, il convient préalablement d'en finir avec certaines vieilles représentations tenaces qui empêchent la croissance des personnes comme des organisations :

- On ne naît pas leader, on le devient. Le leadership ne provient pas de qualités présupposées innées (comme le charisme, la capacité à convaincre…) même si celles-ci peuvent s'avérer précieuses. Il n'existe pas « un » modèle de leader étalon qui permettrait de dire si l'on a ou pas l'étoffe d'un leader. Être leader n'est pas une question de statut, d'âge ni de fonction.

- Un leader n'a pas besoin d'être un manager. Toute personne peut être leader dans sa façon d'être et de faire et porter des projets qui lui sont chers, même si elle n'a pas d'équipe.

Même s'il nécessite une certaine solidité intérieure, le leadership est d'abord une question de choix. Il relève avant tout d'une *autorisation personnelle* que l'on se donne à être soi, à être cohérent avec ce en quoi on croit et à agir en conséquence avec le maximum de cohérence. Une personne n'a donc pas besoin d'un pouvoir extérieur (issu par exemple d'un statut) pour acquérir du leadership au regard des autres, elle peut puiser en elle-même. Nous sommes tous des leaders en puissance parce que nous partageons tous la même humanité : si nous nous réveillons à nous-même, nous partageons le même besoin de complétude (être pleinement nous-même) et d'accomplissement (trouver du sens à notre existence). Et ces besoins sont les plus puissants des moteurs : lorsque nous nous branchons sur notre moi authentique et nos aspirations profondes, nous connectons une envie et une énergie considérables pour mener des projets qui font sens pour nous. Peu importe que ces projets soient à petite ou grande échelle, qu'ils nous amènent à encadrer ou pas des équipes, nous devenons, par notre comportement et nos actes, source d'autorité et d'inspiration pour les autres.

L'entreprise augmentée sera donc celle qui offrira à ses collaborateurs-leaders :

- la possibilité de découvrir et d'exprimer leur singularité ;
- les conditions propices pour qu'ils puissent conscientiser puis exprimer leurs idées, leurs rêves et leurs aspirations profondes ;
- l'autorisation et le soutien pour traduire ces derniers en responsabilités nouvelles ou en projets à porter.

Dans ce schéma, le collaborateur devient leader car il peut et décide en conscience d'outrepasser les seuls attendus de sa fonction pour injecter lui-même dans son travail ce qui fait sens pour lui, que cela soit dans son savoir-faire (ses actions) ou son savoir-être (sa façon de rayonner dans le monde, d'encadrer son équipe). S'il décide de porter un projet qui lui tient à cœur, c'est à lui de mobiliser les énergies et les compétences dont il a besoin en fédérant des collègues ou une communauté si cela est nécessaire à sa réussite. C'est à lui de porter ses convictions, de prendre des risques, d'accepter d'être challengé pour, *in fine*, d'avoir un impact positif pour son environnement qui fasse sens pour lui comme pour l'organisation.

En ce début de XXIe siècle, il semble que cette philosophie « tous leaders » surgisse comme en écho à une époque qui nous appelle urgemment à reconsidérer le sens et l'impact de notre travail sur les autres et la société. Elle est rendue presque incontournable par les besoins des générations Y et Z qui n'acceptent plus d'être les maillons anonymes d'une chaîne de valeur qui les dépasse par sa complexité et dont ils doutent de la contribution positive à la société.

Offrir la possibilité à chaque collaborateur d'agir en tant que leader dans son travail, c'est redonner à chacun son pouvoir d'action sur sa vie et dans le monde. Permettre à chacun de devenir davantage leader de sa vie, c'est lui redonner sa dignité d'être humain.

Et pour les leaders éclairés qui ont permis cela dans leurs équipes, en être l'artisan et le témoin est une source de joie puissante.

L'intelligence collective augmentée

Témoignage de Gilles Poirieux, ex-directeur de l'institut du management de Sodexo

Au moment de mon entretien avec Gilles Poirieux, l'institut du management de Sodexo s'occupe du développement de 1 300 leaders dans 80 pays. Gilles est également président de l'association EVH pour laquelle il s'investit bénévolement et dont la raison d'être est d'être un lieu de développement et de transformation des dirigeants pour conduire leur organisation vers plus d'« en – Vie » et de performance.

J'ai souvent ressenti des élans intérieurs, suivis de rencontres ou de livres, qui m'ont fait faire des bascules. Il y a comme une intuition initiale, puis des faits qui la corroborent car je suis vigilant à toutes les synchronicités qui arrivent. Ces élans sont difficilement explicables, c'est une énergie vitale qui surgit et m'invite à faire quelque chose de

passionnant. C'est à la fois instinctif et intuitif, c'est dans les tripes, dans l'âme que cela se passe, ce n'est pas du tout intellectuel. J'ai alors le sentiment d'un alignement tête – cœur – tripes-corps qui me dit que c'est là que je dois aller.
Un exemple qui illustre cela est le projet d'intelligence collective que j'ai mené lorsque je dirigeais la filiale polonaise de Sodexo. J'ai ressenti un véritable appel : j'avais l'idée en moi, puis j'ai fait la rencontre avec un homme fabuleux, le patron de Sodexo en Colombie. Mon intuition était donc confirmée par le fait que cela existait ailleurs.

L'intelligence collective, c'est aller chercher le meilleur de chacun, ce qui crée un enrichissement extraordinaire pour le collectif. Le fait de pouvoir entendre toutes les différences, l'angle d'approche de l'autre, de ses idées, tout cela élève ton niveau de conscience de façon extraordinaire. Tu penses qu'on va simplement dire des choses que tu connais déjà, mais il y a en fait des tas de choses que tu ne connais pas. Et c'est souvent le plus humble qui apporte l'idée la plus percutante car il a l'intelligence des situations, cette intelligence que l'on néglige souvent.

C'était le kick-off de l'année avec tous nos managers, ils étaient cent cinquante dans la salle. L'exemple qui venait de notre filiale en Colombie reposait sur l'idée suivante : demander aux personnels de nos sites d'exploitation de développer notre business en proposant à nos clients d'autres services. C'était au fond logique car c'est eux qui avaient la confiance de nos clients sur le terrain. J'ai donc annoncé aux équipes : « dorénavant, tout le monde vend dans la société ». J'ai fait cela contre l'avis de mon comité exécutif. Tout le monde avait des bonnes raisons de ne pas le faire. Le directeur des ventes a dit qu'il devait conserver le monopole des ventes, les opérationnels ont dit « les sites vont se mettre à vendre au lieu d'opérer ». C'est grâce à des « fidèles », deux ou trois personnes dont j'ai toujours eu besoin et qui m'ont soutenu que j'ai réussi à dépasser mon Comex réticent. Mais c'est aussi parce que je suis allé chercher le cœur de l'entreprise que sont nos gérants.

En 2001, nous vivions une période difficile en Pologne et j'en ai profité : j'ai dit aux collaborateurs que cela allait nous permettre de pérenniser l'entreprise, de grandir en tant que managers, d'être totalement différents en tant qu'entreprise. Au bout de six mois, seulement quinze salariés avaient signé quelque chose : cela ne marchait pas. J'ai demandé à ces derniers de préparer puis de présenter aux autres comment ils avaient fait. Six mois plus tard, le mouvement était lancé. Ce qui est intéressant, c'est que ce sont les plus humbles qui ont réussi, pas les diplômés des grandes écoles, mais les « grosses mamas » qui venaient du système communiste. C'était elles, en qui traditionnellement on n'avait pas confiance, qui avaient réussi. Moi, j'ai juste fait confiance aux personnes, je les ai soutenues quand elles le demandaient et je leur ai demandé combien elles voulaient être rémunérées pour mettre en place la politique de rémunération adéquate.

Une quinzaine d'autres filiales Sodexo sont venues nous voir et sont reparties avec les slides et la politique de rémunération. Mais ça n'a jamais marché ailleurs car l'intelligence collective, ce n'est pas ça: cela ne se déploie pas à la McKinsey en disant «il faut vendre et vous aurez une prime». Un projet d'intelligence collective, c'est un moment où un patron fait confiance à ses équipes et lance quelque chose. C'est une union sacrée invisible entre des hommes et des femmes qui dépassent leurs peurs pour agir ensemble.

J'ai souvent l'impression d'être prophète et missionnaire. Je me trouve en avance sur pas mal de choses, sur l'évolution du monde (parfois trop, beaucoup de gens me le disent). Dans ma vie professionnelle et associative, j'ai toujours été choisi et élu, je n'ai jamais demandé, même des postes de direction générale. Les choses sont arrivées quand elles sont arrivées. Je n'ai jamais avancé dans la vie avec l'ambition d'aller toujours plus loin et je suis moi-même surpris de ce qui m'arrive. Une des phrases qui me guide, c'est: «Moïse s'en allait droit devant lui dans le désert, il ne savait pas où il allait donc il allait dans la bonne direction». C'est une confiance dans la vie, dans ce qui va arriver. La vie t'apporte mille fois plus de choses que tu n'attends pas que celles que tu attends. Le côté «prophète», je ne l'explique pas. Beaucoup de gens me témoignent que je suis inspirant pour eux. Régulièrement, des gens me disent qu'à un moment, une parole de ma part a changé leur vie. Cela m'interroge, je suis heureux pour la personne mais cela ne me touche pas. Il y a vingt ans, j'aurais été très heureux mais j'ai passé ce cap de l'ego je crois.

En matière de leadership, je crois qu'il y a un rejet de tout ce qui n'est pas authentique, de ceux qui ne tiennent pas leur parole. Je crois que la différence à l'avenir se fera sur cette authenticité. S'ouvrir à l'intelligence spirituelle est assez nouveau pour les entreprises. Quelques grandes entreprises, dont Sodexo, y vont. Elle signifie se donner une mission de vie personnelle, un «*purpose*» qui doit être aligné avec la raison d'être de l'entreprise. On ne peut plus vivre en faisant ce grand écart qui consiste à rester dans des sociétés parfois très cupides alors que l'on n'y adhère pas. Le leader authentique est aussi celui qui montre ses vulnérabilités mais aussi sa puissance. Ce qui va lui permettre d'avoir des relations totalement nouvelles avec les personnes qu'il rencontre. Il y a une parole vraie qui est décapante. Le leader de demain sera inclusif et à l'écoute: il cultivera la diversité (de sexe, d'âge, d'origine) car c'est elle qui apportera la différence. Ce n'est plus «je suis polytechnicien et donc je ne rassemble que des polytechniciens», c'est plutôt: «je rassemble l'équipe la plus diversifiée possible».

Ma mission de vie à moi, c'est d'être en recherche de sagesse pour la diffuser, sans arrière-pensée, et contribuer, dans différents environnements, à l'évolution du monde.
Notre monde est en pleine métamorphose et je suis convaincu que les entreprises vont y jouer un rôle essentiel. L'entreprise est en avance sur les pouvoirs publics et je pense que les entreprises les plus disruptives, avec la meilleure qualité de vie au travail et le plus d'intelligence collective, auront plus de chances de réussir que celles qui fonctionneront encore en *top-down*. L'endroit le plus créatif du monde, c'est la cour de récréation: instantanément, en quelques secondes, sans qu'il y ait un chef, des jeux s'organisent, des enfants courent, d'autres discutent. C'est cela que doit être l'entreprise de demain. Dans un monde compliqué, l'intelligence classique, le diplôme et les connaissances apprises à l'école étaient utiles. Mais dans un monde complexe, où tu ne sais pas où tu vas, où tout peut être disrupté (à commencer par ton métier), tu as intérêt à ne pas être dans tes évidences et à penser tout savoir.

Beaucoup de dirigeants ne se sont jamais posé la question du sens qu'ils donnaient à leur vie ou cette autre question: «qu'est-ce qui peut me rendre plus acteur de ma vie?». Certains grands leaders ne travaillent que trois jours par semaine pour se consacrer à des choses qui nourrissent leur curiosité et leur inspiration. Quand d'autres sont en burn-out en se disant que ne pas bosser 70 heures par semaine n'est pas possible. L'alignement entre mon job de leader et le sens que je donne à ma vie est absolument capital. C'est le «*I, WE, IT*». Dans ma société, le «*IT*» est très clair, ce sont les objectifs. Le «*WE*» existe beaucoup, on a conscience de l'équipe, du collectif. Mais la dimension du «je» (le «*I*») est totalement oubliée et noyée dans le collectif. Nous commençons maintenant à aborder ce «je» dans nos formations. Si le *purpose* de l'entreprise n'est pas vécu et incarné déjà par son équipe de direction, ce n'est que du marketing pour vendre ou recruter. L'Intelligence émotionnelle a ouvert la porte du travail sur le «je», mais avec la notion de mission personnelle, on parle bien d'intelligence spirituelle. Tout cela représente des terres nouvelles et c'est aux leaders de les autoriser.

Je crois aussi qu'il est très important de savoir prendre des temps de recul, de vrais breaks sabbatiques, du vrai temps pour se poser la question: est-ce que je suis sur la bonne voie pour moi? Personnellement, j'ai une chance extraordinaire. Je vis ma vie en chanceux.

L'expérience de Gilles Poirieux en Pologne l'illustre parfaitement : il existe un potentiel latent dans toute entreprise et encore largement inexploité : celui de l'intelligence collective que peut produire une communauté d'hommes et de femmes à qui l'on donne la possibilité d'être eux-mêmes. Je l'ai vécu à plusieurs reprises dans ma vie : quand nous ne sommes plus entre collègues mais entre êtres humains, quand chacun a toute sa place parce qu'il est reconnu dans sa différence, ce que peut produire le groupe dans un laps de temps très réduit est tout simplement incroyable.

Que cela soit au travers de processus d'animation (de type co-développement, world café, forum ouvert, etc.) ou de nouvelles modalités de gouvernance (holacratie, sociocratie[1]), l'intelligence collective s'impose depuis plusieurs années dans l'entreprise comme un concept d'avenir. Elle n'est pourtant pas nouvelle en soi : toute réunion, pour peu que les gens puissent échanger leurs idées, peut en produire (les processus créatifs de type *brain storming* y font appel depuis longtemps). Mais dans l'immense majorité des entreprises, cette source de richesse humaine est encore largement inexploitée :

- elle ne mobilise le plus souvent que l'intelligence rationnelle des participants, c'est-à-dire leurs idées et leurs réflexions ;
- la plupart des personnes ne se sentent pas autorisées à y engager également leur cœur et leur tripes (ou ne savent pas comment faire) ;
- de nombreuses personnes « se diluent et se perdent de vue » dans l'équipe ou le collectif : elles ont tendance à mettre inconsciemment en arrière-plan leurs ressentis et leurs aspirations d'être humain au prétexte de l'enjeu collectif. Et elles sont aidées en cela par des années de conditionnement culturel des organisations qui ne les ont jamais incitées à s'écouter intimement ;
- de ce fait, trop souvent, les personnes restent à la surface d'elles-mêmes et ne donnent pas tout ce qu'elles pourraient apporter au travail de groupe.

1. L'holacratie est une forme d'organisation s'appuyant sur une prise de décision voulue plus agile et conférée à des équipes auto-organisées. Proche de la première, la sociocratie utilise des techniques démocratiques originales comme l'élection sans candidat ou la prise de décision par consentement.

Les processus d'intelligence collective actuels peuvent être donc considérablement améliorés si chacun peut nourrir le « nous » (le projet collectif) à partir d'un « je » pleinement assumé, actif et présent. Nous touchons ici à un point d'équilibre très subtil entre leadership individuel (s'autoriser à être pleinement soi, à ressentir, à écouter ses élans personnels) et dynamique collective (qui nécessairement doit converger à un certain moment). Mais accéder à ces couches « invisibles » de l'intelligence du groupe fait toute la différence entre un processus simplement créatif et une expérience puissante et enthousiasmante. Si chaque participant est considéré comme un être humain « complet », il peut alors offrir toute la richesse de sa singularité au groupe et ses émotions, ses tiraillements comme ses aspirations existentielles sont toutes bonnes à prendre comme matière première pour le projet commun.

L'entreprise augmentée et vivante de demain sera celle qui saura activer une intelligence collective nourrie de l'intelligence rationnelle, émotionnelle et spirituelle de ses collaborateurs.

Pour accéder à cette intelligence de « deuxième génération », il lui faudra créer les conditions favorables à son émergence :

- générer un cadre de confiance et de sécurité pour que les personnes puissent engager totalement leur personne dans le processus (tête-cœur-tripes) ;
- maximiser la diversité des profils des participants pour rassembler le maximum de richesse ;
- inviter les personnes, au cours des processus, à revenir régulièrement à leur intériorité (par des exercices de centrage, de la méditation de pleine conscience ou des pratiques corporelles) ;
- favoriser l'expression régulière des émotions et des ressentis qui sont autant de signaux faibles et de pistes à explorer ;
- protéger les idées atypiques mais aussi les élans enthousiastes et les intuitions qui sont les manifestations les plus rares et potentiellement les plus riches.

Pour ouvrir cette nouvelle voie, une fois de plus, le leader éclairé jouera le rôle de catalyseur. C'est à lui d'y croire, de faire confiance et de lâcher prise. À lui aussi de montrer l'exemple en adoptant une position humble (en étant participant comme les autres) et, probablement, en engageant lui-même en premier toute sa personne et toutes ses intelligences.

D'une certaine façon, le développement de l'intelligence collective est inéluctable, y compris dans sa dimension spirituelle. Les entreprises ne pourront s'en passer pour des raisons de performance, mais aussi et surtout parce que cette intelligence du « nous » correspond probablement au prochain stade de conscience du fonctionnement des organisations humaines : *l'intelligence collective est destinée à évoluer en leadership collectif, le seul capable de répondre à un monde devenu tellement complexe qu'aucun leader, aussi éclairé, soit-il, ne peut l'affronter seul.*

Faire fraternité

> *« Je suis un homme et rien de ce qui est humain, je crois, ne m'est étranger. »*
>
> Terence.

Lorsque vous chantez au milieu d'un groupe, dans un concert ou dans un stade, il vous arrive sûrement de ressentir la sensation (fugace mais bien perceptible) de vous sentir relié plus fortement aux autres. Il y a alors une joie bien particulière, quelque chose qui vibre en nous quand nous nous sentons à l'unisson avec les autres. Ce quelque chose, c'est une part de notre humanité qui se rappelle à nous.

En ce début de siècle post-moderne pourtant envahi d'écrans, le marché des concerts et des festivals n'a jamais été aussi florissant et les stades ne désemplissent pas. Et le désir insatiable de divertissement n'explique pas tout. Car c'est dans ces moments de « communion » modernes – devenus si rares dans notre société – que nous ressentons avec le plus d'acuité cette fraternité invisible qui ne demande qu'à poindre et dont, inconsciemment, nous avons besoin. Dans ces occasions, nous réalisons que nous sommes faits du même bois et que, quels que soient nos origines ou notre statut social, nous avons, en tant qu'être humain, les mêmes besoins et les mêmes émotions. Nous ressentons également à quel point nous pouvons dégager une puissance surprenante lorsque nous faisons corps et que nous constatons que ce qui nous rassemble est plus important que de ce qui divise. Nous nous sentons alors appartenir à un tout qui nous soutient, nous dépasse et nous porte. Dans ces messes modernes, pour une très courte durée, nous ne sommes plus dans la dualité, nous ressentons l'unité. *Comme si nous ne faisions plus qu'un.*

Bien que le mot figure dans notre devise républicaine, parler de fraternité en entreprise peut paraître incongru. Pourtant, la puissance du lien est la marque des grandes épopées humaines. Les entreprises augmentées de demain seront celles qui savent tisser ou retisser ce lien de fraternité en leur sein.

Le sentiment de fraternité et tout ce qu'il active de grand et de beau chez l'être humain constituera le ciment des aventures d'entreprises de demain.

D'une certaine façon, les grandes entreprises qui essayent de créer des communautés internes (de managers par exemple) l'ont compris. Mais celles-ci, souvent décrétées d'en haut, restent superficielles car il y manque l'engagement du cœur. Elles sont créées par logique ou par intérêt, rarement sur la base d'envies ou d'aspirations partagées. Alors, les personnes continuent de travailler en se pensant seules et les silos demeurent.

Comment créer ou recréer cette fraternité ? Assurément, celle-ci ne se décrète pas avec des discours ou des valeurs proclamées : elle doit d'abord *se vivre*. Des évènements mobilisateurs mettant à l'épreuve le collectif (comme une situation de crise économique ou un conflit social) peuvent émerger d'eux-mêmes et constituer des moments fondateurs de fraternité. Mais, dans la plupart des cas, c'est au leader de créer volontairement les moments destinés à la faire émerger.

Pour cela, il faut permettre aux collaborateurs de se rencontrer dans un espace d'humanité partagée, un cadre de sécurité et de confiance où ils pourront accepter de se dévoiler et se montrer authentiques. La fraternité emprunte le chemin du cœur et du partage des ressentis et des émotions. C'est en partageant entre eux des rêves, des joies, des doutes et des fragilités qu'ils découvrent similaires que les individus expérimentent une autre qualité de lien. Lorsque l'on s'est redécouvert en tant qu'être humain, sur un pied d'égalité, un autre niveau de solidarité et d'engagement se met en place et la nature du collectif change radicalement.

Concrètement, il s'agit donc de dépasser les grandes messes habituelles ou les séminaires de team building destinés à informer ou mieux travailler ensemble. Aujourd'hui, des processus d'intelligence collective bien encadrés (comme le forum ouvert) peuvent embarquer des centaines de personnes dans ce type d'espace. Des retraites de deux ou trois jours peuvent changer radicalement le niveau de lien d'une équipe de direction. Quelles que soient les modalités, *il faudra inviter vos collaborateurs à sortir de leur zone de confort car c'est là que la magie opère : c'est au travers d'un vécu commun fort, d'une sorte d'épreuve émotionnelle traversée ensemble, que l'on construit la fraternité d'une équipe.* En acceptant un rôle humble et indispensable à la fois, le leader éclairé qui sait retirer ses galons pour être un parmi les autres, sera l'initiateur et le garant de la démarche.

Susciter la fraternité dans votre équipe peut vous paraître irréaliste mais vous ne serez pas seul : vos collaborateurs vous surprendront aussi. Que ce soit lors d'une formation d'une seule journée ou un séminaire plus long, que les personnes se connaissent déjà ou se découvrent pour la première fois, je demeure frappé par une réalité : les hommes et les femmes d'entreprise tombent aujourd'hui très rapidement les masques si l'on crée l'espace de confiance suffisant. En fait, la plupart ne demandent qu'à pouvoir être authentiques, ouvrir le cœur et se sentir reliés aux autres dans la simplicité. Comme si, aujourd'hui plus que jamais auparavant, le « vernis » des relations superficielles ne demandait qu'à craquer : la soif de reconnexion à soi et aux autres est bien présente en entreprise. Les consciences sont de plus en plus mûres pour vivre autre chose au travail.

Rééquilibrer le masculin et le féminin et oser parler d'amour

Bien que les femmes aient investi l'entreprise depuis plusieurs décennies maintenant, celle-ci reste un « monde d'hommes » dans lequel ces derniers détiennent encore largement le pouvoir. Mais cette expression traduit aussi une autre réalité : l'entreprise a, au cours de l'histoire, largement privilégié la polarité masculine des individus.

C'est une lecture communément admise de la personne : quel que soit notre sexe, nous avons chacun en nous une part masculine et une part féminine et à chacune d'elle correspondent des énergies et des valeurs de nature différente et complémentaire.

Notre *polarité masculine* se caractérise par un mouvement tourné vers l'extérieur. Elle s'exprime dans une énergie d'action qui nous permet d'explorer, de bâtir, de diriger, de trancher, d'affronter l'adversité, le tout souvent tourné vers un but à atteindre. Dans un capitalisme longtemps mû par un esprit de conquête, les entreprises ont ainsi fortement valorisé les notions d'adversité, de résilience, de compétition et de performance. Faites le constat : les premiers comportements attendus des collaborateurs (bien qu'ils ne soient pas les seuls) relèvent de l'excellence, de l'efficacité et de l'atteinte des objectifs. Il faut avant tout se montrer fort, s'imposer en faisant des choses concrètes et visibles, et avoir des résultats.

Alors, d'un commun accord inconscient, nous avons collectivement acté que l'entreprise n'était pas un lieu de bienveillance ni de douceur, parce que les collègues, les concurrents et le marché, eux, ne faisaient pas de cadeaux. Ceux qui ont gravi les échelons avec succès ont ainsi appris à refouler ces émotions et autres considérations inadaptées au prétexte évident que nous ne vivons pas dans un « monde de bisounours ».

Or, il existe un potentiel d'humanité inestimable dans cette partie refoulée des personnes.

La *polarité féminine* des êtres humains est celle qui renvoie à un mouvement d'ouverture et d'accueil : le féminin accueille et embrasse. Ses valeurs sont celles de l'inclusion, de la coopération, de la générosité, de la compassion, du « prendre soin » de l'autre. Notre part féminine est celle qui nous donne plus facilement accès à l'intelligence du cœur dont la science nous fait découvrir chaque jour un peu plus la réalité physiologique : nous avons des neurones dans le cœur (quarante mille) et ce dernier est doté d'un champ électromagnétique cinq mille fois plus intense que celui du cerveau et s'étend jusqu'à quatre mètres autour de nous. Le cœur active donc une intelligence tout à fait concrète basée sur un centre de perception supérieur et une capacité à nous faire prendre des décisions indépendamment du cerveau.

En invitant notre polarité féminine dans notre travail, il ne s'agit donc pas de libérer les émotions, de laisser libre cours à une sensiblerie inappropriée ni de faire du pathos. *Il s'agit de s'autoriser à «penser avec le cœur».* Il s'agit d'activer ces vertus si puissantes que sont l'altruisme, la compassion, l'entraide, la bienveillance ou l'acceptation de la différence. Car ces dernières nourriront des relations interpersonnelles enrichies en interne tout comme elles permettront d'imaginer les produits et les services de demain par une lecture plus empathique des besoins du monde et des clients.

L'entreprise augmentée sera donc celle qui créera les conditions propices pour que les collaborateurs puissent laisser s'exprimer les élans du cœur et les traduire en impact positif à l'intérieur comme à l'extérieur de ses murs. Pour une personne comme pour un collectif, l'altruisme, la compassion, la générosité sont des leviers d'engagement extrêmement puissants parce que nous les avons en nous. Dans une démonstration solide et scientifique récente[1], le moine bouddhiste Matthieu Ricard démontre l'existence de l'altruisme comme «une manifestation de la bonté humaine dont nous avons tous le potentiel». Alors que la performance, l'accumulation ou le pouvoir sont souvent des produits de l'ego, ces valeurs tournées vers l'autre sont connectées à notre moi authentique et nous relient aux autres. Ces vertus qui sommeillent en nous sont au cœur des entreprises de la «culture consciente» telle que définie par le mouvement *Conscious Capitalism*:

«L'amour et le soin de l'autre ne sont pas des vertus faibles. Ce sont les plus puissantes. Les organisations peuvent manifester davantage d'amour et de compassion en faisant deux choses: embaucher et promouvoir des personnes ayant ces qualités humaines et permettre aux collaborateurs de pouvoir exprimer plus ouvertement l'amour et la compassion. Les entreprises qui fonctionnent sur une base de peur sont en route vers leur extinction.»[2]

L'amour n'est plus un mot tabou en entreprise. Je constate à quel point il s'invite aujourd'hui dans les entreprises qui veulent s'inventer

1. *Plaidoyer pour l'altruisme – La force de la bienveillance*, 2013.
2. John Mackey et Raj Sisodia, *Conscious capitalism*, 2013, Harvard Business School Review.

un avenir différent et vivre ensemble une aventure qui fasse sens. J'ai vu ce mot jaillir dans des équipes de direction, au milieu des sourires et des larmes, dans la bouche d'hommes comme de femmes. Comme si au fond, c'était bien cela l'essentiel qui nous unit et que nous venons chercher aussi dans notre travail. L'amour a peut-être toujours été là, mais les gens s'autorisent désormais à l'exprimer davantage : l'amour devient une valeur d'entreprise et « le travail, c'est de l'amour rendu visible »[1].

Point de vigilance : avancer en respectant le rythme de chacun

Dans cette évolution vers une entreprise plus humaine et plus vivante, inviter les collaborateurs à engager davantage de leur humanité au travail nécessitera du temps. Certains auront du mal à s'ouvrir, par pudeur, par éducation ou même par peur. D'autres refuseront carrément d'aller dans cette voie, considérant que la sphère du travail et celle des émotions et des aspirations personnelles doivent restées cloisonnées. Il vous faudra prendre soin de ces réticences, elles seront autant de rappels à respecter le rythme de chacun.

Allez-y très progressivement, expérimentez et attendez les premiers retours : les pionniers entraîneront les suivants et il n'est nul besoin (et même inacceptable) de passer tout le monde à une quelconque nouvelle moulinette comportementale. Consultez aussi votre responsable Ressources Humaines, vous serez peut-être surpris de constater à quel point il ou elle nourrit depuis longtemps cette envie d'aller plus loin dans le développement des personnes.

En tant qu'initiateur de ces transformations, il sera essentiel que vous en restiez le garant et le principal sponsor. Vos collaborateurs ne s'y engageront pas véritablement ni durablement si leur leader n'a pas emprunté lui aussi le chemin et s'il ne veille pas au respect de la philosophie qui le sous-tend.

1. Khalil Gibran, *Le Prophète*.

L'ENTREPRISE AUGMENTÉE PAR SA RAISON D'ÊTRE

Les termes de vision, de mission ou de vocation recouvrent parfois des notions très proches. Pour la distinguer de la mission de vie individuelle abordée précédemment, nous utiliserons le terme de « raison d'être » pour parler de ce but le plus élevé d'une organisation.

> ***Réflexion sur votre entreprise***
>
> Dans quelle mesure diriez-vous que votre entreprise a un socle identitaire (raison d'être, valeurs, ambition) clair ?
>
> ....
>
> Celui-ci influence-il réellement les décisions, les missions et les comportements des collaborateurs ?
>
> ....
>
> La raison d'être de votre entreprise vous met-elle personnellement en mouvement ? Vous apporte-t-elle un supplément de sens et du souffle à votre travail ?
>
> ....

Voici ci-après deux exemples de leaders et de sociétés ayant fait de la raison d'être l'âme de leur entreprise. Comme vous le constaterez, nous sommes ici loin d'une raison d'être conçue comme une *baseline* marketing destinée à vendre davantage ou à embellir l'image de l'entreprise.

La raison d'être, Graal de l'aventure collective

Témoignage d'Antoine Lemarchand, président de Nature & Découvertes

Antoine Lemarchand a 44 ans. J'ai eu envie de le rencontrer car sa société est pionnière dans de nombreux domaines (comme la mise en place de l'arrondi ou l'obtention du label B Corp[1]). Antoine m'a reçu au siège parisien et m'a parlé avec passion de son aventure.

---

1. La communauté B Corp, fondée en 2006, aux États-Unis, réunit les entreprises qui souhaitent (ré)affirmer leur Mission Sociétale au cœur de leur raison d'être. Ce sont des entreprises à but lucratif (*for profit*) qui souhaitent progresser et démontrer leur impact positif (*for purpose*).

Nature & Découvertes a été fondé par mes parents. À 37 ans, après avoir créé et revendu deux entreprises, j'ai vécu une période de remise en cause au cours de laquelle j'ai voulu voyager et reprendre mes études avec une vraie soif d'apprendre (que je n'avais pas plus jeune) en faisant un executive MBA. À mon retour, mon père m'a dit qu'il voulait revenir à une vie plus simple. De mon côté, je souhaitais recréer ou reprendre une entreprise. Pourquoi pas celle qui me ressemble en tout, Nature & Découvertes ? Dès lors, comment succéder à mon père qui était une icône ?

En 2009, quand je suis arrivé, le chiffre d'affaires commençait à baisser durablement, le modèle calait et il fallait réparer le cœur de l'entreprise. À partir de 2011, une nouvelle version de Nature & Découvertes a émergé (nouveaux produits, nouveau concept de magasins) mais ce qui n'a pas changé, c'est le « côté engagement » de cette marque qui ne se voyait pas alors que, globalement, l'entreprise fait partie des préférées des Français. 36 millions de personnes passent dans nos magasins chaque année et Nature & Découvertes a été créée sur cette idée : mes parents voulaient exprimer leurs opinions et, en fait, l'entreprise prend la parole tous les jours car elle agit. Les gens percevaient aussi que nous n'étions pas qu'une chaîne de magasins mais un écosystème : des magasins, des évènementiels (comme l'université de la Terre), des ateliers ou des sorties dans la nature et notre fondation qui redistribue de l'argent (nous redistribuons l'équivalent de 15 % de notre résultat net). Je me suis dit : « ça, c'est l'avenir, une société qui appartient de plus en plus à ses clients ». Quand on parle de société au service du bien commun, et bien qu'elle appartienne juridiquement à ses actionnaires, cela signifie pour moi faire en sorte que la société appartienne de plus en plus à ses clients et à ses équipes.

La première vision de Nature & Découvertes était basée sur une notion de compensation et de redistribution. C'était très avant-gardiste : nous gagnions de l'argent en utilisant des ressources naturelles, donc il était normal de compenser notre emprunt sur la nature. Mon père avait cette philosophie de « faire et de laisser dire ». J'ai eu la sensation que les clients évoluaient et voulaient être des protagonistes de nos idées, au même titre que les équipes. Ils voulaient faire partie d'une communauté d'engagés pour la Nature. Nous avons également commencé à accueillir de plus en plus de candidats issus de grandes écoles qui acceptaient des salaires plus bas à la condition d'un engagement véritable et sincère de l'entreprise vis-à-vis de la Société avec un grand « S ». Et ils attendaient aussi que nous en parlions plus autour de nous : ils voulaient du sens et de l'engagement. Ils disaient aussi : « on veut un patron, un cap, une étoile qui brille et un cadre. Mais un cadre bien large, pas rigide : un cadre de valeurs. Votre rôle de patron, c'est de nous proposer une aventure dans ce cadre ».

Mon rôle en tant que leader n'est donc pas d'écrire le plan stratégique et opérationnel de l'entreprise, c'est d'écrire l'aventure. L'aventure, pour Nature & Découvertes, cela consiste à devenir l'entreprise au service du Bien Commun la plus enthousiasmante possible, la plus performante et la plus qualitative. Enthousiasmante parce ce que je souhaite que les gens aient la banane quand ils viennent le matin. Qualitative, cela signifie qu'on se refuse parfois à faire du quantitatif (comme par exemple ouvrir des magasins à tour de bras). Et «au service du Bien Commun» signifie que je considère l'économie comme un moyen et non une finalité.

Dans cette aventure, il y a d'abord un Graal, par définition inaccessible, qui fait rêver les gens et mobilise les énergies. Il faut donc ensuite des chevaliers car ce sont eux qui doivent aller chercher le Graal: ce sont nos managers du front office (le commercial, le marketing). Leurs armes, c'est au back office de leur donner (les RH, la finance): donner des budgets, des formations, des recrutements. Et puis il y a les dragons, qui sont nos concurrents directs ou indirects. Ça, c'est donc la «grande histoire» et le but consiste ensuite à en écrire les épisodes. Mon rôle, c'est d'être une sorte de conseil constitutionnel qui garantit la cohérence d'ensemble et fait écrire les scénarios des épisodes. Et à la fin de chaque année, comme dans une série télévisée, il y a un «*cliffhanger*», une fin à suspense qui donne une forte envie de vivre l'année suivante. Le Graal est tellement beau qu'on ne s'en lasse pas et qu'on veut continuer à enchaîner les épisodes. Le Graal pour nous, c'est de devenir une entreprise au service du bien commun qui arrive à satisfaire nos cinq parties prenantes que sont nos clients, nos fournisseurs, nos employés, nos actionnaires et la société dans son ensemble.

Une de mes plus grandes fiertés concerne notre fondation dont la mission est de défendre la biodiversité. Auparavant, nous avions un conseil scientifique qui évaluait les projets et allouait les budgets. Alors que nous étions en crise de chiffre d'affaires, avec moins de moyens disponibles, nous avons décidé de multiplier les projets en donnant des «coups de mains» à plus petits budgets pour des associations. Ce sont désormais les collaborateurs des magasins qui montent à Paris, présentent leur projet et redescendent avec un chèque s'ils ont été convaincants. Nous soutenons 150 à 200 projets par an et cela génère énormément de fierté pour les équipes. Certains projets font sourire – comme celui des crapauducs (des «viaducs» évitant aux crapauds de se faire écraser) ou bien des projets de sauvegarde de chauve-souris – mais c'est là aussi que l'on voit la pureté des démarches. Aujourd'hui, de nombreuses associations existent grâce à notre activité.

Pour moi, le leader est forcément un optimisme né, qui arrive à donner de l'espoir, c'est la première de ses vertus. Ensuite, son rôle est d'inspirer l'histoire et de fixer des caps assez importants et à long terme. Le leader n'est pas selon moi un homme de mesures. C'est ensuite quelqu'un qui va animer au quotidien ses équipes, être derrière le cercle des collaborateurs, pas devant ni au centre. Il est derrière et souffle de temps en temps à l'oreille des idées ou des feed-back, comme un coach. Mais de temps à autre dans l'année, il sait aussi monter sur l'estrade pour donner un récapitulatif du chemin parcouru, donner le résumé de l'épisode précédent qui remet les choses en perspective pour la suite. Sinon, les gens se découragent et se fatiguent.

Je suis profondément croyant même si je pratique peu régulièrement. Il m'arrive de faire des retraites spirituelles en monastère chrétien. Ce qui me permet de me réaligner, c'est ma famille qui adore ce que je fais mais qui n'est pas non plus fascinée par tout cela. Dans ma famille élargie, nous avons un tissu familial très fort, avec une vraie parole libre et beaucoup d'émulation entre nous. Nous faisons pas mal de voyages dans des coins reculés et inspirants (on se déplace parfois à 30). Passer un moment en famille me redonne la pêche et des idées. Le dernier point et c'est peut-être le plus important: la Nature m'aide beaucoup. Rien de tel quand je suis un peu paumé ou que je n'ai pas d'inspiration, que d'aller dans la Nature, d'avoir un moment de contemplation. J'ai fait cela cet été avec les enfants. On est parti avec la tente et nos matelas quinze jours dans l'Aubrac. Nous avons partagé des choses très simples, des moments calmes, parfois de silence.

Je crois que la cause des maux de notre époque réside dans la croyance que le métrique principal de notre bonheur, c'est la croissance. Je suis très en phase avec la notion de sobriété heureuse. J'essaye de me contenter de choses plus simples mais ce n'est pas facile pour moi de l'appliquer. Je me suis fait cambrioler deux fois et la deuxième fois, je me suis posé la question: ai-je besoin de cette montre, de cette télé? Je n'ai pas racheté de montre de marque ni de télé et j'essaye de garder le plus longtemps possible mes objets.

Si on fait de la croissance négative, cela ne me va pas (car nos charges augmentent) mais croître au rythme de l'inflation ne me dérange pas du tout. Parfois, je me demande si cela ne bride pas ma boîte et si c'est juste d'agir en fonction de mes préférences personnelles. Mais je crois beaucoup à la motivation du dirigeant et au fait que les gens sont très heureux d'avoir un référent qui a la pêche. Et si je ne l'ai pas, je serai paumé et je serai un mauvais leader. Quand on voit un leader qui est heureux, inspiré et résilient, cela interpelle les gens dans le bon sens.

Ce qui m'anime globalement, ma mission à moi, c'est de montrer un autre visage de l'économie et des entreprises. Il y a plein de boîtes qui font des super trucs et dont on ne parle jamais. Avec d'autres entreprises que je côtoie, nous nous échangeons beaucoup de choses en «open source», y compris nos visions et missions: j'ai distribué celle de

Nature & Découvertes en leur disant qu'ils pouvaient l'utiliser à volonté librement. Mon but, c'est d'arriver à unifier toutes ces boîtes qui font des choses superbes. C'est notamment pour cela que je suis très actif dans le mouvement *b.corp* et que Nature & Découvertes a été la première entreprise française a en être certifiée.

Le fonctionnement de Nature & Découvertes décrit une raison d'être puissante et partagée (son Graal) : devenir l'entreprise du bien commun la plus enthousiasmante possible, la plus performante et la plus qualitative. Cette raison d'être est porteuse de souffle par sa puissance narrative et sa structure concrète en épisodes communiqués à tous, régulièrement récapitulés par le leader. Pour les équipes, l'histoire de leur entreprise (ressource si souvent négligée mais centrale dans une culture d'entreprise) s'écrit sous leurs yeux au fur et à mesure que les « épisodes » (années) se succèdent.

Si le concept de raison d'être n'est pas nouveau en entreprise, il est longtemps demeuré abstrait pour les collaborateurs. La raison d'être restait une notion stratégique parlant surtout aux dirigeants, mais sans réel ancrage dans le quotidien des collaborateurs. Dans une économie où les entreprises sont invitées à reconsidérer leur rôle dans la société et où les individus veulent donner du sens à leur travail, l'entreprise augmentée de demain sera celle qui s'est dotée d'une raison d'être vivante et ambitieuse pour le monde.

Les raisons d'être destinées à « produire les meilleurs produits du monde » ou « devenir le leader mondial de… » ont fait long feu : elles relèvent de l'ego des dirigeants ou d'un ego collectif créé à l'échelle de l'entreprise. Or celle-ci est en train de passer d'un statut d'acteur économique à celui d'acteur sociétal responsable et dans ce contexte, la raison d'être peut devenir un puissant vecteur d'engagement, de cohésion interne et d'attractivité des talents.

L'exemple de Decathlon

La raison d'être formulée par Decathlon est la suivante : « rendre durablement le plaisir et les bienfaits de la pratique des sports accessibles au plus grand nombre ». Elle a été bâtie à la suite d'un travail au cours duquel les milliers de collaborateurs de l'enseigne ont été invités à participer. Dans cette entreprise à la culture sportive ultra-forte (à titre d'exemple, les entretiens d'embauche se font souvent en pratiquant le sport préféré du candidat), la raison d'être est une source de fierté et de cohérence car elle représente l'expression concrète et altruiste de valeurs partagées par tous. Elle est également cohérente avec le modèle économique adopté : faire des produits peu coûteux, à faible marge mais vendus en volume pour les rendre accessibles aux personnes les plus modestes (ce modèle est inspiré du modèle « *base of the pyramid*[1] »).

À l'instar de Nature & Découvertes qui refuse parfois d'ouvrir des magasins dans des zones commerciales périphériques pour des raisons environnementales, il ne suffira pas d'afficher une raison d'être, aussi belle soit-elle : celle-ci devra servir de guide jusque dans les décisions les plus stratégiques, dont certaines pourront s'opposer frontalement à la logique mercantile. Ce qui a pour conséquence de faire de la performance économique, non plus une fin en soi, mais un moyen pour nourrir la raison d'être de l'organisation.

Pour que la raison d'être de l'entreprise puisse imprégner toute l'entreprise, il convient soit de la créer tous ensemble (avec une méthodologie en intelligence collective *bottom-up*), soit, si elle existe déjà, de la faire « redescendre » dans les équipes et au plus près du terrain par un travail d'appropriation pour que chaque collaborateur puisse la relier concrètement à sa propre activité et comprendre comment il y contribue.

L'entreprise organisée par missions

Témoignage de Florent Amion, directeur général de Vygon Espagne

Âgé de 41 ans, Florent Amion est le directeur général d'une entreprise internationale de produits médico-chirurgicaux destinés aux établissements de santé[2]*. J'ai entendu parler de lui par un ami commun au courant de mon projet de livre. J'étais intrigué par ce qu'il m'en avait dit : Vygon avait mis en place la « direction par missions ».*

J'ai pris la direction de Vygon Espagne à 30 ans en 2004. En faisant des gaffes et avec l'énergie du débutant, nous sommes passés de trente à cinquante salariés. Puis les crises sont arrivées. Tout d'abord en 2010 la crise économique, puis en 2013 la crise personnelle. Ai-je fait le tour

1. Modèle popularisé par les travaux des économistes, C.K. Pralahad et Stuart L. Hart qui ont réfléchi, à la fin des années 1990, à l'adaptation du modèle capitaliste pour les 4 milliards d'humains qui vivent avec moins de deux dollars par jour.
2. http://www.vygon.es/

de ma vie professionnelle? Quelles sont mes motivations réelles pour les 25 prochaines années? Que se passe-t-il si Vygon est racheté? Dans ma crise des 40 ans, j'ai eu peur de tout. Je me suis mis en recherche, j'ai commencé à me former et j'ai découvert le coaching, la psychologie organisationnelle positive, les neurosciences, tout cela a transfiguré le Florent personnel et professionnel. Sur un plan très personnel, ma femme a fait avec moi le cours de MBSR[1] car elle s'est dit: «soit je le fais avec toi, soit je vais te perdre». La méditation, c'est un temps à moi, de repos et d'observation. Et ce que je constate, c'est que je suis de plus en plus conscient, vivant et attentif à pleins de signaux. Je ne suis pas croyant et je n'associe pas cela à une religion. C'est une façon de se regarder et de regarder le monde.

Quand je découvre ce petit ouvrage très simple *La direction par missions*[2], je le lis trois fois de suite et c'est la révélation. La mission dont on parle, c'est une mission d'entreprise destinée à contribuer à la transformation de la société. La direction par mission représente une alternative à la direction par objectifs qui règne dans la plupart des entreprises. Elle consiste à mettre les employés au centre, mais pour de vrai. Ils sont placés au cœur du système. Au centre se trouve aussi la responsabilité sociétale et environnementale de l'entreprise, c'est-à-dire le service rendu à la société. Ces deux dimensions sont au même niveau que les actionnaires et les clients.

La mission d'entreprise se décline ensuite en «mission participée»: chaque département formalise sa propre mission pour contribuer à celle de l'entreprise. Puis chaque salarié définit sa mission individuelle (professionnelle) dans la même cohérence d'ensemble.
Dans les organisations par objectifs classiques, chaque département défend son territoire et sa logique (la direction financière défendant ses objectifs de rentabilité, le commercial celui du volume, etc.), ce qui crée des silos et des conflits. La direction par mission crée une unité, un alignement et une intégration des équipes unique car elle s'appuie sur le principe de motivation transcendante. La motivation transcendante répond à la question: «qu'est-ce que je fais, moi, en tant qu'être humain dans ma boîte pour changer le monde?» Elle s'identifie en se posant la question: que se passerait-il si notre entreprise disparaissait demain? La réponse de base que l'on obtient en général, c'est: «je perds mon salaire, mon

1. *Mindfulness Based Stress Reduction*, programme de méditation de pleine conscience développé par Jon Kabat-Zinn au centre hospitalier du Massachussetts et largement répandu dans le monde occidental, notamment en entreprise.
2. Pablo Cardona et Carlos Rey, *Dirección por misiones – La direction par mission – Comment générer des entreprises à haut rendement*, Deusto, 2018.

boulot, etc.». Le second niveau de réponse est «dommage, on faisait des bons produits». Pour nos employés, elle sera plutôt: «Non, Vygon ne peut pas disparaître car Vygon est en train de modifier les hôpitaux du monde entier et c'est important pour les patients».

Notre mission d'entreprise est la suivante: «améliorer l'expérience des patients en offrant aux organisations de santé des produits médico-chirurugicaux et des services de haute valeur au travers d'une organisation humaniste respectueuse de l'environnement et économiquement durable».

Nous sommes donc partis de la mission de l'entreprise pour la redescendre au plus près des personnes. Mais si la mission professionnelle de chacun était bien comprise, nous hésitions à empiéter sur la mission personnelle de l'individu. Les Américains, eux, travaillent sur la notion de «*purpose*», d'objectif vital, qui part davantage de la personne et l'amène à transformer cela en objectif d'entreprise. C'est l'intersection des deux missions – professionnelle et de vie – qui est à rechercher. Donc, durant cette année 2019, on va aider nos employés à trouver leur propre mission de vie avec des ateliers spécifiques.

Nous avons démarré en janvier 2014. Il y a eu un gué à passer, un endroit où on ne pouvait plus faire marche arrière et des moments difficiles. Je pensais que cela prendrait six mois, nous avons mis trois ans et demi. Nous avons investi énormément. On a fait du coaching individuel, du coaching collectif, des entraînements à la méditation, des formations avec des chevaux, de la danse tribale, etc. Malgré cela, certains sont ressortis en disant qu'ils n'y croyaient pas et là, cela a été douloureux de nous séparer d'eux. La direction par mission est tellement simple, tellement puissante que l'on ne s'était pas rendu compte de ses exigences. Pour les managers notamment, passer du leader patriarche au leader coach n'est pas facile.

Pour les employés, nous avons décidé de créer une entreprise optimiste en nous appuyant sur la psychologie positive appliquée aux organisations. De nombreuses choses ont été mises en place en termes de management, de gestion par compétences ou de bien-être au travail. Le projet stupéfiant qui a émergé a été celui de décider d'un «bâtiment optimiste», co-créé avec les employés: ce sont eux qui ont décidé de repeindre la façade extérieure, de créer un arbre des valeurs ou encore de créer une galaxie d'étoiles à l'entrée de l'immeuble où chaque visiteur peut inscrire son nom en tant que partie prenante de notre projet. L'arbre décrit nos deux valeurs centrales: l'optimisme et l'amour. L'amour non pas comme un sentiment mais comme un comportement. Avec ce que cela induit en termes de générosité, de vulnérabilité, d'humilité, de passion, de compassion, de présence et de respect.

En ce qui concerne notre service à la société (aux patients), je n'ai rien à dire à l'équipe pendant six mois. Puis j'ai eu tout à coup une révélation : si nous avons offert à nos employés une organisation « optimiste », les patients résident dans les hôpitaux, il nous fallait transformer les hôpitaux. Les aider à aller vers une plus grande santé organisationnelle, c'est cela qui permettrait de servir le mieux nos patients. Au niveau mondial, on estime que 30 à 50 % des personnels d'hôpitaux sont en souffrance. Il y a énormément de problèmes de management dans les hôpitaux alors que l'on sait que, quand une équipe médicale marche mieux, il y a moins de souffrance et de décès dans son service. Nous avons donc décidé de mettre en valeur les initiatives positives qui existent dans les établissements de santé en Espagne. Ce qui nous amené à imaginer les prix des hôpitaux optimistes.

Nous sommes donc sortis de notre métier et nous nous sommes donnés les moyens pour le faire. Pour mesurer la santé organisationnelle au sein des hôpitaux, nous utilisons un outil de diagnostic psychosocial validé scientifiquement. C'est maintenant la quatrième remise des prix et la deuxième fois que la reine d'Espagne est présidente du comité d'honneur. Nous avons eu cette année 220 candidats. Nous avons créé une fondation « hôpitaux optimistes » avec des prix qui récompensent des managers, des projets originaux (par exemple, en pédiatrie, de la thérapie avec des chiens ou avec de la musique) et puis – et ça c'était mon rêve depuis le début – nous avons lancé l'élection de « capitaines optimistes », ceux qui sont l'« âme » du service et qui génèrent des bonnes vibrations pour les autres. L'idée, c'est de mettre en valeur des gens normaux qui font des choses extraordinaires pour inspirer les autres. La mayonnaise a pris : depuis le début, nous avons eu 450 candidatures d'hôpitaux, 70000 professionnels de santé représentés. Le professionnel de santé qui gagne reçoit une coupe et 3000 € pour donner à une ONG qui travaille pour générer des sourires dans l'hôpital. On travaille ainsi en même temps le muscle de la générosité et de la transcendance.

Nous avons aujourd'hui des collégiens qui viennent chez nous, des universités, des entreprises belges, hollandaises, anglaises, françaises... Des centaines de personnes nous ont rendu visite et on répond oui à toute demande. Je crois que ce que nous voulons, ensemble à cinquante personnes, c'est que notre entreprise soit la meilleure opportunité de développement personnel, professionnel et spirituel qu'on puisse avoir pour ensemble réaliser des choses extraordinaires.

Ma mission de vie est aujourd'hui à 100 % alignée avec mon travail : me transformer moi, transformer mon organisation de façon à inspirer d'autres entreprises et transformer ainsi la culture organisationnelle des hôpitaux au niveau mondial pour réduire la souffrance des patients. Quand je me retournerai, à l'avenir, je sais que nous serons heureux d'avoir fait progresser les chiffres de Vygon, mais surtout de pouvoir se dire qu'on a été capable de faire sourire, d'aider les gens, d'aider à la transformation des hôpitaux.

Professionnellement, j'ai complétement transformé ma fonction. Avant j'allais sur le terrain aider les vendeurs, maintenant je suis invité dans des congrès ou je parle devant des centaines de clients pour leur parler de sujets transversaux de management qui n'ont pas à voir directement avec nos produits, mais qui génèrent une image de marque unique. Entre ça et les réseaux sociaux, nous allons faire + 7 % dans un marché qui fait –2/–3 %. Nous vivons une période incroyable. En tant que leader coach j'aide les autres à trouver des solutions. Avant, j'étais celui qui savait tout, maintenant je ne suis plus au courant de rien (*rires*). Ça fait bizarre ! Si tu n'as pas une forte confiance en toi, en les autres et dans ta mission, c'est très difficile. Ce qui m'intéresse, ce n'est pas le pouvoir, c'est d'avoir de l'autorité. Ce qui est plus intéressant, je trouve, c'est de faire un pas en arrière, de quitter l'action pour lever la tête du guidon et regarder plus loin. C'est très libérateur.

En faisant tout cela, je me suis retrouvé à attirer et croiser plein d'autres entreprises qui font des choses similaires. Se mettre au service des autres, c'est le plus beau cadeau que l'on puisse se faire à soi-même. Cela m'amène une énorme sérénité et je rencontre des gens qui vivent la même expérience : quand on rencontre cette fenêtre d'humanité en soi, on se dit tout est possible, on peut rêver à des choses auxquelles on n'aurait jamais pensé auparavant.

J'ai rencontré un homme qui m'a invité à aller aider des sans-abris dans la rue. Je me suis aperçu que le muscle de la générosité est celui qui permet de faire des choses impossibles. Quand tu amènes un repas chaud à une personne qui vit dans la rue, tu te rends compte que c'est la même chose que de proposer à un directeur d'hôpital de mettre de l'optimisme dans son établissement : tu offres ce que tu as de meilleur pour aider. À un certain niveau, les chiffres de vente et tout le reste, c'est juste une excuse pour continuer à agir pour que les choses autour de toi soient différentes.

Très récemment, je me suis retrouvé à devoir parler en Angleterre devant des centaines de directeurs d'hôpitaux, des « *sirs* » intimidants. J'avais un sacré challenge : les inspirer et les faire rire en une demi-heure. L'ego et sa peur de ne pas être à la hauteur, voilà le grand saboteur. Se reconnecter à sa mission, prendre la parole comme si j'avais un cadeau à offrir : quand j'arrive à vivre cela, c'est là que je m'éclate.

Je crois que tout commence par le cheminement de la personne. Il n'y aura pas d'entreprises éclairées si les leaders n'ont pas fait leur boulot. Travailler auprès des hôpitaux et des malades représente pour moi un rappel permanent de ma propre fragilité, de ma finitude. Cette sensation de fragilité, je la cultive, je l'apprécie car elle me fait passer de la gratitude à la générosité. Et c'est cette générosité qui libère.

À trente-neuf ans je me sentais vieux et craintif. Et là, je sens que ce n'est que le début. C'est passionnant. J'ai des milliers de livres à lire et de choses à faire. Je suis passé de craintif à expansif. On a tant de choses à découvrir.

L'exemple de Vygon, l'une des entreprises espagnoles les plus avancées dans la mise en œuvre de la « direction par missions » illustre la possibilité de redescendre une raison d'être d'entreprise à chaque échelon de l'organisation : chaque service a décliné sa propre mission pour contribuer à servir la raison d'être de l'entreprise. Puis, chaque collaborateur a défini sa propre mission professionnelle individuelle. Au final, chacun (et chaque équipe) sait comment il participe à la raison d'être qui devient à la fois concrète, vivante et source de fierté partagée.

Pablo Cardona et Carlos Rey, à l'origine du management par missions, ont basé leur modèle sur la notion de *motivation transcendante*.

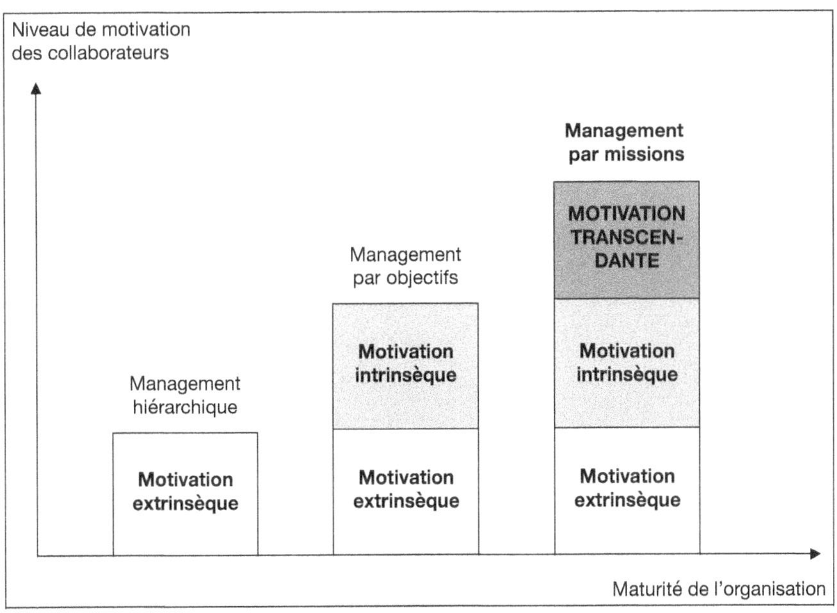

De la motivation extrinsèque à la motivation transcendante

Selon eux, on peut distinguer historiquement trois types de motivation constitutifs de l'engagement des collaborateurs. L'organisation du travail par tâches de l'ère industrielle reposait sur une motivation de nature extrinsèque : l'individu travaillait en contrepartie d'une rétribution fournie par l'« extérieur » (principalement matérielle et statutaire). Théorisé par les recherches de Peter Drucker, le management par objectifs, recherchant une responsabilisation accrue, a sollicité un second niveau de motivation qualifié d'intrinsèque : celui-ci repose sur l'intérêt, le sens et le plaisir personnels que la personne va trouver dans son travail. Le management par missions ajoute alors un troisième niveau de motivation dit *transcendante* : celle-ci provient du sentiment que notre travail participe à une noble cause ou un idéal qui nous dépasse tout en nous permettant d'en être un artisan actif. La motivation transcendante permet d'atteindre des résultats plus élevés tout en cultivant un fort niveau d'unité au sein de l'entreprise.

Ce nouveau niveau de motivation est latent dans toute organisation. Il correspond à deux aspects de notre intelligence spirituelle : donner un sens à notre existence et nous sentir en lien avec les autres. Les entreprises capables d'offrir un tel espace d'accomplissement à leurs collaborateurs se doteront d'un moteur de performance (lié à l'engagement et à la coopération), d'attractivité des talents et d'innovation (les idées sont innombrables tant la quête est grande) qui sera déterminant dans les années à venir.

Articulation entre raison d'être d'entreprise et mission de vie personnelle

Dans les faits, à l'exception peut-être de celles ayant une vocation à dimension sociale, sociétale ou environnementale forte (et qui attirent donc des collaborateurs chez qui elle résonne d'emblée), peu d'entreprises proposent à leurs collaborateurs un engagement de dimension existentielle. Jusqu'à aujourd'hui en effet, les organisations n'ont pas recruté avec de tels arguments et les individus, faute de connaître leur propre mission de vie, ne se sont pas non plus posés la question de savoir si l'entreprise pouvait leur offrir un tel niveau d'accomplissement.

Cette situation se retrouve au plus haut niveau de l'organisation : si définir la raison d'être de l'entreprise est jugé nécessaire, il est beaucoup plus rare d'avoir une équipe dirigeante dont les membres ont formulé individuellement leur mission de vie. Ce qui est stratégique et vital pour l'avenir d'une entreprise ne s'appliquerait donc pas à un niveau individuel. Comme si les individus – dirigeants compris – épousaient naturellement la mission de l'entreprise sans la discuter, sans valider au fond d'eux-mêmes qu'elle fait véritablement sens pour eux. Comme s'ils devaient s'oublier sous le prétexte tacite que le collectif prime sur l'individu.

Inviter les collaborateurs à trouver leur mission de vie individuelle peut paraître risqué car il amène son lot de questionnements :

que se passera-t-il si le collaborateur ne trouve que peu de résonnance entre la noble cause de son organisation, son travail quotidien et ses propres aspirations personnelles ? Ne risque-t-on pas de perdre des ressources précieuses en ouvrant une telle boîte de Pandore ?

Et si les organisations faisaient le pari inverse : celui d'une intersection maximale entre la raison d'être de l'entreprise et la mission de vie de chaque collaborateur ?

Raison d'être et missions de vie d'un comité de direction

Mobilwood est une PME bourguignonne particulièrement inspirante. Son dirigeant décida d'embarquer son équipe de direction de (douze managers) dans une retraite de 3 jours. Le but du séminaire était d'actualiser la raison d'être de l'entreprise par un travail collectif (il l'avait définie seul quelques années plus tôt). Nous aurions pu atteindre cet objectif par un travail classique en intelligence collective mais le dirigeant souhaitait aussi que son équipe en sorte grandie en permettant à chacun d'affirmer son leadership et sa singularité. Durant deux jours, la retraite proposa un travail très personnel et introspectif. Nous guidâmes chacun jusqu'à la découverte et le partage de sa propre mission de vie. Le troisième jour, chacun contribua à réécrire la raison d'être de l'entreprise tout en s'assurant qu'il pourrait y trouver et y accomplir sa propre mission personnelle. Cet alignement assumé entre l'individuel et le collectif produisit un haut niveau d'authenticité, d'ambition et d'envie.

Plutôt que de nier les aspirations existentielles qui, tôt ou tard, se manifesteront si elles ne sont pas entendues (sous forme de mal-être, de désengagement ou de départ), *l'idée consiste donc à maximiser le recouvrement entre mission personnelle et raison d'être d'entreprise.*

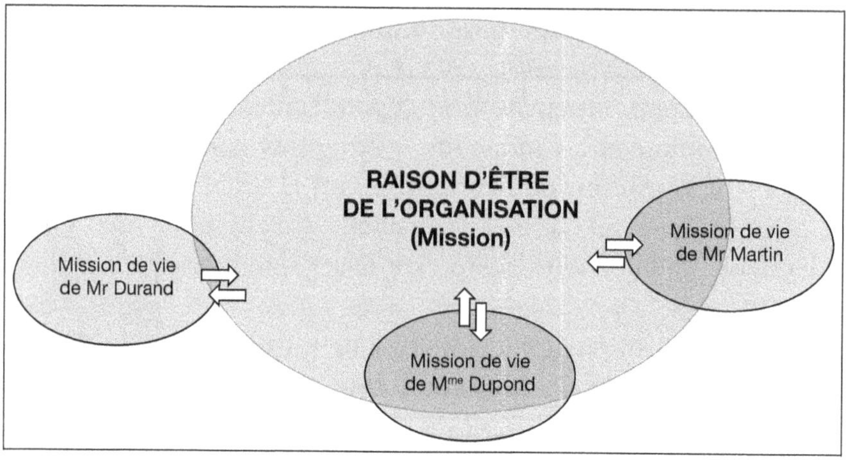

Maximiser le recouvrement entre mission de vie et raison d'être d'entreprise

Il est alors possible de rentrer dans une logique vertueuse :

– plus l'organisation autorisera ses collaborateurs à chercher leur mission et à s'interroger sur comment ils peuvent la vivre dans leur travail, plus elle libérera la richesse qui y est associée ;
– plus elle affirmera la noblesse et la hauteur de sa raison d'être collective, plus elle attirera les « bonnes personnes », c'est-à-dire celles chez qui elle résonne avec leur propre mission de vie.

Que faire si l'intersection raison d'être-mission est trop faible ? À terme, il n'est a priori souhaitable pour personne de conserver des collaborateurs en incapacité de pleinement s'épanouir dans leur entreprise.

Au fond, ce nouvel espace de questionnement qu'ouvriront les entreprises n'est pas nouveau : certaines personnes (exigeantes vis-à-vis d'elles-mêmes) se posent déjà ces questions et changent de poste quand elles se sentent désalignées. Il renvoie cependant la « gestion des talents » à ses propres paradoxes : l'entreprise doit-elle attirer les plus malléables et les plus dociles ou doit-elle recruter des potentiels plus riches mais aussi plus exigeants vis-à-vis de leur entreprise et de leur travail ? Est-elle prête à prendre le risque d'avoir des collaborateurs totalement engagés mais aussi libres de « tracer leur route » si leur propre mission de vie l'impose ?

Dans la pratique, les choses seront souvent plus nuancées : un collaborateur à qui l'on propose de trouver sa mission de vie aura une tendance à la considérer compatible avec son entreprise s'il y est globalement heureux. Par contre, ceux qui doivent s'interroger en profondeur et avec honnêteté sont bien les dirigeants : ce sont eux pour qui l'intersection mission de vie-raison d'être d'entreprise doit être la plus large afin qu'ils puissent réellement incarner cette dernière.

Le leader éclairé, gardien des rêves

Passer de 3 000 à 10 subordonnés

Dans une formation de dirigeants à laquelle je participais, l'un des participants appartenaient à une grande entreprise en pleine transformation. Lui-même venait de quitter un poste de directeur général d'une filiale de 3 000 personnes pour prendre la direction d'une équipe de seulement 10 personnes au niveau du siège. Ayant travaillé sur lui, il vivait très bien ce changement d'échelle. Quand je lui demandais quel titre il avait désormais, il me répondit : « J'hésite encore mais je pense fortement à "Gardien du rêve" ».

Faire vivre la raison d'être et protéger les rêves

Toute organisation est soumise à une forme d'entropie qui s'attaque tout particulièrement à sa raison d'être. Aussi belle soit-elle, celle-ci a tendance à s'affaiblir avec le temps. Elle est porteuse de souffle au départ (lors de la création de l'entreprise ou d'un virage stratégique important), mais finit souvent par perdre son éclat au fil du temps si elle n'est pas maintenue concrète et donc vivante.

Il y a une responsabilité que seul le leader éclairé peut endosser : celle de rester « branché » en permanence et plus que tout autre sur la raison d'être de son entreprise. C'est à lui de redonner régulièrement de la profondeur de champ au quotidien des équipes en leur rappelant à quoi contribuent les tâches et les missions qui sont les leurs. Ce rappel sonne comme une évidence mais combien de leaders sont vraiment en capacité de le faire ? Prennent-ils le temps pour cela ? Combien sont-ils à être vraiment habités par cet idéal poursuivi par leur organisation ?

Dans le système de performance qui est le nôtre et les règles impitoyables de la compétition permanente, les « rêveurs » ne sont pas légion et encore souvent considérés comme des irréalistes. Nos décideurs sont ainsi faits : conditionnés à agir et à décider, ils sont plus à l'aise à établir des stratégies qu'à (re)donner du souffle à une aventure d'entreprise qui est par essence humaine.

Pourtant, c'est bien de rêveurs et d'utopistes dont notre époque a besoin ! Car comment s'extraire du système dominant et hyper contraignant si personne n'ose rêver un futur plus désirable ? Le souffle de l'aventure a déserté le capitalisme qui tourne aujourd'hui sur lui-même et sur la recherche de profits. Vous n'entendez plus parler de « progrès » en entreprise, il a été remplacé par l'« innovation » qui n'a ni la même ambition, ni la même puissance évocatrice.

Si les cyniques, les déçus et les désinvestis sont nombreux, ceux qui osent rêver et partager leurs rêves sont rares. Votre rôle de leader éclairé, c'est de :

- contribuer activement à (re)formuler cet idéal porté par votre organisation ou votre service ;
- le faire vivre à tous les niveaux de l'entreprise en communiquant inlassablement sur ce rêve collectif ;
- vous émerveiller des avancées concrètes et les partager ;
- protéger ceux qui partagent cette forme d'idéalisme et savent communiquer leur enthousiasme aux autres.

Le leader qui ne rêve pas lui-même sa propre vie ne peut pas nourrir le rêve collectif. Votre rôle de leader éclairé, c'est de cultiver *en vous* la faculté à rêver demain. C'est d'oser imaginer sans relâche, avec optimisme et pragmatisme, un futur désirable pour l'entreprise et pour le monde.

« Voir loin et agir court »

En tant que leader, c'est à vous qu'il incombe de donner le cap. Mais comme les marins le savent bien, les conditions extérieures ne vous appartiennent pas et, pour atteindre votre destination, la ligne droite n'est pas forcément le plus facile ni le plus rapide des chemins. Il faudra faire avec le vent et vous devrez aussi sûrement tirer des bords.

Pour faire de la raison d'être une véritable étoile polaire face à l'incertitude, il sera important de :

– toujours garder la destination finale en tête, la rappeler sans cesse à l'équipage, pour ne pas en dévier ;
– vous adapter à ce qui se présente avec pragmatisme et opportunisme (pris dans son acception positive).

Libéré de cette obsession de contrôler l'incontrôlable, le leader éclairé peut user de sa sagesse pour :
– « voir loin » pour ne pas perdre de vue l'idéal ;
– et « agir court » pour adapter avec souplesse et réactivité l'organisation aux aléas de son environnement.

L'ENTREPRISE VIVANTE RELIÉE AU MONDE

Cette célèbre maxime d'Andy Grove, patron d'Intel, a bercé des générations d'entrepreneurs : « Seuls les paranoïaques survivent ». Elle renvoie à l'idée que l'entreprise (et ses dirigeants) évolue dans un environnement hostile (concurrents, fournisseurs, réglementations) dont elle doit se méfier en permanence pour s'adapter et survivre.

Quand j'accompagne des dirigeants dans leurs difficultés d'entreprise, je constate aussi à quel point ce conditionnement est puissant chez les personnes : la concurrence acharnée et l'adversité induisent une vision très autocentrée de l'entreprise, comme si cette dernière était coupée de son environnement. La vision systémique et holistique fait souvent défaut.

Or ce paradigme « seul contre tous » du monde des affaires, bien que tenace, est appelé à disparaître.

Témoignage de Benoit Greindl, co-fondateur de Montagne Alternative

Benoit Greindl a 53 ans et dirige[1] *une structure hôtelière hors-du-commun, inspirante et magnifique, perchée dans un minuscule village des montagnes suisses. Au-delà de la beauté de la nature et des lieux (un ensemble de vieilles granges rénovées de manière unique), c'est l'audace, la vision et la cohérence d'ensemble du projet qui m'avait fortement marqué et inspiré quand j'étais venu sur place.*

1. www.montagne-alternative.com.

Il y a une citation de Confucius qui m'est chère : « On a deux vies, et la deuxième commence quand on se rend compte qu'on en a qu'une ». Ma période de milieu de vie a été particulière. Après avoir vendu ma première société, je suis parti en Chine pendant cinq ans en famille pour vivre une nouvelle aventure entrepreneuriale (dans le domaine des services immobiliers). Le fait de vivre en Chine, un environnement et une culture très différents, m'a permis, je crois, de faire un important travail personnel de déconditionnement pour comprendre où j'en étais. Loin de chez toi, tu as beaucoup moins d'influences extérieures ; j'avais plus de liberté par rapport au regard permanent de l'autre qui, inévitablement, t'influence et te dicte une certaine image sociale à tenir.

Je crois que, dans une première partie de ma vie, j'ai plutôt vécu « en réaction » et j'essaye désormais davantage de vivre « en action ». Je crois que l'on peut vivre cette première partie de vie en fonction de réactions à ses émotions, à ses manques, à ses blessures d'enfance et de vie. Le moteur est celui de la réussite, de l'envie de créer de la valeur et de se prouver des choses. À ce stade, j'opérais à un niveau qui, je crois, n'était pas encore essentiel.

En Chine, je me suis mis à pratiquer beaucoup de yoga, de méditation. J'avais beaucoup de lectures aussi. L'influence de différentes personnes, de coachs ainsi que des stages ont également joué dans mon évolution. J'ai davantage vécu un lent cheminement qu'une bascule brutale. Je crois que, par des pratiques régulières et un travail personnel, on peut se mettre en phase avec soi et chercher une forme d'alignement, une sorte de réunification avec son être essentiel, ses valeurs et une mission qu'on se définit pour soi. Ma quête de sens est alors devenue comme une sorte de nécessité évidente. J'ai ressenti un besoin de cohérence et le désir de vivre pleinement qui je suis. N'ayant pas le feu sacré pour cette activité en Chine qui marchait pourtant bien, je l'ai vendue et ai décidé de rentrer en Europe car mes réflexions m'avaient amené à chercher un engagement professionnel à l'intersection de la passion, du sens et de mes compétences. Je n'étais pas du tout malheureux mais j'ai eu envie de poser des actes concrets pour vivre tout cela. Cette démarche a été d'autant plus facile, que ma femme, Alexia, a fait le même type de parcours et s'est également complètement réorientée professionnellement.

Au hasard d'une randonnée à ski, mon cousin germain s'est retrouvé bloqué dans un endroit magnifique dont il m'a ensuite parlé. Le village de Commeire était à la fin d'un cycle : la population était tombée de plus de 100 personnes au milieu du siècle dernier à 10 personnes en 2006, l'activité économique avait disparu et beaucoup de bâtiments étaient à l'abandon. Le projet Montagne Alternative a alors émergé : créer un lieu de reconnexion à la Nature et à sa propre nature. Créer un lieu où cet exercice se fait plus facilement grâce à la beauté de la montagne qui, partout, nous invite à la verticalité.

Nous nous sommes donc lancés, adoptant dès le départ un développement basé sur les principes de l'économie régénératrice. Nous avons travaillé avec des entreprises locales pour faire vivre un savoir-faire nécessaire au maintien du côté agro-industriel des granges, ce qui a renforcé les liens avec les gens de la région et qui est également le plus cohérent sur le plan environnemental. Nous avons installé des panneaux solaires quasi-invisibles de la rue et atteint une très basse consommation énergétique d'ensemble, prouvant que le très haut de gamme peut être propre et exemplaire. L'économie régénératrice est également circulaire : les déchets des uns deviennent les matières premières des autres. On a préservé ce qui existait au lieu de tout raser et reconstruire. Par exemple, on a réutilisé le maximum des matériaux qui existaient dans les granges désaffectées (qui sont devenues les chambres et les appartements) pour que l'extérieur ressemble aux granges d'avant.

Dans la vision à 20 ans que nous avons développée pour Montagne Alternative, nous pensons que l'enjeu majeur sera d'intégrer le principe que l'humanité n'est que l'émanation de la Nature et celle-ci répond à des lois et des mécanismes de fonctionnement spécifiques. Toute activité humaine doit intégrer cette réalité sous peine de disparaître. Une posture d'humilité et d'observation est donc nécessaire pour s'en inspirer. C'est un réel changement de paradigme par rapport à la pensée occidentale dominante depuis plusieurs siècles qui a été essentiellement cartésienne, scientifique, séparatiste et matérialiste. Notre lieu est comme un point d'acupuncture connecté à d'autres endroits similaires qui se sont développés dans le monde. Ces endroits permettent d'apprendre par l'expérience, par la cohérence du concept et une forte connexion aux éléments naturels desquels émane puissance, beauté et inspiration. Ils permettent de développer des compétences verticales, plus subtiles, relevant plus de l'intelligence physique, relationnelle, émotionnelle et spirituelle.

Ce projet, en lui-même, est initiatique. Au début, on nous a pris pour de doux rêveurs. Pour les Suisses, aller développer un village paumé et y attirer une clientèle haut de gamme relevait de l'utopie. Aujourd'hui, nos actionnaires sont prêts à réduire leur rendement pour donner une partie de leurs profits à une ONG locale. Cela questionne beaucoup les gens parce qu'il a fallu un certain temps pour ajuster le modèle économique et le rendre pérenne. Aujourd'hui, la gestion du site a été confiée à Chateauform dont les valeurs sont tout à fait en phase avec celles de

Montagne Alternative. Mais pour moi, cela fait partie de la cohérence du système : la meilleure façon de garantir la performance financière de l'entreprise à long terme, c'est d'être sûrs que notre contribution sociétale existe réellement et que chacun de nos stakeholders soit rémunéré d'une manière raisonnable. Nourrir les stakeholders renforce les fondations de l'entreprise. Et si un actionnaire accepte le principe de création de valeur partagée, il faut le faire. Si l'entreprise crée localement de la valeur pour la collectivité, elle renforce son ancrage. Cette approche a permis en 2014 à Montagne Alternative de devenir la première entreprise certifiée b Corp en Suisse.

Ce dont je suis le plus heureux, c'est d'avoir su, malgré les difficultés et les erreurs, conserver l'intention initiale du projet, son âme et sa mission. Ce qui m'a fait tenir le cap, c'est cette conviction que cette cohérence d'ensemble touche les gens. Nous avons beaucoup de feed-back des clients et d'encouragement de personnes qui nous disent que nous sommes sur le bon chemin. Et quand tu vas voir ton banquier et que tu touches la personne en face de toi par le projet, tu te fais un allié qui va porter le projet à destination. En ayant toujours mis le sens et la cohérence au cœur de la stratégie, nous avons réussi à fédérer un ensemble de gens qui font que ce projet est toujours là.

Nous étions jusqu'à présent dans une société très cognitive : « je pense donc je suis ». Ce qui, implicitement, nous a amenés à nier notre corps, nos émotions et notre dimension spirituelle. Au XXIe siècle, on se rend compte que les émotions sont importantes, que notre relation à notre corps est également importante. Au XXe siècle, notre développement scientifique nous a amené à puiser sans limite dans la nature. Aujourd'hui, nous nous rendons compte qu'il va nous falloir vivre en harmonie avec elle : ce n'est pas nous qui dominons l'environnement, nous en faisons partie. L'environnement, c'est l'autre et c'est moi. Le changement de paradigme réside dans cette prise de conscience que nous faisons partie d'un ensemble vaste et complètement interdépendant.

En tant qu'individu, je suis unique, et je peux oser, si je me connais, jouer pleinement qui je suis avec mes forces, mes faiblesses et mes limites. Et quand je fais cela, je sors du domaine compétitif où je veux devenir l'autre ou dominer l'autre. Mon but devient alors d'être complètement moi-même avec l'aide de l'autre. C'est la même chose pour une entreprise : elle peut aller vers de la « coopétition » ou de la coopération. Deux entreprises opérant dans le même secteur ont néanmoins leur raison d'être spécifique et peuvent donc collaborer. En fait, la compétition amène à un non-sens ; en tuant l'autre pour vivre, on finit par se tuer soi-même. Ce modèle que nous avons créé génère des externalités qui le condamne à court ou moyen terme. Si on pousse la logique compétitive à fond, il n'y aura au final plus que quelques « *happy few* » concentrant une richesse phénoménale mais qui n'auront plus de clients pour acheter leurs produits. Ou alors, c'est l'environnement qui sera totalement détruit. La nature est une grande source d'inspiration pour moi : un arbre n'est pas en concurrence avec l'arbre d'à côté, il est interdépendant. Demain, selon moi, le client choisira son fournisseur en fonction des valeurs portées par l'écosystème auquel il appartient.

Je suis très heureux de toute cette vie, de ma famille et de ce projet nourrissant sur le plan du sens. Je crois qu'une étude récente d'Harvard a dit que le bonheur d'une vie tient à la qualité des relations que l'on aura eu avec les personnes autour de soi. J'ai la chance de rencontrer des personnes fantastiques. Je crois qu'il faut vivre ses rêves plutôt que rêver sa vie. Je vis cette cohérence aujourd'hui mais pour le reste, je reste très humble sur la trace que je laisserais.

Nous vivons une époque où nous sommes submergés d'informations. Mon conseil, c'est de se créer des espaces de vie pour cultiver cet axe vertical. On a tous cette petite voix intérieure en nous, il faut oser l'écouter. La vie n'est qu'un court passage qu'il faut oser vivre pleinement. Les grandes décisions viennent des intuitions de cette petite voix. Le reste des décisions ne servent qu'à alimenter l'exécution.

Vivre en harmonie avec les parties prenantes

De la compétition à la coopération

La théorie de l'évolution de Darwin est souvent invoquée dans la vision classique du monde des affaires pour justifier des dogmes : il faut lutter et s'adapter et seuls les plus forts survivent. Mais Darwin évoquait lui-même la coopération dans sa théorie et les nombreux travaux scientifiques des dernières décennies tendent à prouver que la coopération joue un rôle au moins aussi important que la compétition dans la survie des espèces (notamment de la nôtre).

Dans un monde hyperconnecté et globalisé où toute entreprise peut se découvrir un concurrent à l'autre bout du monde ou voir son activité disparaître en quelques années, peut-on vraiment se passer des autres ? Les crises économiques qui secouent la planète le démontrent régulièrement : nous sommes dans une interdépendance de fait. Alors, pourquoi n'en voir que le mauvais côté ? Comme le montre l'exemple de Montagne Alternative et bien d'autres, *interdépendance* et *coopération* ouvrent la voie d'une autre conception de l'entreprise.

L'entreprise de demain sera augmentée parce qu'elle sera pleinement vivante, c'est-à-dire reliée et inter agissant avec son environnement comme le font tous les êtres vivants dans le cadre d'échanges réciproques équilibrés. Elle sera résiliente car elle aura tissé des liens solides au sein de son écosystème pour résister aux aléas et aux crises économiques.

De « shareholder » aux « stakeholders »

Avoir une vision holistique de l'entreprise consiste donc à la considérer comme faisant partie d'un tout plus vaste qui ne se résume pas à son marché. Les entreprises adoptant cette vision des choses cherchent donc à satisfaire l'ensemble des parties prenantes (*stakeholders*) faisant partie de leur écosystème immédiat – employés, clients, fournisseurs, actionnaires, associations ou administrations locales – mais aussi plus large : la société dans son ensemble, la planète, voire les générations futures.

Bien évidemment, satisfaire toutes ces parties prenantes en même temps n'est pas chose aisée mais représente une autre façon de juger de la performance globale de l'entreprise. C'est dans cet esprit que le mouvement *Conscious Capitalism* a adopté le modèle «*Triple Bottom Line*», un système comptable destiné à mesurer la valeur créée selon trois dimension : les hommes, la planète et les profits.

Contribuer à la paix économique

Un de mes amis, enseignant dans une école d'ingénieurs me dit un jour : «j'ai décidé d'arrêter de former les petits soldats de la guerre économique». Sa réflexion fait écho aux travaux de la Chaire *Mindfulness*, bien-être au travail et paix économique de l'école de management de Grenoble. Celle-ci éclaire les mécanismes de peurs et les croyances de rareté qui sous-tendent la conception de l'économie moderne : c'est parce qu'il y a des crises, du chômage et des délocalisations (que le système contribue en fait lui-même à créer) que la violence économique est ainsi justifiée et acceptée de tous. À ce capitalisme n'ayant aucun horizon que lui-même, il est possible de revenir aux raisons d'être de l'économie et de l'entreprise dont le but est de contribuer au bien commun, à la paix sociale et à la vie heureuse dans la cité.

Si ces travaux sont encore récents, ils présentent l'intérêt de mettre chacun en capacité d'agir : *la paix, bien qu'étant un horizon inatteignable, commence ici et maintenant, dans l'engagement individuel apaisé que chaque collaborateur peut tenter d'insuffler dans son comportement, ses pensées et ses actions.*

CONCLUSION : L'ENTREPRISE AU SERVICE DU MONDE

Depuis plusieurs années, l'économie sociale et solidaire (ESS) se développe fortement. L'essor de ces entreprises, dont les missions s'attaquent aux problématiques sociales ou environnementales de notre époque, correspond à la recherche implicite d'une voie intermédiaire entre entreprises classiques (principalement tournées vers le profit) et les associations (et les ONG). À ce statut juridique particulier s'ajoute celui d'« entreprise à mission » actuellement discuté en France (et déjà adopté par de nombreux pays) qui vise à mettre sur un même niveau performance économique et contribution au bien commun et sera accessible à toute société, y compris celles détenues par des actionnaires.

En toute logique, si une entreprise adopte une raison d'être ambitieuse pour le monde, son évolution l'amènera à considérer son action à l'échelle de la société toute entière. L'entreprise du bien commun s'imposera comme une nécessité, et elle n'en sera pas moins performante pour autant.

Transposant son modèle individuel à l'échelle des organisations, Richard Barrett décrit ainsi le stade ultime de l'organisation : au septième niveau, l'entreprise est guidée par la compassion et œuvre dans la perspective des générations à venir.

Voici le changement de paradigme fondamental auquel nous assisterons dans les prochaines années : l'entreprise passera du « je » (une vision autocentrée d'elle-même « seule contre tous ») à une vision d'un « nous » qui dépasse ses frontières pour englober tout son écosystème.

Le leitmotiv stratégique de demain ne sera plus : « qu'est-ce que nous y gagnons ? » mais « qu'est-ce qui est le mieux pour le bien commun ? ».

L'ambition des équipes ne sera plus d'« être les meilleurs du monde » mais d'être les meilleurs « pour le monde ».

Partie

IV UN CHEMIN DE DISCIPLINE ET DE SAGESSE

10

GARDER SON CAP

« Entre le stimulus et la réponse, il y a un espace.
Dans cet espace se trouve notre pouvoir
de choisir notre réponse.
Et dans notre réponse se trouvent
notre croissance et notre liberté. »

Viktor Frankl

Le chemin décrit dans ce livre n'est pas facile. Une fois le désir de changement ancré en vous, comment y rester fidèle sans que le temps et le quotidien ne l'effacent ou ne le rende irréaliste alors qu'il était pourtant si vibrant quand il a émergé ? Comment tenir ensuite votre cap, pour vous et pour votre organisation ? Et où trouver la force et la patience de continuer malgré les obstacles et les doutes ?

Ainsi est notre époque : dès que nous n'y prêtons plus attention, le « faire » l'emporte sur « l'être ». Pour que l'intelligence spirituelle puisse se déployer et prendre la place qui lui incombe, le leader éclairé n'a d'autre choix que d'ouvrir, de cultiver et de protéger un espace d'intériorité comme une sorte de sanctuaire personnel.

Ce chemin exigeant n'est pas le plus fréquenté mais d'autres l'ont emprunté avant vous ; certaines balises ont aussi été posées par une sagesse à la fois ancienne et moderne dans laquelle celui qui le souhaite peut trouver réconfort et repères pour continuer sa route malgré les vents contraires.

Vous trouverez dans ce chapitre des pratiques que j'ai observées fréquemment chez les leaders que j'ai rencontrés, complétées de certaines réflexions issues de ma propre expérience. À vous d'activer en vous et grâce aux autres les ressources qui vous aideront au mieux.

******

L'EXIGENCE D'UN SANCTUAIRE INTÉRIEUR

Tout va si vite, le monde est devenu si complexe et les sollicitations quotidiennes qui nous détournent de nous-mêmes sont si puissantes qu'il semble illusoire de vouloir penser et changer l'entreprise sans disposer d'un lieu de ressourcement et de sécurité intérieurs.

Pour affronter vents et tempêtes, vous aurez besoin de pouvoir revenir régulièrement à votre port d'attache : pour vous ravitailler, vous réparer et refaire le plein de sens et d'énergie.

Le chemin du leadership éclairé a cette exigence : se recréer et cultiver un sanctuaire personnel d'intériorité, un espace de liberté intérieur permettant de recouvrer une faculté à être, penser et agir selon ses valeurs et en phase avec sa mission. Plus que tout autre, c'est au leader qu'il incombe de relever ce challenge : insérer, dans son agenda des temps, des échanges et des pratiques non négociables et pour certains exigeants.

La liberté intérieure indispensable pour changer le système

Les leaders éclairés sont ceux qui réussissent à s'affranchir des dogmes et des conditionnements collectifs pour penser des modèles organisationnels et économiques vertueux dans lesquelles le profit n'est plus une finalité mais une conséquence naturelle d'une aventure avant tout humaine.

Mais aussi généreux, solide et courageux soit-il, chaque fois qu'un leader s'oublie et se laisse absorber par le rythme effréné du business, chaque fois qu'il se laisse reprendre par les sirènes de l'ego (en termes de schémas de réussite ou de peurs), le modèle dominant l'emporte. Car, comme je l'ai déjà mentionné, ce modèle est extrêmement habile dans sa capacité à assimiler puis normaliser tous les élans humanistes de ceux qui cherchent à le réformer. Il y a tant de projets altruistes porteurs d'avenir qui se sont transformés en « business » parce que leurs leaders n'ont pas réussi à en préserver l'intention initiale !

Or il est impossible de changer en profondeur un système si l'on y est complètement immergé soi-même. La seule façon de le « hacker », c'est de pouvoir le vivre en ayant « un pied dedans et un pied en dehors ». Le pied « dedans », c'est être au cœur de l'action et de ses réalités. Le pied « dehors », c'est pouvoir, grâce à un espace d'introspection et de paix intérieure, questionner régulièrement l'essentiel : mon organisation est-elle toujours alignée sur sa raison d'être ? Suis-je moi-même toujours sur mon propre chemin d'accomplissement personnel ou ai-je été rattrapé par mes vieux démons du passé ?

L'intelligence spirituelle est alors une précieuse ressource : grâce à elle, nous pouvons, tout en poursuivant notre propre chemin d'éveil, rester lucides sur nos propres peurs comme sur les tentatives du modèle dominant de réintégrer nos idéaux dans un business plan qui serait plus raisonnable. Grâce à un sanctuaire intérieur, nous pouvons rester au plus proche de nous-mêmes et de nos idéaux, regarder en face ces doutes qui nous assaillent et affronter avec davantage de sérénité les obstacles qui ne manqueront pas.

Un sanctuaire intérieur pour tenir son cap

Après les premiers élans qui amènent un engagement différent du leader vient immanquablement le temps de la mise à l'épreuve : vos envies, vos intuitions et vos rêves se heurteront au réel. Je ne connais aucun leader éclairé qui n'ait pas d'états d'âme ou d'envies, parfois, de jeter l'éponge.

Quand le doute s'invite

Après plusieurs années d'engagement et malgré toutes les marques de considération que j'ai reçues, je constate que le doute revient chez moi de manière cyclique : il vient challenger ma foi dans ce que je fais (suis-je encore prêt à prendre des risques ?) et revérifier la pureté de mes intentions (suis-je toujours branché sur ma mission de vie ?). Il vient questionner le niveau de mon engagement (ai-je « dilué » mes convictions pour qu'elles soient entendables et achetables ?) et interroger si tout cela me procure véritablement de la joie (la routine et le « tiède » se sont-ils installés à mon insu). Alors, quand je suis assailli par mes peurs et le désarroi, je sais que je peux m'asseoir, fermer les yeux et regarder à l'intérieur de moi. À de nombreuses reprises dans ma pratique méditative, j'ai pu recontacter ce lieu intérieur où mes peurs se sont atténuées ou dissipées pour ensuite laisser la place aux décisions ou aux ajustements qui s'imposaient.

Retrouver son sanctuaire intérieur, c'est pouvoir ajuster son action sans négocier avec l'essentiel. C'est cultiver une qualité d'être et une présence à la vie qui sont si précieuses pour soi et ses projets.

L'époque des managers qui se sacrifient et s'oublient dans leur travail est donc révolue : nous avons besoin de leaders qui restent au contact d'eux-mêmes, au plus près de leur propre vie et de leurs idéaux, car c'est comme cela qu'ils serviront au mieux les autres.

CULTIVER UNE INTÉRIORITÉ AU SERVICE DU MONDE

Bien sûr, à chacun de trouver l'équilibre de vie ou les rituels qui lui conviennent pour préserver sa vie intérieure. Force est de constater que certaines pratiques reviennent plus fréquemment que d'autres parmi les leaders éclairés. Un seul mot d'ordre : faites vos propres expériences, tirez-en vos conclusions et gardez à l'esprit qu'il vous faudra sûrement cultiver deux qualités nécessaires (et peu encouragées par notre époque) pour tirer le fruit de vos efforts : de la discipline et de la patience.

Car voici une dernière aptitude spirituelle des leaders éclairés qui sous-tend toutes les autres et les rend durables : malgré leur rythme et leurs engagements professionnels, ces leaders savent s'imposer une discipline de vie pour préserver leur dimension spirituelle et poursuivre leur chemin de sagesse.

La septième aptitude spirituelle consiste à adopter une discipline de vie pour protéger et cultiver son intériorité.

Pratiquer la méditation de pleine conscience

Avant tout, il est important de rappeler que cette pratique spirituelle millénaire ne saurait se réduire à l'approche utilisatrice qui en est parfois faite par l'entreprise : celle d'un outil pour mieux gérer son stress et ses émotions ou, plus généralement, être plus performant. Réduire ou instrumentaliser la méditation de cette manière est manipulatoire et peut contribuer à la vider de son essence première. Car pour celui qui s'engage dans la pratique avec assiduité, la méditation offre une profondeur infinie et peut changer l'existence.

La méditation de pleine conscience consiste à observer l'ensemble des expériences internes (sensations, sentiments, pensées, émotions) et externes (bruits, évènements) qui nous traversent, sans porter de jugement à leur égard. Elle invite donc une attitude d'attention et de vigilance « à ce qui est », et cultive notre présence à nous-même et à l'instant présent.

La méditation de pleine conscience se répand aujourd'hui parmi les leaders éclairés car elle répond à plusieurs de leurs besoins :

- Elle permet d'apaiser le monologue incessant du mental (ruminations, pensées compulsives) qui nous coupent souvent de nos émotions et de nos ressentis plus subtils. Elle permet ainsi de nous connecter plus aisément à notre météo intérieure et de vivre et agir avec davantage de conscience et de discernement.
- Elle cultive le « non-agir » car la méditation se pratique sans objectif à atteindre ni résultat à obtenir. Il n'est pas possible de « rater » une méditation car il n'y a rien à réussir. Toute méditation, aussi imparfaite soit-elle, est un apprentissage sur le fonctionnement de notre esprit.
- En cultivant une attitude d'observation et d'acceptation, la pratique permet d'agrandir progressivement cet espace de liberté intérieure qui existe entre le stimulus (un sentiment, un évènement, une douleur) et la réponse que nous décidons d'y apporter. Au lieu d'avoir une *réaction* (souvent automatique voire compulsive), nous pouvons alors décider d'y *répondre* de manière appropriée à partir d'un état plus apaisé et lucide.
- Elle renforce la capacité d'attention en exerçant le « muscle » de l'attention. Grâce à une pratique régulière, elle permet de constater plus rapidement quand, perdus dans nos pensées, nous sommes

moins présents à nous-même, à l'autre ou aux signes. Dans un monde rempli d'écrans et d'applications destinées à nous « voler des heures de vie »[1] et fonctionnant comme des stimuli irrésistibles, nous (et nos enfants) sommes bel et bien rentrés dans une « guerre de l'attention ». La méditation aide à porter notre attention là où nous le souhaitons et cette aptitude, pour un décideur, est et sera clé dans les années à venir.

Pour un leader éclairé, la méditation ne relève donc pas uniquement d'une forme d'hygiène de vie personnelle, elle représente un espace de questionnement de ce qu'il ressent et pense, de clarification de ses intentions et de reconnexion à sa mission. Loin de l'isoler dans une bulle, cet espace de liberté lui permet de rester au plus près de l'action qu'il veut avoir dans le monde.

Si vous décidez de l'expérimenter, engagez-vous à une certaine régularité et sur une certaine durée (quitte à limiter chaque séance à quelques minutes par jour) car ses bienfaits n'apparaissent qu'avec le temps.

S'offrir des temps de retraite

Posez-vous cette question : *à quand remonte la dernière fois où vous vous êtes accordé plusieurs jours, loin de chez vous et sans vos proches, pour faire le point avec vous-même ?*

Dans notre époque où l'action et la vitesse priment sur le reste, les leaders de demain seront ceux qui renoueront avec cette habitude que l'on retrouve dans de nombreuses traditions de sagesse : pour être dans l'action juste, un leader doit savoir s'octroyer des temps lents pour s'extraire du tumulte du quotidien, prendre du recul et revenir à l'essentiel. Les périodes d'action doivent alterner avec des temps de « retrait du monde » qui ne sont pas de simples moments de repos ou de ressourcement mais de véritables temps de réalignement destinés à se réengager dans le monde avec une force renouvelée.

1. Expression utilisée par Tristan Harris, ancien ingénieur de Google, qui a créé un label, T*ime Well Spent*, pour lutter contre les applications dont l'ergonomie, au lieu de nous faire gagner du temps, nous manipulent via leur interface pour nous en faire passer le plus possible avec elles.

Des vacances reposent et ressourcent parfois. Mais elles ne permettent que rarement ce mouvement d'intériorité que représente une véritable retraite. Car la retraite est avant tout une disposition d'esprit particulière, qui s'exprime, comme l'écrivit Cicéron, par notre liberté à « savoir être à soi ».

Il est possible de faire une mini-retraite seul, chez soi, en coupant son téléphone pour une journée, en gardant le silence et en s'astreignant à en faire peu. Les monastères chrétiens offrent depuis toujours un espace d'accueil propice à une reconnexion à notre dimension spirituelle. Il existe aussi des retraites thématiques organisées autour d'une pratique spécifique (yoga, méditation, jeûne...).

Après trois années passées à animer des retraites dédiées aux managers, je crois que de tels espace-temps sont en passe de devenir indispensables pour un leader car ils permettent :

- d'enlever le « masque » et le fardeau des responsabilités pour un moment et en toute sécurité ;
- de regarder en face ses tiraillements et ses doutes pour se réaligner avec soi-même et avec l'essentiel ;
- de continuer à approfondir sa connaissance de soi ;
- de bénéficier du regard de pairs et de s'enrichir des autres ;
- de découvrir ou de se reconnecter à sa mission ;
- de questionner un sujet stratégique pour soi ou son organisation à partir d'un état de conscience apaisé et plus lucide.

Dans une retraite, le lieu joue un rôle important : sa sobriété, sa beauté, son calme agissent de manière invisible mais certaine. Les rencontres inattendues et authentiques peuvent être hautement inspirantes. Le silence, le plus grand des maîtres spirituels, y joue un rôle certain car il nous offre ce cadeau de pouvoir nous entendre nous-même. En calmant le mental, une retraite aide souvent à rouvrir le cœur et à retrouver le chemin d'une spiritualité que le quotidien fait perdre de vue.

De nombreux leaders ressentent le besoin d'une telle pause salutaire mais ne se l'autorisent pas : ce n'est jamais le bon moment car l'agenda est rempli... Il y a comme une culpabilité (vis-à-vis de son équipe ou de sa famille) à s'offrir un temps inconsciemment considéré comme « improductif » car il ne produira rien de « visible ». Il y a aussi la peur, très répandue, de se retrouver face à soi-même sans savoir sur quoi cela peut déboucher. Ces freins sont légitimes aussi, car il y a en effet des périodes de vie plus propices à l'introspection et d'autres davantage tournés vers l'action. Chez les leaders éclairés cependant, ces moments de retraite sont réguliers tant ils sont jugés nécessaires.

Continuer à investir en soi

Au cours de leur évolution personnelle, la majorité des leaders interrogés dans cet ouvrage ont réalisé qu'un travail sur eux-mêmes leur était devenu indispensable pour grandir. La plupart ont été accompagnés dans leur mue par un coach ou un thérapeute pour aller débusquer leurs croyances limitantes, identifier leurs moteurs de vie inconscients, regarder leurs angles morts ou affronter les peurs qui les empêchaient d'être pleinement eux-mêmes.

Pour résumer les choses de façon schématique, je crois que *votre responsabilité de leader dans ce domaine est à deux niveaux : continuer à vous déployer et continuer à vous libérer.* Et tous deux représentent sûrement le travail d'une vie.

Vous devez continuer à vous déployer en découvrant qui vous êtes, en habitant et exprimant tous ces talents, ces qualités et ces rêves qui sont les vôtres. Avec bienveillance et exigence envers vous-même, il vous incombe de sortir régulièrement de cette image installée et peut-être satisfaisante de vous-même pour vous remettre en cause, une nouvelle fois. Ceci est bénéfique pour vous accepter encore davantage et assumer qui vous êtes – et qui vous n'êtes *pas* – faisant vôtre cette phrase célèbre d'Oscar Wilde : « Soyez vous-même, les autres sont déjà pris ». L'offre de lectures ou de stages dans ce domaine est vaste. À nouveau, veillez à garder l'ego à distance : la connaissance de soi est sans fin. Vérifiez régulièrement votre intention : ce travail sur soi vise à vous permettre d'être plus équilibré, plus complet et plus heureux mais vous le faites aussi pour qu'il profite aux autres.

Vous devez également continuer à vous libérer en allant volontairement regarder ces freins, ces peurs et ces scénarios de vie répétitifs qui vous empêchent d'exprimer toute votre puissance. Ce travail sur les « ombres », ces mécanismes inconscients qui nous influencent et nous entravent, est lui aussi indispensable. Comme le rappelle la devise de la

Maison des leaders fondée au Québec – « Meilleur humain, meilleur leader », mettre de la lumière sur vos blessures et vos souffrances bénéficiera lui aussi aux autres : vous serez plus conscient des mécanismes qui actionnent vos peurs, des fragilités qui peuvent engendrer chez vous des comportements ou des décisions désalignés avec ce que vous souhaitez vraiment.

Le travail à faire ici requiert du courage. Une situation douloureuse (qu'elle surgisse au travail ou dans votre vie privée) est souvent l'indicateur qu'il y a quelque chose à aller voir. Au lieu de refouler les émotions pénibles qu'elle suscite, vous devez aller à leur rencontre car elles vous indiquent que vous avez quelque chose à comprendre et peut-être à nettoyer (avec un accompagnant). Dans ma propre expérience de thérapie, j'ai fait mienne cette métaphore si belle et si soutenante exprimée par Christiane Singer : « là où se tiennent tapis les dragons sont dissimulés les trésors ». Quand nous avons le courage d'affronter ce qui fait nous le plus peur, derrière la souffrance se cache souvent le cadeau d'une libération ou d'une réconciliation avec soi synonyme de paix.

À l'inverse de tant de managers qui s'estiment souvent exonérés d'une telle remise en cause, les leaders éclairés cultivent avec humilité cette habitude : ils investissent en eux-mêmes car cela représente l'un des investissements les plus utiles, et peut-être les plus rentables, pour leur entreprise.

Renouer avec la Nature

Sommes-nous faits pour vivre coupés durablement de la Nature ? En découvrant les modes de vie des leaders inspirants que j'ai rencontrés, j'ai constaté à quel point celle-ci leur était précieuse.

On le sait aujourd'hui, études scientifiques à l'appui, une simple balade d'une demi-heure dans une forêt contribue à réduire notre stress et notre niveau d'anxiété : les « bains de forêt » proposés par la *sylvothérapie* améliorent aussi notre sommeil, notre concentration et notre mémoire. Mais la reconnexion à la Nature va au-delà.

La Nature nous apaise par sa beauté et sa sérénité. Par sa présence puissante, elle réveille notre propre présence à nous-même. Par ses saisons et sa lenteur, elle nous rappelle que notre propre rythme biologique d'être humain n'est probablement pas celui que nous nous imposons souvent. Par sa simplicité et sa grandeur, elle a cette faculté à nous renvoyer à notre propre condition d'homme : limitée, fragile et merveilleuse à la fois.

La Nature a une dimension spirituelle essentielle car elle nous ramène à notre véritable nature et nous offre une connexion immédiate et directe à ce « plus grand que nous » que nous avons souvent perdu de vue.

Elle pose également la question de notre responsabilité en tant qu'être humain et en tant qu'espèce : quel rôle avons-nous à jouer dans l'ordre des choses ? Nous nous sommes crus au-dessus de la Nature, autorisés à l'asservir à nos besoins illimités et elle nous rappelle, avec les conséquences du changement climatique, que nous restons fragiles et soumis à ses lois. Quelle place singulière devons-nous réintégrer pour recréer l'harmonie du vivant ?

La protection de la Nature va s'inviter avec force dans les raisons d'être d'entreprise de demain car nous y sommes contraints. Mais elles resteront superficielles et désincarnées si le leader n'a pas lui-même questionné son rapport avec la Nature et rétabli une relation intime, apaisée et épanouissante avec elle.

Si au contraire, vous retrouvez votre lien avec elle, si vous êtes capables de la contempler sans attente, de vous remplir de ce beau qu'elle vous offre, vous pourrez puiser en elle des sources d'inspiration, de force et de sens pour poursuivre votre chemin d'engagement.

TROUVER DU SOUTIEN ET TRANSMETTRE

L'une des grandes erreurs serait de considérer cette voie du leadership éclairé comme un chemin solitaire ou une sorte de haute responsabilité à assumer seul. Trop souvent encore, et c'est peut-être votre cas, les managers qui partagent ce désir de remettre l'homme au cœur de l'entreprise pour que celle-ci participe au changement sociétal, ne se connaissent pas les uns les autres. Ils agissent de façon isolée au risque de se décourager face à l'inertie des choses.

Or, pour avancer vous-même et continuer à guider vos équipes malgré les doutes et les obstacles que vous rencontrerez, vous aurez aussi besoin des autres.

S'appuyer sur une communauté soutenante

Partout dans le monde, des communautés d'entrepreneurs et de managers conscients s'organisent et se soutiennent.

En France, certains réseaux de chefs d'entreprise traditionnels sont en train de le réaliser : les besoins des managers sont de moins en moins techniques, ils sont désormais avant tout humains. Ces derniers ont besoin de partage, d'écoute et de conseils de la part de leurs pairs car tout le monde, finalement, est dans l'incertitude de l'avenir.

Pour les leaders éclairés qui sortent des sentiers battus, il est essentiel de disposer d'un réseau de pairs pour :

- se sentir soutenu moralement (et soutenir les autres) ;
- partager les expériences, avoir le regard de ses pairs sur ses propres avancées ou difficultés ;
- pratiquer du « *copyleft* » au lieu du copyright : se passer sans hésiter ce qui marche, car les bonnes idées doivent bénéficier à tous ;
- raviver régulièrement son feu sacré personnel grâce aux paroles, aux avancées et à l'enthousiasme des autres.

Pour un leader éclairé, douter est normal, car tout pionnier est amené à prêcher dans le désert. Au départ, il n'a de certitude que ce qui l'anime au fond de lui. La remise en cause personnelle est parfois telle que l'angoisse de faire marche arrière peut aussi vous saisir. C'est à ce moment-là que des pairs engagés dans un chemin similaire vous seront précieux. Pour ma part, j'ai songé à plusieurs reprises arrêter mon entreprise Monasterra, tiraillé par l'impression de faire fausse route et d'être trop décalé des réalités. J'ai pu avoir l'écoute bienveillante et le feed-back de pairs devenus amis, qui me connaissent aussi bien qu'ils connaissent mon projet. Ils m'ont rappelé ce que je ne voyais plus – la beauté ou l'importance de mon travail – ou simplement partagé leurs propres questionnements et cela m'a suffi.

Des réseaux déjà installés et disposant de valeurs fortes – comme l'APM[1] ou Entrepreneurs d'avenir[2] – commencent à proposer des modalités d'entraide et de soutien plus intimes et plus structurés à leurs

1. Apm : Association pour le Progrès du Management. www.apm.fr.
2. www.entrepreneursdavenir.com.

membres : des groupes de co-développement, par exemple, permettent à l'un d'entre eux de bénéficier des perceptions et des conseils de leurs pairs sur la situation qu'ils traversent. Le réseau EVH, précédemment cité dans cet ouvrage et co-animé par des coachs très expérimentés, est peut-être celui qui va le plus loin dans l'introspection, le dévoilement et l'entraide.

À vous de trouver la communauté qui vous convient, ou de créer la vôtre. Appartenir à un tel réseau est une aventure humaine en soi : quelle joie de sentir le lien fraternel qui unit des hommes et des femmes désireux de changer, « pour de vrai », les choses ! Quelle chance que de pouvoir y contribuer à son échelle. Souvent, ce que l'on fait seul dans son coin prend une toute autre ampleur quand on peut se relier, même en pensées, à ceux qui œuvrent dans la même direction.

« Lorsqu'un seul homme rêve, ce n'est qu'un rêve, mais quand beaucoup d'hommes rêvent ensemble, c'est le début d'une nouvelle réalité » écrivit Friedensreich Hundertwasser. En alimentant vous-même une communauté inspirée d'acteurs du changement, vous contribuerez à relier ce qui est épars pour le rendre visible au monde.

Transmettre à l'extérieur

Enfin, j'ai pu constater que la plupart des leaders éclairés en viennent presque naturellement à prendre la parole pour témoigner de leur expérience. Ils donnent des conférences, écrivent un livre ou se rendent disponibles pour les rencontres malgré leur emploi du temps chargé.

Cette démarche est guidée par l'envie altruiste de partager et de transmettre leurs découvertes. Mais elle est également source d'énergie et de force : ce qu'ils reçoivent en retour les nourrit en profondeur. Les marques de sympathie, les feed-back, les remerciements sont souvent très nombreux. Ils surprennent au départ puis sont ensuite perçus pour ce qu'ils sont : des signes envoyés par la vie pour indiquer que le chemin est le bon. Tout leader, aussi solide soit-il, a besoin de signes de reconnaissance comme d'encouragements pour continuer à oser.

En partageant avec vos équipes, vous trouverez probablement du soutien mais essuierez aussi des critiques et des ressentiments. Car nul n'est prophète en son pays. En vous adressant à un public plus large, au-delà même de votre entreprise, vous trouverez peut-être un accueil et un écho réconfortants, énergisants et parfois même exaltants.

CONCLUSION : GARDER LE CŒUR OUVERT

Il y a de nombreuses façons de cultiver une vie intérieure au service des autres. Mais toute pratique, toute discipline peut, à un moment ou à un autre, perdre de sa saveur si nous n'y prêtons pas garde : la méditation peut verser dans une routine de bien-être, des rencontres entre pairs se mettre à ronronner. Quand on oublie de les raviver, les plus belles intentions s'évanouissent avec le temps.

Le cœur, lui, est toujours là, fidèle et disponible pour nous servir de guide : à l'inverse des pensées, les émotions, elles, ne savent pas nous mentir. Dans ce parcours au plus près de soi, le plus important consiste donc à garder le cœur ouvert. Des questionnements réguliers peuvent aider à savoir où vous en êtes : êtes-vous encore en capacité de vous émouvoir de la croissance de l'autre ? Êtes-vous toujours touché par la fragilité ou la souffrance des autres ? Êtes-vous encore capable de vous laisser envahir par la joie, celle des autres ou celle de vos propres rêves ? Êtes-vous capable de pardonner à ceux qui s'opposent à vous de façon virulente alors que vos désirs sont pourtant nobles ?

Le maître spirituel vietnamien Thich Nhat Hanh a cette formule à destination des hommes et des femmes de notre époque : *nous sommes invités à faire un voyage de trente centimètres. Cette distance, c'est celle qui va de la tête au cœur.* Si les doutes, les résistances et les inerties vous amènent de la colère ou des frustrations, si vous vous voyez incriminer plus fréquemment les autres, c'est peut-être que vous êtes trop éloigné de vous-même et que votre cœur s'est refermé. Vos responsabilités de leader ou votre projet vous a peut-être embarqué dans le « comment » et fait perdre de vue son grand « pour quoi ». Alors, revenez à la source de ce qui vous rend vivant et joyeux. Repassez du temps au plus près des autres, ressentez à nouveau ce lien de fraternité qui vous unit. Car c'est souvent en écoutant les messages du cœur que l'on retrouve son chemin.

Conclusion

LA PLUS BELLE DES RESPONSABILITÉS

« Il nous faudra bien répondre à notre véritable vocation
qui n'est pas de produire et de consommer sans fin,
mais d'aimer, d'admirer et prendre soin
de la vie sous toutes ses formes. »

Pierre Rabhi

NOTRE ÉPOQUE OFFRE AUX DÉCIDEURS D'ENTREPRISE UNE OPPORTUNITÉ magnifique, une responsabilité merveilleuse et exigeante : celle de faire leur révolution intérieure pour permettre aux autres de faire la leur. Celle de se libérer des schémas du passé pour oser rêver demain ensemble. Celle de contribuer à l'évolution des consciences en cultivant et assumant une dimension spirituelle dans leur action et au sein de leur entreprise.

Cette responsabilité est à la fois historique et morale. Elle est également légitime sur un plan spirituel.

Car les entrepreneurs et les managers ont une capacité à agir et à impacter le monde. Ils partagent avec les artistes et les chercheurs une qualité unique dans notre société : celle de passer de l'abstrait au concret, du rêve à la réalité, de l'intuition à l'idée : ils peuvent transcender l'existant. Lorsqu'une entreprise passe d'un concept au prototype, l'invisible devient visible, l'immatériel devient matériel. Les leaders d'entreprise sont des « passeurs » : ils ont la faculté de faire passer dans la matière des idées mais aussi des valeurs, et de les transposer sous la forme de produits, de services et de façons de travailler et de vivre ensemble. Ils ont de fait la capacité de changer la vie de leurs collaborateurs. Cette formidable aptitude créatrice est par essence spirituelle. Arrimée à une vision et des valeurs humanistes, elle peut changer le monde.

Un décideur d'entreprise a aussi une voix qui porte. Parce qu'il est visible, son exemple peut inspirer de nombreuses personnes et faire naître l'envie de changement.

La question qui se pose alors à vous est la suivante : avez-vous envie de prendre votre part à cette évolution des consciences ? Avez-vous envie de vivre pour vous-même une aventure intérieure au service du monde ?

Si la réponse est positive, l'une des responsabilités qui vous incombent consiste à (re)faire circuler la vie. Il vous incombe d'apprendre à regarder votre organisation pour libérer la vie qui ne demande qu'à jaillir. Il vous revient d'imaginer, de tester ou de faire goûter d'autres façons de travailler, de collaborer et de vivre ensemble. Il vous incombe de mieux comprendre les lois du vivant pour mieux collaborer avec elles. Et ces lois du vivant incluent celles de l'homme, celles de sa nature profonde qui en font un être ancré dans la terre et capable de se relier à tellement plus grand que lui.

La seconde de vos belles responsabilités consiste à rêver le monde de demain. À vous de renouer avec la dimension héroïque de l'entreprise. Celle-ci n'est pas l'apanage de quelques-unes dont les produits sont médiatisés ou séduisants : elle est à la portée de toutes car il n'est pas d'entreprise qui ne soit d'abord une aventure humaine partagée. La nouveauté est que cette aventure ne peut plus uniquement servir ceux qui la vivent : elle doit être au service d'un idéal, d'une cause ou d'une vision qui la dépassent. L'entreprise est par nature spirituelle, sa raison d'être, « c'est de faire faire des choses extraordinaires à des gens ordinaires » nous rappelle Peter Drucker.

Alors, oui, quelle plus belle responsabilité que de remettre du lien entre les personnes, de les faire grandir, de leur donner une raison d'être qui leur permette de s'accomplir et leur procure de la joie ? Les décideurs peuvent devenir des « leaders spirituels » en invitant la communauté dont ils ont la responsabilité – leur entreprise, leur département, leur équipe – dans un chemin d'humanité retrouvée.

Mais votre toute première responsabilité n'est pas tournée vers les autres, elle est vis-à-vis de vous-même : vous avez le pouvoir de renouer avec votre intériorité pour vous découvrir et rayonner de tout votre être.

Car pour faire circuler la vie dans son entreprise, il faut être soi-même vivant.

Pour incarner la raison d'être de son entreprise, il faut être soi-même dans sa mission de vie.

Pour rêver le futur, il faut pouvoir s'émerveiller de la Vie et savoir rêver sa propre vie.

Votre belle responsabilité, c'est de vous libérer vous-même pour permettre aux autres de se libérer.

Votre belle responsabilité, c'est d'oser mobiliser toutes vos intelligences, votre cœur et votre âme pour que votre esprit rationnel soit un outil au service de votre âme et non l'esclave de votre ego.

Votre belle responsabilité, c'est d'oser témoigner de ce chemin, par vos paroles ou par vos actes. C'est de faire, comme les leaders interrogés dans cet ouvrage, votre *coming out spirituel* pour clamer haut et fort que l'entreprise est un magnifique lieu de découverte de soi et des autres au service de la Vie.

Ce chemin ne concerne pas que vous, il n'est ni égoïste ni égocentrique : il est porteur d'espoir pour beaucoup et aura des répercussions bien au-delà de votre personne.

Si, en France comme ailleurs, dirigeants et managers s'éveillent à eux-mêmes et insufflent un tel élan à leur entreprise, tous les espoirs sont permis.

Bibliographie

Neale Donald Walsch – *Conversations avec Dieu*, J'ai lu, 2003

Mihaly Csikszentmihalyi – *Vivre*, Robert Laffont, 2006

Otta Scharmer – *La théorie U – Renouveler le leadership*, Yves Michel, 2016

Frédéric Laloux – *Reinventing organizations*, Éditions d'Organisations, 2015

Isaac Getz et Brian M. Carney – *Liberté & Cie – Quand la liberté des salariés fait le succès des entreprises*, Fayard, 2012

Lise Bourbeau – *Les 5 blessures qui empêchent d'être soi-même,* Pocket, 2013

Bill Georges – *Discover your true North – Becoming an authentic leader*, John Wiley & Sons, 2015

Viktor Frankl – *Découvrir un sens à sa vie avec la logothérapie*, J'ai Lu, 2013.

Paulo Coelho – *L'alchimiste*, J'ai Lu, 2007

Parker Palmer, *Let your life speak*, Jossey Bass, 1999

Jacques Santini et Christophe Le Buhan – *Les fondements humains du leadership* Demos, 2008

Stephen Covey, *La 8e habitude,* First, 2006

Joseph Jaworski – *Source – Un chemin vers l'origine de la connaissance*, Colligence, 2013

Richard Barrett, *L'entreprise inspirée par les valeurs*, 2018

John Mackey et Raj Sisodia, *Conscious capitalism*, Harvard Business School Review, 2013

Remerciements

Je tiens d'abord à remercier chaleureusement les leaders qui m'ont fait confiance en témoignant avec leur cœur dans cet ouvrage.

Je pense ensuite avec gratitude à tous ces hommes et ces femmes engagés que j'ai eu la chance de croiser et dont les exemples vivants et les idées m'ont nourri et inspiré : André Dupon, Olivier Cueille, Nathan Stern, Arnaud Poissonnier, Michel Hervé, Simon Gomis, Sébastien Becker, Christine Puech-Broussou, Sanjeev Rao et bien d'autres.

Je souhaite aussi remercier tous ceux qui m'ont transmis leurs enseignements et leur expérience avec générosité au cours des formations, des retraites ou des voyages que j'ai pu effectuer ces dernières années : Yannick Lapierre, Stéphane Riot, Najib Abdelouahhab, Jean-Luc Champougny, Stéphane Dieutre, Muriel Tabarracci, Jacques Santini, Christophe Le Buhan, Gilles Vialard, Jean-Jacques Verger et Anne-Marie Triolle. Un merci spécial à Véronique Campillo pour m'avoir aidé à trouver le chemin intérieur du livre singulier que je souhaitais vraiment écrire.

Merci enfin à mon épouse Virginie de m'avoir soutenu dans mon projet et à mes trois enfants, Théo, Mathias et Juliette pour avoir supporté mes longs week-ends d'écriture.

Table des matières

Sommaire V

Si vous voulez découvrir tout de suite ce qu'ils m'ont partagé VII

Préface de Frédéric Lenoir XI

Introduction – Vous avez ouvert ce livre… 1

Préambule – Faut-il parler de spirituel dans l'entreprise ? 9

1. Un chemin vers soi, un pas pour le monde 11
   - Ouvrez les yeux : l'entreprise est à réinventer 12
   - La nécessité d'un nouveau leadership 14
   - L'intelligence spirituelle au service d'un leadership éclairé 16
   - Ce que vous allez y gagner 18

Première partie

Un chemin de libération intérieure

Oser revenir à soi

2. Se confronter à soi-même 23
   - Êtes-vous le leader de votre vie ? 26
   - Regarder en face sa fracture existentielle 29
   - Conclusion : s'autoriser à s'accomplir 37
3. L'ego et le leader 41
   - Qu'est-ce que l'ego ? 46
   - L'ego chez les décideurs 50
   - Mettre à distance l'ego : qu'avez-vous à y gagner en tant que leader ? 52
   - Conclusion : quelle place laisserez-vous à votre ego ? 56
4. Déjouer les pièges de l'ego 59
   - Pistes pour déjouer les pièges de l'ego 60
   - Conclusion : ouvrir un chemin d'accomplissement 75

Deuxième partie
Un chemin d'accomplissement et de rayonnement
Oser sa grandeur

5. S'aligner sur sa mission de vie 79
Mission de vie et entreprise 80
Qu'est-ce qu'une mission de vie? 85
Qu'apporte une mission de vie à un leader? 89
La capacité à inspirer les autres 91
S'ouvrir à sa mission de vie 94
À la rencontre de votre mission de vie 99
Énoncer votre mission de vie et la mettre en route 104
Conclusion : oser votre grandeur 107

6. Notre finitude, notre alliée pour oser 109
Questionner sa mort pour oser changer 112
Ne pas passer au large de sa vie 116
Conclusion : rester branché sur sa vie pour se réinventer sans cesse 119

Troisième partie
Un chemin d'engagement au service d'une entreprise vivante et porteuse d'idéal
Passer du « je » au « nous »

7. Puiser en soi pour initier la transformation collective 123
Oser le passage du « je » au « nous » 124
Bascules intérieures préalables 130
Initier la transformation de votre entreprise 140
Conclusion : votre véritable pouvoir émane de vous 153

8. Endosser la dimension spirituelle du leadership 155
Ouvrir l'entreprise à l'intelligence spirituelle 156
Endosser la dimension spirituelle pour servir votre entreprise 158
Endosser la dimension spirituelle pour servir la société 179
Conclusion : votre devoir, c'est d'être 188

9. Vers une entreprise augmentée et pleinement vivante 191
L'entreprise augmentée par ses êtres humains 192
L'entreprise augmentée par sa raison d'être 209
L'entreprise vivante reliée au monde 225
Conclusion : l'entreprise au service du monde 231

Quatrième partie
UN CHEMIN DE DISCIPLINE ET DE SAGESSE

10. GARDER SON CAP 235
L'exigence d'un sanctuaire intérieur 236
Cultiver une intériorité au service du monde 238
Trouver du soutien et transmettre 244
Conclusion : garder le cœur ouvert 247

Conclusion – La plus belle des responsabilités 249
Bibliographie 253
Remerciements 255

Vers une communauté éclairée

Se changer soi, changer l'entreprise, changer le monde… changeons d'échelle !

Si ce livre a résonné en vous, exprimez-vous et apportez votre pierre à la **Communauté des Leaders Eclairés** qui vient de naître :

www.leaders-eclaires.com

Si vous souhaitez en savoir plus sur l'auteur et/ou le contacter :
www.romaincristofini.com
www.monasterra.org

962462 - (I) - OSB 80 - PCA - DNN
Dépôt légal : février 2025
Achevé d'impression par
la Nouvelle Imprimerie Laballery 58500 Clamecy
N° d'impression : 412393
Imprimé en France